세상에 없던 아이들이 온다

세상에 없던 아이들이 온다

마크 프렌스키 지음 | 허성심 옮김

세계적 교육혁신가의 알파세대를 위한
21세기형 미래교육

한문화

1장

청소년을 위한 새로운 여정

변화와 성장을 위한 20년의 비전

이른바 두 번째 새천년이라 불리는 시대가 열리면서, 다시 말해 현생인류와 같은 종으로 분류하는 호모사피엔스가 출현한 후, 대략 300번째 새천년을 맞이하면서 전 세계의 젊은이들이 새로운 여행을 시작했다.

우주산업의 발전이라는 흐름에 맞춰, 젊은이들의 여정에 우주여행도 포함될 것이다. 하지만 지구 안에서도 우주여행 못지않은 멋진 일들이 가득 펼쳐질 것이다. '역량강화로 가는 새로운 여정(The New Journey to Empowerment)'이 바로 그것이다.

앞으로 영원히 계속될 수도 있는 우주여행과는 달리, 역량강화로 가는 여정은 대략 20년 정도 걸릴 것으로 예상한다. 이 기간은 21세기에 태어난 현재의 청소년이 성장해서 세상을 주도하기까지 걸리는 시간과 맞먹는다. 이 책은 지금의 청소년 세대와 그들의 역량이 점차 강화되는 과정에 관한 이야기다. 그리고 기성세대가 길을 막지 않는다면, 2040년쯤 청소년 세대가 생활할 공간에 관한 이야기다.

우리는 이 20년이라는 기간에 주목해야 한다. 왜냐하면 지금의 기성세대는 대부분 앞으로 2~3년 사이에 자녀에게 일어날 일을 고민하거나, 유엔UN의 '지속 가능 발전 목표'나 OECD에서 내세우는 '10년 계획'과 같이 비교적 짧은 기간에 중점을 두는 경향이 있기 때문이다. 우리 아이들을 위해서는 조금 더 장기적이면서도 예측할 수 있는 미래에 초점을 두는 것이 중요하다.

몇몇 경우를 제외하면, 앞으로 20년 사이에 세상은 크게 달라지지 않는 것처럼 보일지도 모른다. 과거에 지어진 집과 건물이 앞으로 새로 지어질 건축물과 함께 우리 곁에 여전히 존재할 것이다. 그러나 기술과 인프라 그리고 그 밖의 다른 것에서 이미 시작된 변화에 힘입어 앞으로 20년 사이에는 완전히 새로운 역량이 창출될 것이다.

기성세대는 20년 후에도 대부분 크게 변하지 않을 것이다. 이들에게도 변화의 기회는 종종 다가오겠지만, 대부분은 20세기의 태도와 신념을 그대로 유지할 것이다. 그런데 이들과 전혀 다른 새로운 세대인 21세기 초에 태어난 인류는 2040년쯤이면 매우 놀라운 능력을 갖출 것이다. 기성세대보다 전반적으로 많은 것을 성취하고, 세상을 긍정적으로 변화시킬 수 있는 역량을 훨씬 더 많이 갖출 것이다. 지금부터 소개할 새로운 방식으로 역량을 강화한 이 신인류는 세상에 엄청난 긍정적 변화를 가져올 것이다.

나는 앞으로 20년에 걸쳐 청소년에게 주어질 새로운 권한과 힘 그리고 그로 인해 일어날 긍정적 변화에 주목한다. 21세기의 청소년은 2040년쯤이면 전체 인류의 절반 이상을 차지할 것이다. 나는 그 결과가 엄청날 것이라 확신한다.

인류의 역량강화는 어떻게 일어나는가?

"이미 인간에게는 대단한 권한과 힘이 있지 않은가?"라고 질문하는 사람도 있을 것이다. 어쨌든 인류가 세상을 지배하고, 심지어 지구상의 모든 것을 파괴할 수 있는 수준에까지 이르렀으니 말이다. 그 정도 힘이면 충분하지 않을까? 어쩌면 그럴지도 모른다. 그러나 이것은 내가 말하는 진정한 역량강화가 아니다. 인간은 20세기를 거치며 다양한 집단을 형성해 긍정적인 것부터 부정적인 것까지 막강한 일들을 이뤄냈다. 그러나 인류 역사상 그처럼 큰 권한과 힘을 부여받은 개인은 극소수일 뿐이었고, 특히 청소년 중에는 그런 경우가 거의 없었다. 청소년은 대부분 누군가에게 제어당하며 살아왔다. 처음에는 부모, 그러고 나서는 학교, 그다음에는 고용주나 세상에 제어당했다.

'헌신적인 개인으로 구성된 작은 집단이 세상을 바꿀 수 있다는 것을 절대 의심하지 마라. 그들이 바로 지금까지 세상을 변화시킨 이들이다.'라고 한 마가렛 미드Margaret Mead(미국의 인류학자로, 인류학이라는 학문을 대중에 알리는 데 크게 공헌했다. – 옮긴이)의 명언도 있지만, 지구 땅을 밟았던 수십억 인간 중 인류 전체에 영향을 미치는 변화를 가져온 사람은 극소수에 불과했다. 한 연구에 따르면 지금까지 생존한 인류는 대략 1,050억 명이고, 이 중에서 세상의 모든 백과사전을 통틀어 자신의 이름을 올린 사람은 5천 명도 채 되지 않는다.[1]

지금까지 인류의 역량강화는 대부분 국가나 교육기관 같은 큰 집단을 통해 일어났지만, 아마도 그 시작은 마가렛 미드가 말한 것처럼 작은 집단과 소수의 개인이었을 것이다. 인류는 대체로 군중의 집합체로 존재해 왔다. 인류 역사를 통틀어 긍정적 변화를 이뤄낼 수 있는 역량을 가진 사람은 극소수에 불과했고, 모차르트 같은 천재 몇 명을 제외하면 어렸을 때부터 그런 일을 시작하는 경우는 거의 없었다. 세상에 유용한 일을 하기 위해 지금까지는 대부분 어른으로 성장하여 더 큰 기계의 톱니바퀴가 될 때까지 기다려야 했다.

어린 나이에도 꿈을 실현할 수 있는 시대

'역량강화의 새 시대(New Age of Empowerment)'에 접어들면서 변화가 일어나기 시작했다. 기탄잘리 라오Gitanjali Rao(2005년에 태어났으며, 미시간주 플린트에서 식수 오염으로 심각한 위기가 발생했을 때, 납 성분을 조기 검출하는 장치를 만든 공로를 인정받아 '미국 최고의 젊은 과학자상'을 수상했다. –

옮긴이) 같은 10대 초반의 아이들은 실제로 환경 문제를 해결하는 장치를 발명했고, 그레타 툰베리Greta Thunberg(2003년에 태어났으며, 2019년 유엔 본부에서 열린 '기후 행동 정상회의'에서 연설했다.-옮긴이) 같은 10대 청소년은 변화를 꾀하기 위해 전 세계 청소년들의 힘을 모으기 시작했다. 구글과 페이스북, 유튜브 같은 20대 청년들이 창업한 기업이 세계 유수의 대기업과 어깨를 나란히 하는 기업으로 성장했다. 이들은 앞으로 펼쳐질 미래상을 보여주는 선구자들이다.

개인과 집단 사이에는 늘 이상한 이원성과 갈등이 발생한다. 인간은 여러 면에서 서로 비슷하지만, 다른 한편으로는 태어나기 전부터 개별성을 지닌 개인이다. 각자 고유한 시각으로 세상을 바라보고, 각기 다른 방식으로 삶의 의미를 찾는다.

우리는 집단과 문화를 형성하고, 그 안에서 이익을 얻는다. 하지만 개인에게 무엇보다 중요한 것은 집단이 아닌 '자기 자신'이다. 우리 모두 각자의 꿈을 가지고 출발하고, 그 꿈을 실현하면서 발전한다. 가끔은 집단행동을 통해 꿈을 실현하기도 하지만, 인류가 만든 모든 것들은 어느 개인의 머릿속에서 가장 먼저 시작된 것들이다.

지금까지는 개인의 꿈을 실현할 수 있는 청소년이 거의 없었다. 운이 좋아서 자신의 꿈을 실현할 수 있었던 사람들 대부분은 어른이 될 때까지 기다려야 했다. 하지만 이제 더는 그럴 필요가 없다. 어린 나이에 꿈을 실현하고 긍정적인 결과를 창출할 수 있는 새로운 시대가 이미 시작되었기 때문이다. 우리 아이들에게 새로운 시대와 역량강화로 가는 놀라운 문이 열린 것이다.

새로운 세대가 세상을 바꾼다

이른바 20세기라고 일컫는 지난 100년 사이에 20억 미만이던 세계 인구는 80억 이상으로 급증했다. 인류는 경제적으로 두 개의 집단으로 분리되었다. 하나는 부유하고 힘 있는 극소수의 사람들로 구성된 다중적 의미의 '클럽'이고, 다른 하나는 '그 밖의 모든 사람들'이다. 이렇게 집단으로 분리된 원인 중 하나인 기술의 성장을 고려했을 때, '그 밖의 모든 사람들'에게 앞으로 무슨 일이 일어날지 우려가 점점 커지는 것도 사실이다.

날이 갈수록 비관적인 시선으로 세상을 바라보는 사람도 늘고 있다. 누군가는 과학기술이 세상을 지배할 거라고 우려한다. 인공지능에 일자리를 뺏기고, 노동자 계층이 사라지는 것을 걱정하는 사람도 많다. 심지어 스스로 자립할 수 없어서 어떻게든 국가로부터 지원받아야 하는, 거대한 쓸모없는 인간 계층이 형성되리라 예측하는 사람들도 있다.

하지만 나는 인류의 미래를 비관적으로 보지 않는다. 분명 인공지능과 자동화가 빠른 속도로 다가오고, 세상에 근본적인 변화를 불러올 것이다. 하지만 아무리 인공지능과 자동화가 널리 보급되고, 인구가 크게 늘어난다 해도 인류에게 실현해야 할 꿈과 바로잡아야 할 문제, 도움이 필요한 사람과 그런 사람을 돕고 싶어 하는 마음이 바닥나는 일은 절대 없을 것이다.

역량강화로 가는 여정의 목표는 수십억 명에 이르는 새로운 세대가 세상을 바꿀 수 있는 능력이 있다는 것을 깨닫고, 어릴 때부터 종종 작은 팀을 구성해 세상에 이롭도록 그 힘을 사용하게 돕는 것이다.

새로운 성장 과정의 틀을 만들어야 한다

오늘날의 어른들은 아직 성장 중인 아이에게 사실상 아무런 힘도 허용되지 않는 20세기 세상에서 나고 자랐다. 그러므로 역량강화로 가는 새로운 여정은 오늘날의 청소년들과 함께 시작해야 한다. 이 여정에서 핵심적인 요소는 21세기 인류인 지금의 청소년들이 세상을 바라보는 시각을 새롭게 전환하는 것이다. 20세기 세상과 비교했을 때, 그들의 세상은 어른들이 인식하는 것과는 확연하게 다를 것이다.

비록 대부분의 청소년이 아직 분명하게 말로 표현하지 못하지만 일부 청소년과 어른들은 세상이 빠르게 변화한다는 사실은 물론, 21세기 중후반의 세상에서 성공하려면 '새로운 성장 과정'이 필요하다는 사실을 받아들이기 시작했다. 과학을 통해 청소년기의 특성과 이 시기가 어떻게 형성되는지에 관한 새로운 지식이 쌓이면서, 몇몇 경우에는 청소년들 스스로 새로운 성장 과정을 만들어갈 수 있도록 어른들이 나서서 행동하기도 했다.

그러나 실제로는 어른들이 긍정적인 도움을 제공하지 못하는 경우가 대부분이고, 청소년들이 스스로 계획을 세워나갈 수밖에 없다. 무엇보다 놀라운 건 청소년들이 이미 이렇게 하고 있다는 점이다.

앞으로 펼쳐질 새로운 세상을 위해 우리는 먼저 다음의 주제들을 생각해야 한다.

- 청소년들이 맞이할 시대
- 청소년들은 누구인가?

- 청소년들의 신념은 무엇인가?
- 청소년들의 세상은 어떤 모습일까?
- 청소년들의 포부는 무엇인가?
- 청소년들 모두에게 보편적인 것은 무엇인가?
- 청소년들을 뭐라고 불러야 할까?
- 태어나서 어른이 될 때까지의 성장 과정

청소년들은 이제 이전과 다른 방식으로 세상을 바라보기 시작했고, 앞으로는 성장 단계에 다양한 변화가 일어날 것이다. 나는 청소년들의 생각이 어떻게 바뀌고, 이들 신인류가 과거와 비교해서 얼마나 많은 역량을 갖추게 될지 이 책을 통해 증명할 것이다. '역량강화로 가는 새로운 여정'은 여러 단계로 나눌 수 있고, 최종 목적지에 닿으려면 모든 단계가 조화를 이뤄야 한다.

청소년들의 권한과 힘이 커지는 세상

아이들이 역량강화라는 목적지를 향해 출발할 때, 우리는 '어디서부터 시작해야 하는가?'라고 질문해야 한다. 특히 청소년들의 관점에서 출발점을 생각해야 한다. 청소년들은 부모와 학교의 통제라는 긴 터널을 이제 막 벗어나려 한다. 어른들은 때때로 이런 통제와 고난이 '아이들에게 약이 된다.'라고 하지만, 아이들 대부분에게 결코 반가운 일은 아닐 것이다.

앞으로 일어날 많은 변화는 이전과는 완전히 다르고 변화의 폭도 매우 커서 기성세대가 받아들이기 어려운 부분도 많을 것이다. 깊이 생각해 보면 지금의 어른들은 20세기 인류의 마지막 줄에 서 있다. 그들 모두 인터넷과 디지털 기술이 인간의 삶에 본격적인 영향을 미치기 전인 20세기에 태어났고, 대부분 그 시대에 성장했다. 지금의 어른들은 세상이 기억할 '마지막 인터넷 이전 세대'이다.

오늘날의 청소년은 20년 전에도 내가 예견했듯이, 진정한 '디지털 원주민(Digital Natives, 디지털 언어와 장비를 태어나면서부터 사용함으로써 디지털적인 습성과 사고를 지닌 세대를 뜻한다. 마크 프렌스키가 자신의 2001년 논문에 처음 사용한 말이다. – 옮긴이)' 1세대다.

디지털 원주민들은 그들이 성장하는 새로운 세상에서 무엇이든 더 일찍 시작하고 훨씬 더 잘할 수 있을 것이다. 나는 이것이 신기술에 쉽고 빠르게 접근할 수 있는 청소년들만이 아닌 모두에게 적용되는 이야기라고 굳게 믿는다.

청소년들 모두 각자의 꿈을 가지고 출발하지만, 성장하는 동안 많은 꿈이 무너질 수도 있다. 하지만 이제 역사상 처음으로 과거 그 어느 때보다 청소년의 권한과 힘이 강화되고 있다. 이들의 꿈에는 테크놀로지 Technology(과학기술뿐만 아니라 지식을 이용해 특정 목적을 위해 발명된 문자, 기계 장치, 도구뿐만 아니라 방법까지 모두 포함하므로 과학기술과 구분해서 테크놀로지라고 부른다. – 옮긴이)를 소유하는 과정도 포함될 것이다.

지금의 청소년들이 미래에 부자나 록스타가 되는 꿈을 이룰 수 있을 거라는 허황한 이야기를 하려는 게 아니다. 비록 어리더라도 그들이 상상할 수 있는 방식으로 세상을 더 나은 곳으로 만들 힘을 얻는다는 의미다. 이것은 과거에는 절대 가능하지 않았던 일이다.

안으로 주입하기가 아닌 밖으로 끌어내기가 필요하다

성장에 관한 20세기 프레임에서는 청소년들에게 신념이나 문화, 역사
와 지식 등을 주입하는 것이 가장 중요했다. 우리는 아이들에게 주입
한 내용이 제대로 전달되었는지 평가하는 데 너무 많은 시간을 보냈
고, 그러다 보니 결과에 관해서는 제대로 살피거나 신경 쓰지 못했다.

엄밀히 말해, 우리는 인류의 거대한 한 부분을 이루는 청소년들이
이뤄낸 산출물과 상상력을 종종 짓밟고 소멸시키고 말았다. 우리 방식
대로 우리 목적에 맞게 길러질 때까지 아이들은 세상에 아무런 기여도
하지 못하는 존재라고 생각했기 때문이다. 그러고 나서 정작 아이들이
완전히 성장했을 때는 상상력이 너무 부족하다며 불평하곤 했다.

다가올 새 시대는 아이들에게 무언가를 주입하기보다는 이미 가진
것을 밖으로 끌어내는 시대에 가깝다. 이 점을 강조해서 그림으로 나
타내면 다음과 같다.

낡은 프레임에서 비롯한 한 가지 안타까운 결과는 우리가 '상상력의 위기를 자초했다'는 점이다. 나는 우리 아이들이 제대로 된 기회를 얻을 수 있는 유일한 방법이 상상력을 회복하는 것이라 믿는다. 역량강화로 가는 새로운 여정에서 가장 중요한 것은 아이들의 상상력에 날개를 달아주고, 이것을 적용해 영향력 있는 사회참여를 실현하게 하는 것이다.

세상을 바라보는 새로운 프레임이 필요하다

상상력을 마음껏 펼치고, 새로운 여정을 시작하고, 우리에게 필요한 역량강화라는 최종 목적지에 이르기 위해서는 기성세대와 청소년 세대 모두 세상을 보는 새로운 시각을 가져야 한다. 이것을 '프레임 전환(Reframing)' 또는 '인식 전환'이라고 부르겠다. 이것이 이 책에서 다룰 핵심이다. 새로운 프레임은 20세기의 낡은 틀과 완전히 반대라고 할 수 있다. 앞으로 여러 장에 걸쳐 다음과 같은 인식 전환에 관해 이야기할 것이다.

무엇에 대한 인식 전환인가	전	후
청소년들이 맞이할 시대	4차 산업혁명	역량강화의 새 시대
청소년들은 누구인가?	도구를 가진 인간	기계와 융합한 하이브리드형 인간
청소년들이 살아갈 곳	지구, 상상력의 세계	지구, 상상력의 세계, 클라우드

청소년들이 믿는 것	20세기의 낡은 신념	21세기의 새로운 신념
청소년들의 미래 세상	경험하는 세상	탐험할 새로운 개척지
청소년들의 포부	구세대의 역할 대체	지속적인 역할 창조
청소년들에게 보편적인 것	학업 성공	사회참여 실현
청소년에 대한 명칭	아이, 꼬마, 학생, 학습자	알파세대, 역량강화 1세대
청소년들의 성장 여정	지시를 받는 과정	역량을 강화하는 과정
양육	부모의 소유권	역량강화
학습	그 자체가 목적	사회참여 실현 수단
학창 시절	학교에서 보내는 시기	역량강화 허브에서 보내는 시기
교육과정	교과목 및 교실 수업	프로젝트 중심
기초능력	구시대 유물	새로운 요구 충족
기량(Skill)	기본 기술, 하드스킬, 소프트 스킬, 21세기형 기술	과제 특수적 기술, 전이 가능한 기술
평가	등급, 순위, 학위	전후 차이 비교, 측정할 수 있는 긍정적 영향 평가
일	직업	프로젝트에 고유한 가치를 더하는 활동

또한 역량강화로 가는 여정에서 우리가 어디쯤 왔는지 확인하기 위해 다음의 지도를 사용할 것이다.

역량강화 지도		
앞으로 다가올 세상에 대한 인식 전환	핵심 요소에 대한 인식 전환	성장과 역량강화에 대한 인식 전환
청소년들이 맞이할 시대		양육과 피양육
청소년들은 누구인가		기본능력
청소년들이 살아갈 공간		학창 시절
청소년들이 믿는 것	학습	교육과정
청소년들의 미래 세상	기량	역량강화 허브
청소년들의 포부		평가
청소년들에게 보편적인 것		고등교육
청소년을 부르는 호칭		일

본격적인 여정을 시작하기에 앞서 인류의 역량강화에 필요한 네 가지 요소를 강조하고 싶다.

- 새로운 역량강화 신념 • 사회참여 실현
- 기술 및 팀과의 공생 • 자기 이해(Self-Knowledge)와 고유성

앞으로 이 네 가지 요소와 각 요소의 함축적 의미에 관해 자세히 살펴볼 것이다. 또한 각 장의 마지막에는 두 가지를 추가할 것이다. 하나는 앞으로 다가올 변화의 '선구자'를 소개하는 것이다. '시대를 앞서가는 사람'이나 '미래관에 영감을 불어넣은 사람'을 짧게 소개하려 한다. 다음으로는 우리가 함께 고민해야 할 질문을 하며 각 장을 마무리할 것이다.

⊗ 선구자는 누구인가?

앞으로 다가올 여정에 이미 뛰어든 유명 인사가 있다. 바로 기성세대를 대표하는 일론 머스크Elon Musk와 신세대를 대표하는 그레타 툰베리다. 일론 머스크는 여러 측면에서 그레타의 미래 모습이라고 할 수 있다. 역량강화의 네 가지 요소 측면에서 봤을 때, 그레타와 일론 모두 자신만의 신념을 지녔다. 두 사람 모두 자신이 원하는 미래의 목적지를 알고, 이미 많은 것을 이뤘다. 그리고 모두 독특한 개성의 소유자이기도 하다.

하지만 중요한 차이점이 하나 있는데, 일론이 그레타보다 테크놀로지와 훨씬 깊은 공생관계를 유지한다는 것이다. 그레타는 기후 변화를 해결하겠다는 큰 목표를 가졌지만, 목표를 달성하기 위해 사용할 수 있는 자원이 많은데도 실제로 사용하는 방법까지는 알아내지 못한 듯하다. 일론은 전기차의 대중화, 재사용할 수 있는 로켓, 화성 여행과 같은 목표를 이루기 위해 이미 온갖 테크놀로지를 자기 몸의 일부처럼 사용한다. 나는 그레타와 같은 세대의 청소년들이 곧 일론과 같은 방법을 찾아내서 그를 따라잡을 수 있기를 기대한다.

⊘ 생각할 것은 무엇인가?

우리 아이들이 살아갈 세상은 우리가 사는 세상과 근본적으로 어떤 면에서 다를까? 어른들이 느끼는 '다가올 세상에 대한 두려움'은 현실을 직시한 것일까? 아니면 그저 근거 없이 과장된 두려움일까? 어른들의 두려움에서 비롯한 행동이 더 빨리 새로운 세상에 이를 수 있는 길을 가로막는 건 아닐까?

2부

21세기를 바라보는 틀을 바꾸다

2장

새로운 방식으로 세상 바라보기

낡은 프레임에서 21세기 프레임으로

21세기에 접어들어 인류가 과도기를 맞이했다는 사실은 우리 모두 어느 정도 짐작하는 바다. 그렇다면 우리는 이 시기를 어떻게 인식해야 좋을까? 이 시기를 보는 새로운 프레임이 필요한 이유는 지금의 청소년 세대에게 일어나는 변화의 속도가 너무 빠르다는 데 있다. 기성세대가 고수하는 것을 포함해 상당히 많은 것들이 그대로 지속되기도 하지만, 다른 쪽에서는 하루가 멀다 하고 완전히 새로운 것들이 쏟아져 나온다.

상황이 이렇다 보니 많은 질문이 수면 위에 떠올랐다. 무엇을 지속하고, 무엇을 버려야 하는가? 무엇을 교체해야 하는가? 이것을 어떻게 정할 것인가? 어떻게 사고해야 하는가? 오늘날 많은 이들이 이 문제에 관해 혼란스러워 하거나 갈등을 겪는다. 사실 이런 혼란과 갈등을 해결하기 위해선 그저 인식의 틀을 바꾸는 것이 가장 이로울 수도 있다.

프레임은 우리가 선택하는 것이다

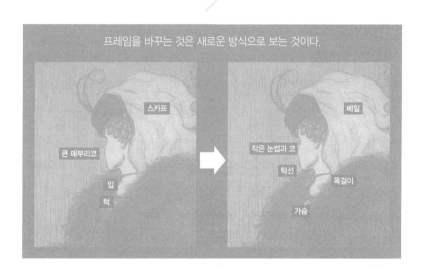

프레임을 바꾸는 것은 새로운 방식으로 보는 것이다.

흔히 '프레임Frame'이라 부르는 인식의 틀은 세상을 어떻게 바라볼지 선택하는 기준이다. 위 그림처럼 두 가지 모습으로 판단할 수 있는 그림이나, 그 유명한 '반이나 채워진' 또는 '반이나 빈' 유리컵은 우리가 어떤 틀을 선택하는지 보여주는 대표적인 예시다.

프레임은 우리가 선택한 일종의 렌즈이며, 세상을 이해하는 데 가장 도움이 될 것으로 판단해 선택한 관점이다. 철학자인 토머스 쿤Thomas

Kuhn의 말을 빌리자면[2], 프레임은 우리가 채택하고 수용하기로 정한 일종의 패러다임이다. 이것을 가리켜 마음가짐이나 신념, 세계관 등으로 부르기도 한다.

우리 삶의 많은 부분은 사실 우리가 결정한 프레임, 즉 우리가 선택한 관점에 따라 완전히 달라진다. 신경과학자 에릭 앤더슨Eric C. Anderson과 리사 펠드먼 바렛Lisa Feldman Barrett은 "사람들은 자신이 세상을 객관적으로 경험한다고 믿는다. 하지만 개인의 신념이 인식에 큰 영향을 미친다는 연구 결과가 계속 이어지고 있다."[3]라고 말한다.

우리는 세상을 프레임 안에 들어오게 한 다음, 자신만의 렌즈를 통해 바라본다. 이 방식을 다른 사람들이 우리를 어떻게 인식하는지에 적용할 수도 있다. 다른 사람이 보기에는 우리가 상대방의 태도에 영향을 미치는 특별한 렌즈(종교적 믿음이나 정치적 신념 같은 것)를 가진 것처럼 보일 수도 있다. 반대로 우리도 다른 사람들을 이렇게 바라볼 수 있다.

한 가지 분명한 것은 우리가 실제로 안경을 맞출 때처럼 마음의 안경을 맞출 때도 렌즈를 직접 선택한다는 것이다. 우리가 선택한 안경은 어디에서 어떻게 성장했는지를 포함해 많은 요소를 반영한다. 그래서 지역적, 문화적, 종교적 프레임이 생겨나는 것이다.

앞에서 본 그림처럼 착시를 일으키는 것으로 잘 알려진 이미지에서 대부분은 한 번에 하나의 형상만 볼 것이다. 인식의 틀도 마찬가지다. 여러 개의 틀이 존재한다는 것을 알 수도 있고 모를 수도 있지만, 어찌되었든 어느 순간 하나를 선택해서 그것을 사실이라 믿는다. 서로 반대되는 두 개의 프레임을 동시에 유지하는 것은 생각보다 힘든 일이다. 그렇게 할 경우, 머릿속에서 갈등과 부조화가 일어나기 때문이다.

깨달음의 순간이 다가온다

누군가 더 좋은 프레임을 보여주거나 스스로 이것을 발견할 때, 우리는 곧바로 프레임을 바꿀 수 있다. 이것이 '깨달음의 순간'이다.(어떤 사람들은 이것을 '개안의 순간'이라 말한다.) 변화의 속도가 느렸던 과거에도 인간은 집단 개안의 순간을 수도 없이 경험했다. 다시 말해 집단적 인식 전환이 여러 번 일어났다.(마젤란이 오랜 항해를 마치고 돌아와 지구가 둥글다는 것을 증명했을 때, "아, 세상은 평평하지 않고 둥글구나! 이제야 훨씬 많은 것을 이해할 수 있겠네!"라고 말하는 사람들도 있었을 것이다.)

때로는 더 좋은 도구가 나타나거나 더 완벽하고 정밀한 관찰의 결과로 이런 순간이 다가오기도 했다. 지구가 평평한 게 아니라 둥근 공과 같고, 행성들이 지구가 아닌 태양의 주위를 돌고 있다는 인식 전환이 그 예시다. 또한 사회적 변화의 결과로 인식이 바뀌기도 했다. 국가의 주권이 왕이 아닌 국민에게 있다고 보거나 다신교에서 유일신교로 바뀐 것이 그 예다.

인식의 전환은 대부분 외부로 발현되지 않고 내면에서 일어난다. 하지만 어떤 집단은 내부의 틀을 시각적으로 나타내기 위해 독특한 의상을 입거나, 신체에 표식을 새기기도 한다.

근육기억이 변화를 방해한다

프레임의 전환은 행동 변화를 일으키는 데 매우 중요한 역할을 한다.

프레임을 통해 나타난 신념이 우리의 모든 행동을 결정한다고 해도 지나치지 않다. 행동 변화를 위한 첫 번째 단계로 인식 변화가 필요하긴 하지만, 프레임을 바꾸는 것만으로 행동 변화가 바로 일어나는 것은 아니다. 이전 프레임에서 했던 행동이 종종 자동으로 일어나기도 하는데, 이것을 '근육기억'이라 한다.[4] 신경과학자들은 이것을 '좀비 행동'이라 부르기도 한다.[5]

때때로 우리는 특정 방식으로 행동하는 데 너무 익숙한 나머지, 생각이 바뀌더라도 전에 했던 행동을 그대로 유지하곤 한다. 심지어 잘못되거나 효과가 없는 행동인 줄 알았더라도 잘 바꾸려 하지 않는다. 인간의 근육기억은 변화가 일어나지 못하도록 방해하는 역할을 한다. 그 대표적인 예를 찾고 싶다면 교육계를 생각해 보라. 다수의 교육자가 교육계가 학생들을 위한 의무를 다하지 못한다고 인정하면서도 혁신에 나서지 않는다. 교육계에 있는 사람들에게 필요한 것은 근육기억이 아니라, 그들이 할 수 있는 일이 무엇인지 뚜렷하게 아는 것이다. 이것이 내가 이 책을 통해 제시할 수 있기를 바라는 것이다.

프레임이 바뀌려면 시간이 걸린다

인식의 틀이 바뀌고 이것이 널리 받아들여지기까지는 꽤 오랜 시간이 필요하다. 토머스 쿤이 그의 유명한 저서 《과학혁명의 구조(The Structure of Scientific Revolution)》[6]에서 말했듯이, 우리는 인식의 틀을 전환할 때마다 위기의 시대 한가운데에 선다. 이제 인류는 기존의 낡은 프레임이나 관념, 패러다임과 세계관 중 상당수가 새로 맞이할 세상에 적합하지 않음을 깨닫기 시작했다.

오늘날의 세상은 여러 영역에서 인식의 변화를 겪는 중이다. 이 변화는 다양한 장소에서 다양한 속도로 진행되는 중이다. 예를 들면, 부분적이기는 하지만 이제 사람들은 자동차 색처럼 인간의 피부색 또한 중요한 문제가 아님을 인식하기 시작했다. 동성 커플, 신체 및 성 학대, 성적소수자(LGBTQ+) 그리고 그 외 여러 문제에 대한 인식도 점차 바뀌고 있다. 새로운 프레임이 더 이치에 맞고 세상을 설명하는 데 더 유용하다는 사실을 깨달으면서 서서히 이 틀을 받아들이는 것이다. 모든 거대한 인식 전환은 어떤 식으로든 이전보다 더 유용했기 때문에 확고히 자리 잡을 수 있었다.

변화하는 세상을 제대로 이해하기 위해서는 또 다른 인식 전환이 필요하다. 그리고 이 책의 전반에 걸쳐 살펴보겠지만, 그중 가장 중요한 부분은 청소년에 대한 인식이 달라져야 한다는 점이다. 이 책에서 이야기하려는 핵심 주제가 바로 이것이다. 새로운 신념을 가진 지금의 청소년 세대가 성장해서 어른이 되기까지 걸리는 20년이라는 시간의 지평에 관해 우리가 반드시 생각해 봐야 하는 이유다.

프레임을 바꾸는 것은 어떻게 도움이 될까?

프레임의 전환이 어떻게 도움이 되는지 구체적으로 보여주는 가장 좋은 예는 저명한 심리학자이자 베스트셀러 작가인 캐럴 드웩Carol Dweck

의 글에서 찾을 수 있다.[7] 드웩은 학생들에게 '자기 자신을 바라보는 시각을 바꾸라'고 조언한다. 스스로를 고정적인 마음가짐을 가진 존재에서 성장하는 마음가짐을 가진 존재로 인식하라는 의미다. 이와 같은 인식 전환은 인간을 긍정적으로 변화시키는 역할을 한다. 기업 코칭 전문가인 피터 디어맨디스Peter Diamandis는 새내기 사업가들이 창업할 때 지금까지와는 다른 방식으로 행동할 수 있도록 돕기 위해 풍요(Abundance), 기하급수적 성장(Exponential Growth), 장수(Longevity) 및 기타 다양한 주제에 관해 색다른 마음가짐을 가질 것을 제안한다.[8]

오늘날과 같은 급격한 변화의 시대에서 세상을 더 명확하게 보기 위해서도 인식의 전환이 필요하다. 인식 전환은 세상의 모습과 이치에 관해 우리가 직접 이야기하고 받아들이려고 선택한 새로운 서사라고 할 수 있다. 이것은 유발 하라리Yuval Harari[9]가 묘사한, 대규모 인간 집단이 같은 방향으로 움직이도록 돕는 '공통의 신화(인간은 다른 영장류와는 달리 공통의 허구를 통해 큰 집단을 만들고 이를 유지할 수 있었다는 유발 하라리의 이론 - 옮긴이)'의 최신 버전이라 할 수 있다.

예를 들어, 자연재해가 발생해 인간 사회가 큰 피해를 보았을 때, 자연재해가 갑자기 발생한다고 보기보다는 신성한 존재가 알 수 없는 의도로 세상을 제어한다고 보는 것이 도움이 될 수 있다. 다양한 생물종의 점진적 진화를 증명하는 화석이나 그 밖의 다른 증거를 발견했을 때, 과학자들은 '창조론'에서 '자연선택설'로 입장을 바꾸는 편이 더 유용하다고 판단했을 것이다. 사람들은 보통 나와 같은 프레임을 가진 사람들을 찾는 경향이 있다. 이것이 문화 형성으로 이어지기도 한다.

프레임 전환의 척도는 무엇인가?

새로운 프레임을 선택할 때 가장 좋은 척도는 유용성과 유익성이다.(물론 항상 이 척도만 적용하는 것은 아니다.) 프레임 전환은 옳고 그름의 문제라기보다 유용성과 유익성의 문제로 보는 것이 가장 적절하다. 우리가 세상을 바라볼 때 선택하는 렌즈는 자기 정의(Self-Definition)의 일부인 셈이다. 우리는 각자 자기가 사용할 렌즈를 선택할 수 있다.

인식 전환의 본질은 같은 것을 다른 방식으로 보거나 이해하는 데 있다. 예를 들어, 같은 물컵을 반밖에 남지 않은 유리컵에서 반이나 찬 유리컵으로 보는 것처럼 어떤 사물이나 사건을 부정적으로 해석하기보다 긍정적으로 해석하는 관점의 변화일 수도 있다. 가수 엘튼 존이 "장밋빛 안경을 계속 쓰고 다니다 보니 세상을 보는 시각도 달라졌다."고 이야기한 유명한 일화를 떠올려 보라.

'지구 구형론'이나 '성장하는 마음가짐' '부족함이 아닌 채워짐'과 같은 획기적인 인식 전환은 이전과는 완전히 다른 세상을 열어줄 뿐만 아니라 우리의 행동까지 변화시킬 수 있다. 지난 몇 년간 많은 이들이 '연일 계속되는 불볕더위'를 '지구 기후의 변화'로 인식 전환한 것처럼 말이다.

물론 새로운 프레임을 받아들이지 못하고 거부감을 드러내는 사람들도 여전히 많다. 그러므로 앞으로 어디까지 인식의 전환이 확산되고, 어떤 행동으로 이어질지는 좀더 두고 봐야 할 것이다.

나는 개인적으로 타인의 시선을 통해 인식의 틀이 바뀌는 경우를 자주 경험했다. 따라서 여러 사람이 모두 한 가지 방식으로 세상을 볼 때,

되도록 그들과 다른 방식으로 보려고 의식적으로 노력하는 편이다. 새로운 관점을 추구하는 것이 같은 방향으로 더 멀리 가는 것보다 도움이 될 때가 많기 때문이다.

감사하게도 '보스턴컨설팅그룹Boston Consulting Group'에 6년간 몸담으면서 나는 산업 전반에 대한 대규모 인식 전환을 위한 능력을 개발해 왔다. 이제는 인류와 새로운 시대를 위해 이 능력을 이용하려고 한다. 인식의 틀을 바꾼다고 항상 유용한 결과가 따라오는 것은 아니지만, 결과가 어떻든 새로운 해법을 찾는 과정에서 인식을 바꾸려는 시도는 항상 가치가 있다.

디지털 원주민과 디지털 이민자

지금까지 나는 다양한 주제에 관해 인식의 틀을 바꾸려고 시도했는데, 그중 가장 널리 알려진 것은 인류를 '디지털 원주민'과 '디지털 이민자(Digital Immigrants)'로 분류한 것이다. 내가 이 개념을 처음 제안했을 때는 막 21세기가 시작될 무렵이었다. 누군가는 이것을 지나친 일반화라 비난했고, 문제점을 지적하려고 근거를 찾아 나서기도 했다. 하지만 이 개념이 지금까지 사라지지 않은 이유는 분명 우리에게 유용하고 유익한 진실을 담고 있어서일 것이다.

2000년 당시 우리 회사의 젊은 직원들이 일하는 방식을 지켜보면서, 지금까지와는 전혀 다른 시각으로 그들을 바라봐야 한다고 느꼈다. 그저 전통적인 젊은이의 반항이 아니라, 뭔가 낯설고 새롭고 색다른 것들이 느껴졌다. 기성세대가 제대로 된 설명이나 프레임을 제시하지 못하는 무언가가 보이기 시작했다.

온라인 저널 〈온더호라이즌On the Horizon〉에 기고한 글에서[10] 나는 청소년들을 '디지털 원주민(디지털 언어의 원어민)', 그들의 부모를 '디지털 이민자(디지털을 제2 언어로 배운 사람들)'로 보는 새로운 프레임을 제안했다. 이 프레임이 그 후 어떤 영향을 가져올지 당시에는 잘 몰랐다.

디지털 원주민과 디지털 이민자라는 용어는 처음 도입한 후 20년이 지난 오늘날에도 세계 곳곳에서 등장한다. 영어 어휘사전에도 수록되었고, 옥스퍼드 영어 사전에서도 찾아볼 수 있다. 만일 내 묘비가 세워진다면 확신하건대 비문에서도 이 단어들을 찾을 수 있을 것이다.

앞으로의 세상을 이해하는 것이 목표다

이 책은 내가 처음 '디지털 원주민'과 '디지털 이민자'라는 용어를 제안한 후, 20년 동안 경험한 인식 전환과 새로운 관점에 관한 이야기다. 여기에 소개하는 모든 것들이 다가오는 21세기 중후반의 세상, 즉 지금의 청소년들이 어른이 되어 살아갈 세상을 이해하는 데 도움이 되길 바란다.

각 장에서 나는 우리의 자녀와 손자 손녀가 살아갈 21세기 중후반을 이해하고, 변화에 잘 대처하기 위한 새로운 프레임을 제시할 것이다. 그중 일부는 꽤 급진적으로 보일 수도 있다. 하지만 나의 바람은 모든 프레임이 미래를 새로운 시각으로 보는 데 도움이 되었으면 하는 것이다. 새로운 프레임으로 무엇을 하느냐는 전적으로 우리 자신에게 달려 있다는 점을 기억하자.

'역량강화의 새 시대'라는 크고 종합적인 틀 안에서 나는 청소년이 누구이고, 그들이 생활할 공간은 어디인지 알아볼 것이다. 그들의 신념과 요구, 포부는 무엇인지도 알아볼 것이다. 또한 그들에게 보편적인 것과 그들을 부르는 명칭, 성장 과정과 기량, 교육과정과 학습, 일은 물론 인류를 바라보는 관점에 관해서도 새로운 프레임을 제시할 것이다.

추측하건대 새로운 프레임 중에는 불안정한 것도 있고, 심지어 혼란을 일으키는 것도 있을 것이다. 가장 급진적인 프레임은 인간이 기술과 공생하는 존재라는 점, 학습이 청소년의 주된 목적은 아니라는 점, 읽기와 쓰기, 셈하기가 미래의 청소년에게 반드시 필요한 기술은 아니라는 점 등이다.

나의 목표는 단순히 독자들의 사고를 자극하는 게 아니라(물론 그런 바람도 있다!) 생각해 볼 색다른 관점을 제시하는 데 있다. 이 책을 읽으면서 당신이, 내가 생각하는 최고의 찬사인 "당신 덕분에 다르게 생각할 수 있었습니다."라고 말한다면 매우 기쁠 것이다.

시작하기에 앞서 당신에게 한 가지 선택권을 제시하고자 한다. 이 책은 세상이 어떻게 변하는지에 대한 종합적인 그림으로 시작한다. 하지만 그림에 함축된 의미, 즉 청소년의 성장에 관한 구체적인 인식 전환에 각별히 더 관심을 둔 이들도 있을 것이다. 역량강화의 새 시대가 학습이나 교육과정, 기초과목과 기량, 평가와 양육, 직업에 미치는 영향을 알고 싶다면 3부 11장이나 4부로 넘어가도 좋다. 하지만 급한 게 아니라면 청소년이 살아갈 시대를 새롭게 인식하는 종합적인 그림부터 순서대로 살펴보자.

⊕ 선구자는 누구인가?

최근 흥미롭게 생각하는 두 팀이 있다. 하나는 스페인의 만 3세 아동들로 이뤄진 팀이다. 이 아이들은 키 낮은 쓰레기통을 디자인한 다음, 시장을 설득해 거리의 전봇대마다 쓰레기통을 설치하게 했다.(https://youtu.be/5u1cCbSYh2Q)

두 번째는 미국 조지아주의 여자 중학생들로 이뤄진 팀이다. 이들은 3D 프린터로 의수를 제작하고, 소셜미디어를 통해 의수가 필요한 사람을 찾았다.(https://youtu.be/XQ8tPOqN7WE&t=26s). 이 두 팀과 함께 변화의 선구자가 될 100여 명의 청소년에 관한 자세한 이야기는 https://btwd atabase.org에서 찾아볼 수 있다.

⊘ 생각할 것은 무엇인가?

오늘날의 청소년들을 디지털 원주민으로, 그들의 부모를 디지털 이민자로 보는 새로운 관점을 들어본 적 있는가? 이 새로운 관점이 당신에게 도움이 되었는가? 그랬다면 또는 그렇지 않았다면 그 이유는 무엇인가? 무엇이 되었든 당신 스스로 인식의 틀을 바꿔본 적이 있는가?

청소년의 시대

4차 산업혁명의 시대에서 역량강화의 시대로

이제 21세기도 중반에 접어들었고, 우리 아이들도 20년 후에는 완전히 이 시대의 일부가 될 것이다. 따라서 21세기를 어떻게 인식해야 할지 생각하며 3장을 시작해 보자. 우선 이 시대는 무엇이 다를까? 내 생각에 가장 중요한 차이점은 청소년들이 어릴 때부터 전 세계적으로 연결될 수 있다는 점이다.

우리는 세상이 아는 마지막 '인터넷 이전 세대'에서 '최초의 인터넷 세대'로 세대교체가 일어나는 과도기에 있다. 이런 변화는 2000년경에 일어난 다른 모든 기술적 변화와 함께 청소년들에게도 엄청난 영향을 미칠 것이다. 그렇다면 청소년들의 시대를 우리는 어떻게 규정해야 할까?

청소년의 권한과 힘에 초점을 맞추자

때로는 디지털 원주민이나 디지털 이민자 같은 새로운 단어가 인식 전환의 유용한 수단이 될 수도 있다. 빠른 속도로 변화하는 시대를 새롭게 정의하기 위해 그동안 많은 이름이 거론되었다. 누군가는 '산업 발전'이란 프레임을 사용해 '4차 산업혁명의 시대'로 부르기도 하고, 다른 누군가는 '주된 영향력'이란 프레임을 사용해 인간이 지배하는 시대라는 의미의 '인류세'로 부르기도 한다. '기술에 의한 위험 및 혼란'의 프레임을 사용해 기술 중심이 아닌 '인간 중심의 시대'라고 정의하는 사람들도 있다. 또 다른 이들은 빠르게 진보하는 기술을 강조해서 '풍요의 시대'라고 이야기한다. 분명 그 외에도 더 많은 이름이 있을 것이다.

각각의 프레임으로 이 시대를 들여다보는 것은 사고를 확장해 나가는 좋은 연습이 될 수 있다. 모든 프레임을 경험해 본 후 마침내 자신에게 가장 유용하고 유익한 프레임을 선택할 수 있을 것이다.

만일 유용성과 유익함이 프레임을 선택하는 가장 중요한 기준이라면, 인간의 지배력이나 산업의 발전, 기술만을 기준으로 우리 시대의 프레임을 정하는 것이 최선은 아닐 것이다. 나는 다가오는 새 시대에 가장 도움이 되는 프레임은 청소년의 권한 증가와 힘에 초점을 둔 '역량강화 프레임'이라고 생각한다. 새로운 세대가 이 힘을 긍정적으로만 사용한다면 이 프레임은 인간과 산업, 기술과 사회 전반 등 모든 면에서 긍정적인 영향을 미칠 것이기 때문이다.

청소년의 역량강화는 결국 모든 인류의 역량강화로 이어질 것이다.

내가 생각하는 가장 유익한 21세기의 프레임은 '청소년에게 힘이 거의 부여되지 않던 시대'에서 '청소년이 역사상 그 어느 때보다 강력한 힘을 가지고 사회참여를 실현할 수 있는 시대'이다.

새로운 개척지가 열렸다

새로운 프레임이 있다면 이것을 부르는 이름도 필요하다. 나는 빠른 속도로 다가오는 이 시대를 가리켜 '성장을 위한 역량강화의 새 시대'라 부르겠다. 역량강화의 새 시대는 21세기에 청소년기나 유년기를 보내는 이들의 역량강화로 시작한다. 다음 장에서 더 자세히 살펴보겠지만, 이들은 모두 '기술과의 공생'을 통해 역량을 강화한 인간으로 진화해 나갈 것이다.

  나는 나이가 많은 사람이든 적은 사람이든, 누군가를 처음 만나면 항상 인류의 미래에 관해 질문하곤 한다. 그러면 생각보다 많은 이들이 두려움을 느낀다고 대답한다. "두려움은 우리 시대의 지배적 감정이다."라는 경영 컨설턴트 존 하겔John Hagel의 말도 있지 않은가.[11]

  사람들이 두려움을 느끼는 이유는 역량강화의 새 시대가 마치 인류의 새로운 개척지처럼 느껴지기 때문이다. 5장에서 이 개척지에 관해 더 깊이 탐색하겠지만, 새로운 개척지에 들어가기를 두려워하는 것은 당연하다. '탐사 정신'이나 '모험 정신' 같은 개념과는 별개로 사람들은 대부분 편안함과 익숙함을 가장 간절히 갈망한다. 하지만 새로운 개척지는 결코 익숙하거나 편안하지 않을 것이다. 그런 까닭에 오늘날의 기성세대 중 상당히 많은 이들이 다가오는 새 시대를 불편하고 두렵게 느낄 수밖에 없다. 또한 자신의 자녀를 그 안으로 들여보내는 것은 더더욱 두려울 것이다.

기성세대는 대부분 새로운 개척지에 들어가는 것을 필요 이상으로 꺼리고, 종종 자녀가 그곳으로 들어가지 못하도록 막기 위해 애를 쓸 것이다. 예를 들어, 아이가 어릴 때부터 온라인에 접속하는 것을 허락하지 않거나, 아이들이 전자기기를 사용하는 시간을 제한하거나, 교실 문 앞에서 모든 기기를 빼앗기도 한다. 많은 이가 아이들의 행동을 제어하는 것이 곧 그들을 보호하는 길이라 믿는다. 하지만 오늘날의 아이들은 이미 어른들이 제어할 수 있는 경계를 넘어섰다.

두려운 시대가 아닌 신나는 시대다

어른들이 다가오는 시대를 두려운 시대로 규정한다면, 과연 이 프레임이 우리 아이들에게도 도움이 될까? 물론 미래에는 우리가 모르는 위험 요소들이 많을 것이다. 지구의 기후가 더는 인간을 돕지 않을 가능성이나 핵무기로 인류가 자멸할 가능성을 포함해 잠재적인 문제들도 분명히 존재한다. 그러나 나는 인류가 이런 위험을 극복할 수 있으리라 생각하는 낙관주의자다.

두려움은 우리 아이들의 미래에 어울리는 프레임이 아니다. 더 희망적이고 긍정적인 시각으로 미래를 인식하는 것이 우리 아이들에게 훨씬 더 유용하고 유익한 프레임이라 생각한다. 역량이 강화된 아이들은 급변하는 환경과 빠르게 다가오는 위기를 다룰 수 있는 새로운 수단을 찾아낼 것이고, 우리는 이런 사실에 기뻐하며 안도할 것이다.

더욱이 나는 새로운 개척지에 일부 위험이 잠재하더라도 아이들을 개척지에 들어가지 못하도록 막는 과정이 불필요하다고 믿는다. 왜냐하면 새로운 개척지를 경험하는 것 자체가 환경에 적응하고 대처하는 법을 배우는 수업이기 때문이다. 게다가 어떤 경우에는 잠재적 위험의 가능성 때문에 새로운 개척지가 오히려 더 신나는 장소가 될 수도 있다.

아이들은 이곳으로 향하는데, 어른들이 계속 강제로 막는다면 어떤 식으로든 문제가 발생할 것이다. 아이들을 개척지에 들어가지 못하게 막는 것이 어른들에게 잠깐의 안정감을 제공할지는 모르지만, 그보다는 아이들의 역량을 최대한 강화하도록 돕는 것이 우리 모두의 삶을 발전시키는 길이라 생각한다.

역량강화는 곧 사회참여의 실현이다

역량강화라는 말의 의미는 정확히 무엇인가? 어른들은 교육을 통해 아이들의 역량을 강화한다고 생각한다. 나는 이 의견에 절대 동의하지 않는다. 나는 역량강화라는 말이 아주 구체적인 의미를 지닌다고 생각한다. 내가 생각하는 역량강화는 '주도적인 방향 결정'과 '영향력 있는 사회참여의 실현'이다. 만일 청소년들이 자신이 가야 할 방향을 스스로 선택할 수 없고, 현실 사회에 영향을 미치는 긍정적인 결과를 눈으로 확인할 수 없다면 역량강화는 아직 먼 이야기일 뿐이다.

물론 어떤 분야에서는 '능력 향상'이나 '잠재력 향상'이 일어날 수도 있다. 그러나 '언젠가 무언가를 실현할 수 있는 이론적인 힘'은 내가 생각하는 진정한 역량강화가 아니다. 오히려 '아이들이 그들 세상에서 하고 싶은 작은 일을 지금 바로 완수하는 모습을 보여주는 것'이 역량강화에 더 가깝다고 생각한다.

나이에 상관없이 역량이 강화된 청소년들은 부모나 조상들이 그 나이에 할 수 있었던 수준을 뛰어넘어 인류에게 유익한 일을 해내고 세상에 선한 영향을 미칠 수 있다. 역량을 강화하는 새로운 신념(이것은 6장에서 다룰 것이다)과 함께 주도적인 방향 결정과 영향력 있는 사회참여 실현을 통한 역량강화가 새 시대를 정의할 것이다.

주도적인 방향 결정과 사회참여 실현, 새로운 신념이라는 의미에서 아이들에게 힘을 불어넣고 싶은 마음이 선뜻 들지 않는 어른들도 있을 것이다. 많은 이가 "아이들이 스크린 앞에서 시간을 보내는 걸 보세요. 모든 결과를 다 예상할 순 없어요. 어쩌면 아이들에게 좋지 않을 수도 있다고요."라고 이야기할 것이다. 어떤 이는 "아이들은 그냥 아이들로 내버려둡시다."라고 말할 것이다. 기성세대의 문제를 아이들에게 떠넘길 필요가 없으며, 어차피 아이들이 자라 어른이 되면 감당할 부분이라는 의미다.

나는 어른들이 청소년을 돕고 싶어 한다고 믿는다.(물론 안타깝게도 여전히 아동 인신매매가 일어나고, 소년병들이 존재하고, 아이들이 좋든 싫든 어디에서 생활해야 하는지 규정하는 법이 있다는 사실에 주목해야 한다.) 안타까운 것은 어른들이 '아이들은 힘이 없다'라는 낡은 프레임 안에서 아이들을 도우려 한다는 점이다. 너무나 많은 어른이 아이들의 전자기기 사용을 금지하고, 스크린 타임을 제한하고, 원하지 않는 공부를 강요하고, 실제로 잘 알지도 못하면서 위험하다고 생각해 접근하지 못하도록 막는 방식으로 아이들을 도우려 한다.

아이들도 우리처럼 살아야 할까?

우리가 이처럼 구시대적인 태도를 유지하는 주된 이유는 아이들이 우리처럼 되기를 원하기 때문이다. 우리는 아이들이 우리가 정한 프레임 안에서 살기를 원하며, 그것이 가장 안전한 길이라 믿는다. 그러나 오늘날의 청소년들은 이미 여러 가지 면에서 20세기에 태어난 이들과 완전히 다르다. 겉보기에는 같아 보일지 모르지만, 이제 더는 '우리가 아는 그 아이들'이 아니다. 그들이 살아가는 세상과 함께 그들의 능력과 생각도 빠른 속도로 그리고 급진적으로 진화하는 중이다.

'아이들을 위해서'라는 타당한 이유가 있더라도, 아이들이 미래에 접근하지 못하게 막는다면, 이것은 사실상 아이들에게 해를 끼치는 것과 마찬가지다. 물론 아이들을 걱정하고 우리가 과거에 누렸던 것을 그대로 물려주고 싶은 마음은 이해한다. 그렇더라도 우리는 과거에는 좋은 삶이라 생각했고 어쩌면 지금도 그렇게 생각하는 삶으로 아이들을 억지로 끌고 가기보다는 아이들이 그들의 새로운 개척지에서 잘 살아갈 수 있도록 최대한 역량을 키워줘야 한다.

이런 이유에서 나는 아이들이 살아갈 시대를 역량강화의 새 시대로 보는 새로운 프레임이 매우 유용하다고 생각한다. 우리가 인식을 조금만 바꾼다면 아이들이 새로운 세상으로 더 빨리 나아갈 수 있게 도울 수 있다.

20세기의 업적은 그 자체로 남겨둬야 한다

미래를 새롭게 인식하는 것에 덧붙여 과거를 새롭게 인식하는 것, 즉 지금 알고 있는 것을 기반으로 20세기에 관한 관점을 수정하는 과정도 필요하다. 오늘날의 어른들이 태어난 20세기를 바라보는 가장 유용한 프레임은 '이제는 그 시대가 끝났다'고 보는 것이다.

많은 20세기 사람들, 특히 특정 지역의 사람들은 자신들이 살아온 시대의 전체 또는 일부가 최고라 여기며 살아왔다. 그래서 그 일부를 자녀에게 물려줄 유산으로 보존하고 싶어 한다. 그러나 아무리 자신이 살아온 시대가 좋았다고 생각하더라도, 아이들이 이미 새로운 시대에 발을 들였음을 인정하고 이에 맞춰 대처해야 한다. 청소년들은 그들 자신의 시대를 살고 싶어 하고, 또 그래야만 하기 때문이다.

21세기가 시작된 이래로 시대는 매우 빠르고 급진적으로 변화했다. 이 시대의 아이들이 추구해야 하는 것은 바로 역량강화다. 20세기 사람들의 업적을 깎아내리려는 게 아니다. 이 책을 시작하면서 말했듯이 우리는 개인적으로 권한과 힘을 부여받지 못한, 이 세상의 마지막 세대다. 우리는 아이들을 우리가 생각했던(그리고 여전히 그렇게 생각하는) 삶으로 억지로 끌고 가서는 안 된다. 태어나면서부터 디지털 문명과 함께 성장한 최초의 세대인 지금의 아이들이 자신들에게 권한과 힘이 부여되는 새 시대를 살아갈 첫 세대이기 때문이다.

역량강화는 바로 지금 시작해야 한다

성공적인 프레임 전환의 기준이 유용성이라는 점을 다시 떠올려 보자. 21세기가 청소년들에게 새롭고 멋진 개척지가 될 거라는 관점에서 시작해야 한다. 주변을 둘러보면 여러 가지 측면에서 다른 아이들보다 부족한 아이들도 눈에 띨 것이다. 우리는 아이들이 스스로 부족한 점을 메울 수 있도록 도와야 한다. 비교적 운이 나쁜 경우에도 21세기를 사는 사람이라면 누구나 원하기만 하면 세상을 긍정적으로 변화시킬 엄청나고 견고한 힘을 손에 쥘 수 있다.

청소년 활동가 그레타 툰베리를 포함해 많은 청소년이 새로운 힘을 찾아냈지만, 어른들은 쉽게 그리고 관대하게 힘을 넘겨주려 하지 않을 것이다. 어른들은 그저 아이들이 다르게 사고한다는 이유에서 자신들의 행동을 바꾸려고 하지 않을 것이다. 제대로 힘을 쓰지 못하면서도 자신들의 것이라고 믿는 어른들로부터 강제로 힘을 빼앗아 와야 할지도 모른다.

진정 아이들을 돕고 싶다면 어른들은 가장 먼저 자신이 해야 할 일을 '청소년 보호'에서 '청소년 역량강화'로 새롭게 인식해야 할 것이다. 이런 선택을 하는 어른이 많아진다면 새 시대는 분명 우리에게 더 멋지고 혁신적인 곳이 될 것이다. 만일 그러지 못한다면 변화는 한층 더 고통스럽고 불편한 일이 될 것이다.

🙂 선구자는 누구인가?

역량강화의 새 시대를 알리는 선구자로 어린 유튜브 스타들을 꼽을 수 있다. 그들은 자기가 좋아하는 일을 하면서 상당한 수입을 벌어들이는 방법을 찾아냈다. 그중에는 10대가 되기 전부터 시작한 아이들도 꽤 많다. 이들은 오락 콘텐츠부터 틈새시장 공유, 게임이나 비행기 조종 등 학교에서 가르치지 않는 여러 주제를 탐구하면서 독특한 재능을 꽃피우고, 전 세계의 조력자들과 소통한다.

✓ 생각할 것은 무엇인가?

청소년들의 역량이 강화되는 새로운 시대로 이동하고 있다는 의견에 동의하는가? 동의한다면 또는 동의하지 않는다면 그 이유는 무엇인가? 우리가 새 시대로 향하고 있다면 이것은 좋은 일인가, 나쁜 일인가? 누구에게 좋고, 누구에게 나쁜가?

4장

청소년은 누구인가?

도구를 가진 인간에서 하이브리드형 인간으로

청소년들의 시대를 역량강화의 시대로 새롭게 인식했다면, 이제 우리
는 이 시대를 살아가는 인간형에 대한 새로운 프레임을 찾아야 한다.
21세기의 청소년들이 어떤 인간으로 성장하게 될지 예측하기 위해 먼
저 '인간과 테크놀로지의 관계'라는 프레임을 꺼내 보자.

　인간과 테크놀로지의 관계와 관련해서 내가 가장 자주 듣는 이야기
는 '인간이 도구를 다룰 수 있는 존재'라는 것이다. 또한 지금까지 테
크놀로지는 내 주변에 없으면 조금 불편할 수 있지만 어쨌든 없어도
살 수 있는 '선택적 도구'로 여기는 경우가 많았다. 게다가 어떤 사람
들은 "도구는 중립적이며, 좋게 사용할 수도, 나쁘게 사용할 수도 있

다."고 말한다. 문제는 인간에 대해서도 정확히 같은 말을 적용할 수 있다는 것이다.

테크놀로지를 선택적이고 중립적인 도구로 보는 프레임은 이제 더는 유용하지 않다. 사실 인간이 핵심이고 테크놀로지는 선택적 부가물이라고 보는 프레임은 정확한 관점도 아니다. 테크놀로지는 이미 21세기의 인간과 공생하며, 앞으로도 계속 그럴 것이다. 우리는 이미 여러 상황과 장소에서 그렇게 되는 길을 걷고 있다.

인간과 테크놀로지가 서로 경쟁하는가?

우리는 테크놀로지를 선택적 도구로 보는 관점 혹은 인간과 테크놀로지가 경쟁 관계에 있다고 보는 낡은 생각에서 벗어나야 한다. 이제는 인간을 테크놀로지와의 공생으로 더욱 강력해진 '하이브리드'로 보는 인식의 전환이 필요하다. 테크놀로지와의 융합은 인류에게 엄청난 힘을 부여할 것이다. 물론 인간이 도구를 사용하는 유일한 생물종은 아니다. 하지만 나무 막대기에서 시작해서 가축 그리고 유익하고도 파괴적인 복잡한 기계를 다루는 형태로 진보하면서 도구는 우리 삶의 일부가 되었다. 도구가 없는 배관공이 과연 얼마나 능력을 발휘할 수 있을까? 도구를 사용함으로써 인간은 신체적, 물리적 한계를 뛰어넘어 힘을 확대하고 전달할 수 있었다.

그런데 지금까지 도구에 관한 인간의 프레임에서 가장 중요한 부분을 차지한 것은 도구가 인간의 본질을 구성하는 일부는 아니라는 생각이었다. 하지만 이런 생각은 이제 유효기간이 지난 것일 뿐이다. 이 프레임으로 보면 생물학적으로 '우리 내면에서 진화하지 않은 것'은 무엇이든 간에 우리가 만들어서 사용법을 터득한 '단순한 도구'에 불과할 것이다. 이런 도구들이 우리를 더 강력하게 만든다고 할지라도 우리를 더 인간적인 존재로 만들지는 않는다.

근본적으로 이것은 '우리의 창조주' 또는 '자연과의 관계'에 대한 종교적 프레임에 가깝다. 우리가 가진 도구를 모두 치워 보라. 그래도 우리 안에 있는 '인간의 본질'은 변하지 않으며, 인간적인 것은 여전히 남아 있을 것이다.

테크놀로지를 뺏는 게 유용한 일일까?

아이러니하게도 인간의 기술력은 점점 강력해지는데, 그와 동시에 청소년에게(어떤 경우에는 모든 사람에게) 잠시라도 테크놀로지 사용을 중지하라는 요구도 커졌다. 이런 요구는 인간이 선택적 도구를 가진다고 보는 기존의 낡은 프레임에서 벗어나지 못한 것이며, 심지어 인간이 생물학적으로 진화한다는 점을 깨닫지 못한 데서 비롯된 것이다.

우리는 이제 생물학에 관해 과거보나 훨씬 깊이 이해한다. 특히 인간의 내장과 피부에 기생하는 미생물에 관해서도 많은 것을 알고 있다. 내장에 서식하는 박테리아를 포함해 생물군계의 모든 박테리아는 실제로는 혈액이 공급되는 몸의 외부에 존재한다. 우리 몸을 완전히 관통하는 소화계라는 관이 있고, 박테리아는 그 관 안에 살기 때문이다.(이것은 나에게는 엄청난 인식의 전환이었다.) 사실 인간이 박테리아를 만든 것도 아니다. 그렇다면 박테리아는 자연이 만든 '단순한 도구'일까? 아니면 우리의 일부일까? 박테리아의 활동을 멈추는 것이 우리에게 도움이 될까? 박테리아를 완전히 없앤다면 오히려 인류의 건강에 심각한 문제가 발생할 수도 있을 것이다.

박테리아뿐만 아니라 테크놀로지에 관해서도 '단지 도구일 뿐'이라고 보는 프레임을 수정한다면, 훨씬 도움이 될 것이다. 의료기기, 치과용 도구, 작업 도구, 게임 기기 등을 포함해 오늘날 우리가 지닌 21세기 기술의 마지막 잔재까지 현대인에게서 모두 빼앗는다면 대부분은 더는 21세기의 인간이 아니라, '과거의 인간'에 머물 것이다.

물론 지구 어딘가에는 아직도 그렇게 살아가는 사람들이 여전히 존재할 것이고, 현대 사회 구석구석에 격세유전을 보여주는 사람들도 흔적처럼 남아 있겠지만, 대부분은 자의로든 타의로든 이미 새로운 무대로 이동했거나 빠른 속도로 이동 중일 것이다. 우리는 우리가 만든 환경에 의해 변화했고, 계속 변화하는 환경 속에서 우리의 다음 세대가 살아갈 것이다.

인간과 테크놀로지가 공생하는 시대

2011년에 출간된 책, 《기계와의 전쟁(Race Against the Machine)》[12]은 인간과 테크놀로지의 관계를 '인간 대 테크놀로지의 경쟁 구도'로 보는 프레임을 제안한다. 실제로 저자들의 생각은 제목이 가리키는 것보다 훨씬 미묘한 뉘앙스를 담고 있지만, 여러 작가와 영화제작자들뿐 아니라 스마트폰에 집착하는 자녀들을 바라보는 부모들도 이 프레임에 영향받았다. 그들은 오늘날의 청소년들이 테크놀로지를 대하는 태도에 대해 종종 심각한 우려를 표하기도 한다.

설사 인간 대 기계의 대결 구도가 흥미로운 영화 줄거리로 이어진 다고 해도, 우리는 더 유용하고 긍정적인 방식으로 인간과 테크놀로지를 인식해야 한다. 그뿐 아니라 "인간은 진보한 도구를 가졌지만, 그것은 여전히 선택적인 도구일 뿐이다."라고 이야기하는 것보다 훨씬 더 유익한 방식을 선택할 수도 있다. 바로 인간과 테크놀로지의 관계를 새로운 형태의 공생관계로 보는 것이다. 또한 인간과 테크놀로지가 긍정적으로 융합된 새로운 인류가 탄생했다고 보는 것이다. 다음 세대를 돕기 위해 우리가 마주할 가장 큰 과제 중 하나는 인간과 테크놀로지의 공생관계가 아이들에게 그리고 우리 모두에게 되도록 빨리, 완전히 실현되도록 노력하는 것이다.

테크놀로지에 대한 욕구는 자연적 선택이다

이리한 인식 전환에서 핵심은 무엇일까? 공생관계란 무엇을 의미할까? 인간과 테크놀로지의 관계를 새롭게 인식하는 것이 왜 중요할까?

'공생관계'란 두 개의 존재가 각자 혼자의 힘으로는 생존할 수 없어 서로에게 의존하고 필요한 관계를 뜻한다. 또한 양쪽이 결합했을 때가 어느 한쪽만 존재할 때보다 훨씬 더 튼튼하고 강력한 관계를 의미한다.

테크놀로지가 없다면 오늘날의 인간은 지금처럼 강력하지 않을 것이다. 그 누구도 이 사실을 부정할 순 없을 것이다.

반대로 테크놀로지의 입장에서도 자신을 관리하고 개량하는 인간이 없다면 그 힘이 떨어질 것이다. 적어도 현재의 형태로는 인간과 테크놀로지 둘 중 어느 한쪽이라도 다른 하나가 없다면 더는 존속하기 힘들 것이다. 그러므로 인간과 테크놀로지 사이에는 공생관계가 성립하며, 각각 상대방에게서 이익을 얻는다고 봐야 한다.

청소년들은 이미 테크놀로지와의 공생관계로 이동하기 시작했다. 청소년에게서 스마트폰을 완전히 빼앗는 일이 얼마나 어려운지 경험해 본 사람이라면 모두 고개를 끄덕일 것이다. 어른들은 돈으로 회유하거나 강압적인 방법을 쓰고, 교사들은 억압적인 규칙을 들먹인다. 하지만 모두 소용없는 일이다.

그렇다면 스마트폰을 치우기가 왜 그토록 어려울까? 스마트폰의 중독성 때문일까? 이것이 일반적인 관점이지만 결함도 있다. 인간에게는 편안함이나 안락함처럼 한번 경험하면 곧바로 갈망하는 것들이 있다. 하지만 우리는 편안함이나 안락함에 '중독되었다'고 말하지 않는다.

마취 전문의가 사용하는 강력한 약물은 단지 한 번 잘못 사용했을 뿐인데도 거의 모든 사람을 중독에 빠트릴 수 있다. 마취 전문의 가운데 자기가 사용하는 약물에 중독되는 비율이 놀라울 정도로 높다는 사실이 명백한 증거다.[13]

우리가 테크놀로지를 더 많이 원하는 것은 중독이 아닌 일종의 자연적 선택이나 진화와도 같다.

테크놀로지가 인간의 일부가 되는 세상

테크놀로지에 대한 한층 더 유용하고 새로운 프레임은 테크놀로지를 중독성 약물이나 중독 행동으로 보는 게 아니라, 서서히 진화한 인간의 새로운 신체 부위처럼 보는 관점이다. 테크놀로지를 지닌 인간은 그야말로 능력을 극대화해주는 무기를 항상 지니고 다니는 셈이다. 원하는 곳이라면 어디로든 새로운 손을 뻗을 수 있는 팔이 하나 새로 생긴 것이나 다름없다.

테크놀로지는 양면성을 지닌다. 인간의 손은 누군가를 어루만지고 쓰다듬을 수도 있지만, 반대로 누군가를 다치게 하거나 물건을 빼앗기도 한다. 아이들이 이런 못된 행동을 할 때 아이의 손을 자르는 쪽을 선택하는 부모나 교사는 없을 것이다.(한때 그렇게 하는 사람들이 더러 있었지만, 지금은 매우 야만적인 행동으로 여긴다.) 그 대신 아이들이 자기 몸을 더 긍정적이고 발전적으로 사용할 수 있게 돕는 쪽을 선택할 것이다. 지금의 청소년들은 기계가 인간의 일부가 되는 세상에서 살고 있으므로, 그들 관점에서 보면 일방적으로 테크놀로지를 빼앗는 건 그들의 손을 자르는 야만적인 행동과 다를 바가 없는 셈이다.

아이들을 위한다는 생각이 항상 옳을까?

어른들은 당연히 '아이들을 위해서' 테크놀로지를 금지한다고 주장할 것이다. 그러나 그들의 말을 들어 보면 어른들의 이익을 위한 경우가 대부분이다. 어른들이 정말로 원하는 것은 종종 낡은 문화를 유지하는 것이다. 다시 말해서, 어른들은 자기가 익숙하게 생각하는 구시대로 아이들을 데리고 가서 자기가 옳다고 생각하는 행동을 하게 하려고 한다.

어른들이 선호하는 시대나 행동에 관해 정작 아이들은 다르게 생각한다면 어떨까? 지금의 어른들이 성장한 20세기에는 스마트폰이 존재하지도 않았다. 이들 중 상당수가 부모로부터 록Rock 음악을 그만 들으라는 잔소리를 들으며 자랐을 것이다. 하지만 우리가 아는 한 록 음악은 이들에게 어떤 해도 끼치지 않았다.

록 음악이 그 당시 청소년들에게 특별히 도움이 된 것도 없다. 새로운 인간으로 탈바꿈시키지 않았으니 말이다. 그러나 오늘날의 아이들이 열광하는 새로운 부속물은 그 역할을 톡톡히 할 수 있다. 매우 긍정적인 방식으로 아이들을 새로운 종류의 인간으로 바꿔 놓기 때문이다. 청소년들은 어디에 있든 친구와 연결될 수 있고, 필요한 정보를 얻고, 다양한 형태의 만족감을 지속적으로 얻을 수 있다.

청소년들에게 스마트폰은 심박조율기나 인공판막, 인공와우 같은 신체 일부가 되어가고 있다. 보청기나 인공와우 같은 기존의 의료 장비들이 그랬듯 이제 곧 더 많은 새로운 테크놀로지가 청소년들의 몸 안으로 들어올 것이다. 아마도 스크린과 휴대형 소형 전자기기는 더 긴밀하게 융합한 공생체의 중간 단계가 될 것이다. 어떤 청소년이 이것을 거부하겠는가? 그러나 테크놀로지와 인간의 공생관계가 모든 곳에서 같은 속도로 동시에 일어나지는 않을 것이다. 다음의 표를 살펴보자.

'테크놀로지와 공생하는 하이브리드형 인간'을 향한 움직임		
이미 공생관계에 있는 것	공생관계를 향해 가는 것	아직 공생관계가 아닌 것 (그러나 곧 다가올 미래)
읽기 쓰기(논픽션) 정보 접근 연구조사 계산 번역 협업 학습 기민성 투지	토론 비판적 사고 프로젝트 관리 체계적 사고 아이디어 연결하기 쓰기(픽션) 음악과 예술 말하기 대화 관계 맺기 고유성 사회참여 실현	사랑하기 꿈꾸기 상상하기 느끼기 온정 존중하기 공감하기 윤리적인 사람 되기 동정심 창의성

이미 공생관계에 있는 것은 무엇인가?

위의 표에서 왼쪽의 1열은 많은 이가 이것을 수행하기 위해 이미 테크놀로지와의 공생관계를 선택한 과제들을 나열한 것이다. 여기에 나열한 과제를 수행하기 위해 과거에 쓰던 수단을 여전히 이용하기도 하지만, 어떤 형태든 테크놀로지를 이용하지 않으려는 진정한 21세기의 인간은 거의 없을 것이다. 돌에 글자를 새겨서 표지판을 만드는 사람이 거의 없는 것과 마찬가지다. 물론 어떤 사람은 여전히 옛날 방식으로 과제를 수행하기도 한다. 그러나 스마트폰을 이용해 책을 읽고, 이어폰으로 오디오북을 듣고, 인터넷으로 조사하는 사례가 점점 늘고 있다는 사실을 부정할 사람은 없을 것이다.

테크놀로지와 융합한다면 1열의 모든 항목을 더 빠르고 훌륭하게 수행할 수 있다. 나는 비교적 옛날 사람이지만 이 항목의 일들을 모두 스마트폰으로 처리한다. 또한 그 덕분에 생활이 더 나아졌다고 느낀다. 열여섯 살인 우리 아이는 스마트폰으로 나보다 훨씬 많은 일을 해낸다. 이 아이가 어른이 될 즈음이면 아마도 모든 청소년이 지금의 스마트폰이나 그보다 더 좋은 기기를 소유하고, 그것을 통해 모든 과제를 처리할 것이다.

심지어 '투지' '성실' '인내심'처럼 부모들이 선호하는 자질과 연관된 일을 할 때도 그 일부를 기계에 맡기는 쪽이 모든 것을 직접 할 때보다 훨씬 효율적일 것이다. 인간과 달리 기계는 절대 잊어버리거나 지치거나 지루해 하지 않으니까 말이다.

공생관계를 향해 가는 것은 무엇인가?

1열에 나열한 것 외에도 2열의 항목들처럼 인간이 해야 할 많은 과제에서도 같은 상황이 벌어진다. 2열에 나열한 모든 것들 또한 빠른 속도로 테크놀로지와의 공생관계에 접근하고 있다는 의미다. 기계 없이 하는 것보다 기계로 하는 쪽이 훨씬 더 효과적이고 강력해서, 기계 없이 시도하는 것이 말이 안 되는 상황에 이르렀다는 뜻이기도 하다. 예를 들어, 토론의 경우 유튜브에서 IBM의 프로젝트 디베이터Project Debater를 확인해 보자(https://youtu.be/3_yy0dnIc58). IBM 왓슨 컴퓨터가 시작 발언과 반박 발언, 맺음말을 포함해 정식 토론의 요소들을 능수능란하게 구성하고 제시하는 모습을 확인할 수 있다.

2열의 항목 중에서 특히 음악과 예술에 주목하자. 밥 딜런Bob Dylan을 포함한 많은 기타 연주자가 어쿠스틱 기타에서 전자 기타로 옮겨갈 때, 나는 예술과 기계의 공생관계가 태동하는 순간을 목격했다고 느꼈다. 오늘날 많은 젊은 예술가가 신기술을 이용하여 과거에 사용하던 전통적인 악기나 매체, 도구의 틀에서 완전히 벗어났다. 과학기술 덕분에 청중과 관객이 직접 창작 과정에 참여하는 쌍방향 음악이나 공연, 전시회도 가능해졌다. 이것이 역량강화의 새 시대에 알맞은 새로운 예술 형태일 것이다.

'관계 맺기'나 '사회참여 실현'에 관해서도 생각해 보자. 일부 청소년들은 이미 다국어로 시리Siri 같은 인공지능 챗봇과 대화하는 기술을 연마했다. 일본의 노인들은 로봇을 말벗 삼아 생활한다. 수줍음이 많거나 장애를 가진 사람들은 테크놀로지를 통해 한결 수월하고 편안하게 의사소통할 수 있다.

우리는 테크놀로지를 사용하지 않고는 새롭고 색다른 일을 수행하기 어려운 시대를 살아가고 있다. 기계가 우리를 돕고, 우리 또한 기계를 돕는다. 이것이 바로 '진정한 공생'이라 부르는 것이다.

생각보다 빨리 다가오는 것들

3열에 나열한 활동은 흔히 대단히 '인간적인 영역'으로 여기는 것들이다. 기계가 아직 여기까지는 진입하지 못했다고 말하는 사람도 많을 것이다. 또 어떤 이들은 기계와의 공생이 절대 일어나지 않을 영역이리 이야기할 것이다.

기계가 우리를 껴안거나 우리에게 입맞춤해 주지는 못하더라도 우리는 줌Zoom이나 인터넷 전화 같은 테크놀로지를 이용해 멀리 떨어진 사람과 따뜻하고 다정한 대화를 나눌 수 있다. 물론 과거에도 문자를 통해 먼 거리에 있는 이들과 대화할 수 있었지만, 실시간으로 할 수는 없었다. 테크놀로지는 인간이 먼 거리에서도 따뜻하고 다정한 관계를 유지할 수 있도록 돕는다. 우리 아이들이 살아갈 세상에서는 테크놀로지의 도움으로(예를 들어, 인간의 행동을 모니터하고 의견을 들려줌으로써) 인간이 더 인간답게 살아갈 수 있을지도 모른다.

3열에 나열한 활동들이 지금은 인간 고유의 영역에 가깝고 기계와 공생할 수 있는 영역과는 거리가 있다고 생각할 수도 있지만, 단언하건대 이 생각이 오래가지는 않을 것이다. 예측하건대 표에 나열한 모든 과제에 대해 대다수가 곧 기계에 기대게 될 것이다. 나는 당신이 자신과 다음 세대를 '테크놀로지와 공생하는 하이브리드형 인간'으로 새롭게 인식하기를 바란다.

🙂 선구자는 누구인가?

기계와의 공생으로 강력해진 하이브리드형 인간의 출현을 알리는 선구자는 어른들이 아무리 제지하려고 해도 스마트폰을 계속 사용하려는 모든 청소년이다. 더 진보적인 선구자는 기계와의 공생을 통해 실제로 세상을 개선하는 프로젝트를 구상하고 실현하는 전 세계의 청소년들이다. 그중에는 인도 시골 지역의 여성들을 위해 걸을 때 발생하는 에너지를 이용해 경고음을 내는 샌들을 발명한 15세 소년, 알츠하이머 환자들을 위해 가족 위치 추적 앱을 만든 13세 소녀도 있다.

✓ 생각할 것은 무엇인가?

지금의 청소년들을 새로운 '하이브리드형 인간'이라고 여길 수 있는가? 여기에 함축된 의미는 무엇이라 생각하는가?

5장

청소년의 생활 공간

상상력의 세계에서 클라우드 세계로

인류는 오랫동안 자신이 태어난 곳이나 그 가까이에서 생활했다. 20세기 들어 자동차와 비행기의 발명이 이 흐름을 조금 바꿔 놓긴 했지만, 인간은 스스로를 한 자리에 뿌리내리는 식물에 비유하며 물리적 공동체와의 연결을 중요하게 생각했다. 어쩔 수 없이 상황에 떠밀려 이주해야 하는 사람도 있었지만, 자발적으로 살던 곳을 떠나는 사람은 드물었다. 설령 자기가 태어난 곳을 떠난다고 해도 이들 중 상당수는 회귀본능을 가진 연어처럼 다시 돌아오곤 했다. 이런 현상을 긍정적으로 보는 이들도 있지만, 과거에도 그랬고 지금도 여전히 그렇듯이 태어나고 자란 곳 자체가 삶을 제약할 수도 있다. 특히 어쩌다 보니, 어쩔 도리 없이, 다른 지역보다 낙후되거나 위험한 곳에서 태어난 사람들에게는 더욱 그럴 것이다.

상상력의 세계와 클라우드 세계

인간은 어떤 공간에서 생활하든, '제2의 생활 공간'을 따로 두고 싶어 한다. 바로 '상상력의 세계'이다. 인간이라면 누구나 정도의 차이는 있겠지만, 자신이 만들어 낸 가상의 세계에서 보내는 시간을 즐긴다.

상상력의 세계는 물리적 세계를 더욱 재미있고 유쾌하게 만드는 역할을 한다. 어떤 사람들은 남들보다 더 많은 시간을 상상력의 세계에서 보내려 할 것이다. 자기가 만든 세상 속에서 시간을 보내는 사람들은 다른 사람들의 눈에 조금 이상하게 비칠 수도 있다. 몽상가나 지나친 낙천주의자, 최악의 경우 미치광이처럼 보이기도 할 것이다. 하지만 지구상에 존재하는 모든 인공물은 누군가의 상상력에서 처음 시작되었다는 사실을 기억하자.

오늘날의 인류는 새로운 세상 하나를 더 경험할 수 있다. '제3의 세계'라 불리는 세상, 바로 '클라우드'이다. 클라우드의 기원은 20세기 중반으로 거슬러 올라가지만, 생활 공간으로 실제로 존재하게 된 것은 21세기가 시작되면서부터다.

클라우드 세상은 물리적으로도, 사람들의 마음속에서도 계속해서 빠른 속도로 진화했다. 엄청난 문제가 발생하지 않는 한, 클라우드 세상은 분명 인간이 존재하는 한 계속해서 발전할 것이다. 클라우드가 누군가에게는(특히 2000년 이후 태어난 이들에게는) 새롭고 색다른 공간이라는 것은 엄연한 사실이다. 공상과학 소설가들은 오랫동안 클라우드에서의 생활을 상상했고 더 자세히 묘사하려고 노력했다. 영화 〈레디 플레이어 원Ready Player One〉 속 가상현실인 오아시스가 이것을 보여주는 예시일 것이다.

일단 인터넷이 등장하자, 사람들은 온라인상에 세컨드 라이프Second Life(미국 린든랩에서 개발한 온라인 가상현실 플랫폼 - 옮긴이) 같은 가상 세계를 만들기 시작했다. 네트워크 대역폭이 급속도로 커지면서 테크놀로지가 빠르게 그 속도를 따라가고, 클라우드는 또 하나의 생활 공간으로 떠올랐다.

클라우드란 무엇인가?

클라우드의 정의는 계속 진화했다. 아니, 사실 거의 매일 바뀐다고 해도 과언이 아닐 것이다. 클라우드는 물리적으로 보면 전 세계 곳곳의 거대한 데이터 센터에 있는 서버라 불리는 수백만 개의 컴퓨터 시스템이다. 클라우드는 서로 협력하거나 인간과 협력하는 기계로, 물리적인 공간이 아닌 소프트웨어상에 새로운 종류의 가상현실을 창조한다. 보통 스크린이나 VR 고글을 통해 가상현실을 시각화하여 우리가 방문할 수 있는 공간으로 만드는 것이다.

사람들은 서버 네트워크에 연결함으로써 소프트웨어, 즉 새로운 클라우드 세계에 접근한다. 인간은 인터넷과 범세계통신망, 프로그램과

앱, 스크린과 무선이어폰, 가상현실 헤드셋 등을 이용해 다양한 방식으로 클라우드와 상호 작용한다. 서버를 모아 둔 서버 팜Server Farm에서가 아니라면, 클라우드 세상은 오직 소프트웨어로만 존재하는(하이브리드형 인간의 한 부분을 구성하는 기계에서만 존재하는) 세상이다. 그러나 이것은 분명 새로운 방식으로 실재하는 세상이다.

클라우드가 지금까지와는 다른 무언가로 진화할 수도 있지만, 우리는 클라우드를 지구를 덮고 있으면서 끝없이 정보를 받고 내보내는 추가적인 층이라고 생각할 수 있다. 다음의 그림에서 지구를 에워싸고 있는 일론 머스크의 스타링크 인공위성들처럼 말이다. 지구라는 세계와 마찬가지로 클라우드 또한 인간의 투자와 상상력을 공급받아 유지된다.

지구와 클라우드는 동등할 것이다.

클라우드는 아이디어를 실체화하는 곳이다

클라우드 세상은 극도로 복잡하고 심오하며, 앞으로도 계속해서 그럴 것이다. 짧은 역사에 비해서 너무 복잡하게 진화했기 때문에 클라우드에 관한 몇 가지 인식 전환이 필요하다. 첫 번째는 클라우드를 '근거 있는 현실'로 보는 것이다. 즉 환상의 세계나 게임 공간으로 보거나 디스토피아라고 보는 관점에서 벗어나 21세기에 태어난 사람들에게는 물리적인 공간 못지않게 실질적이고 중요한 공간으로 보는 관점으로 전환하는 것이다.

앞에서 언급했듯이 지구상에 존재하는 모든 인공물은 누군가의 상상력에서 시작되었다. 그러나 우리가 사는 물리적 세계에서 이런 아이디어를 실체화하는 것, 즉 세상에 존재하는 실체로 만드는 것은 과거에도 어렵고 힘든 일이었으며, 지금도 그렇다. 이런 일을 하려면 엄청난 물리적 자원이 필요하기 때문이다.

따라서 클라우드를 '아이디어를 실체화하는 곳, 즉 아이디어를 실체로 구현하는 공간'으로 보는 프레임도 고려해야 한다. 다시 말해, 상상력의 세계에만 존재하던 것을 새로운 방식으로 실체화할 수 있는 공간으로 인식하는 것이다.

도시 건설이나 기념비 건립과 같은 일은 클라우드에서 실체화하는 것이 물리적인 공간에서 직접 하는 것보다 훨씬 더 수월할 것이다. 클라우드에도 상당히 많은 자원이 필요할 때가 있지만, 클라우드 세상에서는 여러 자원을 실제 세상보다 훨씬 더 쉽고 효율적으로 집중시킬 수 있다. 또한 소프트웨어라는 특성 덕분에 많은 이들과 공유하기도 훨씬 편리하다.

현실 세계와 클라우드를 동등하게 바라보자

오늘날의 청소년들은 클라우드 세상 안에서 수익성 있는 사업을 포함해 온갖 종류의 프로젝트를 수행할 수 있고, 그것도 집이나 스크린 앞을 떠나지 않고도 할 수 있다는 사실을 발견했다. 대부분 예전에는 전혀 할 수 없거나 간신히 할 수 있었던 일들이다. 이제 열여섯 살인 우리 아이는 법적 나이 제한에 걸려 청소년들이 할 수 없는 물리적인 일을 구하려고 억지로 노력하기보다는 오히려 클라우드를 계속 뒤져 돈을 벌 수 있는 길을 찾는다.(아빠로서 나는 그것이 합법적인 일이기를 바란다.)

클라우드는 이미 10대 백만장자를 여럿 배출했다. 내가 편안한 의자에 앉아 전 세계를 대상으로 저술 활동과 강연을 할 수 있는 것도 결국은 클라우드 덕분이다. 나처럼 점점 나이가 들어가는 사람에게도 너무나 감사한 일이다.

역량강화의 새 시대를 바라볼 때 가장 유용한 관점은 지구라는 물리적 세계와 클라우드 세계 어느 한쪽도 다른 한쪽보다 더 좋거나 더 실질적인 세계가 아니라고 보는 것이다. 두 세계 모두 인간의 상상력을 통해 다양한 방식으로 생명을 얻을 수 있는 곳이다. 그러므로 현실 세계가 더 중요하다고 보는 관점에서 두 세계가 동등하다고 보는 관점으로 프레임을 전환해야 한다.

두 세계를 동등하게 보는 관점을 받아들이기 어렵다고 말하는 이들도 물론 있다. 그들이 지금까지 관찰하고 생각했던 것에서 많은 부분이 어긋나기 때문이다. 오늘날의 청소년들이 클라우드 안에서 그리고 온라인상에서 너무 많은 시간을 보내는 것을 경계하는 사람들도 있다. 그들은 온라인 세상이 위험하다고 생각한다. 그러나 청소년들은 두 세상이 동등하다고 보는 관점을 이미 거의 보편적으로 받아들이고 있다. 클라우드는 21세기의 다양한 기술 중에서도 역량강화에 가장 큰 도움이 되는 것이므로, 이 관점을 받아들이지 않는다면 다가오는 새 시대를 역량강화의 시대라고 보는 더 큰 인식 전환이 그 타당성을 잃을 것이다.

접근이 역량을 강화한다

사실 역량강화의 새 시대를 이뤄가는 데 가장 큰 역할을 한 것이 바로 클라우드의 등장이다. 어른들의 최우선 과제는, 지구에서 모든 인간이 음식과 물, 주거지에 쉽게 접근하는 것처럼 모든 청소년이 최소한의 비용으로 또는 어떤 비용도 없이 새로운 클라우드 세상에 쉽게 접근할 수 있어야 한다는 점을 깨닫는 것이다.

테크놀로지가 우리 몸의 '새로운 일부'라는 프레임을 적용해 우리는 클라우드에 대한 접근을 새로운 AORTA, 곧 '상시 가용 실시간 접근(Always-On Real-Time Access)[14]이라 생각할 수 있다.(AORTA는 머리글자를 딴 용어이지만 '대동맥'을 의미하므로, 클라우드로의 접근이 우리 삶의 중요한 부분임을 암시한다. – 옮긴이) 또한 인류가 옛날 방식으로도 번성할 수 있다고 보는 관점에서 새롭게 역량이 강화된 인류의 삶을 지원하기 위해 빠르고 안정적인 클라우드 연결, 즉 새로운 AORTA가 필요하다는 관점으로 나아가야 한다.

새로운 AORTA를 갖는다는 것은 새 시대의 주인공인 청소년들이 물리적 공간의 제약에서 벗어나 완전히 새로운 방식으로 역량을 강화한다는 것을 의미한다. 어떤 일을 하기 위해 이제는 과거처럼 특정한 물리적 자원이 필요하지 않으며, 멀리 떨어진 장소도 누구나 쉽게 탐색할 수 있고, 멀리 있는 사물도 화면을 통해 더 자세히 관찰할 수 있다. 멀리 떨어진 지역의 사람들과 교류하는 것을 더는 방해받지 않으며, 상상력과 꿈을 실현하는 데 제약이 되었던 것들도 사라지기 시작했다. 전자기기, 소프트웨어, 인터넷과 같은 클라우드에서 작업하기 위해 필요한 자원은 대체로 물리적 세상에서 요구하는 여러 자원보다 훨씬 쉽게 얻거나 공유할 수 있는 것들이다.

소프트웨어 활용 능력이 청소년들 사이에서 얼마나 빠르게 전달되는지 관찰하면 무척 놀랍고 흥미롭다. 청소년들은 어른이 되어 소프트웨어 구매 비용을 벌 때까지 기다리기보다는 종종 '해적판'을 가져와 먼저 사용한다. 다른 사람이 잠금장치를 걸어둔 자원을 쉽게 사용할 수 있는 것도 어쩌면 역량강화의 한 형태로 볼 수 있을 것이다. 물론 오래된 사회적 규범에 어긋나는 일이긴 하지만 말이다.

🙂 선구자는 누구인가?

클라우드도 물리적 세계와 동등한 하나의 세계라고 보는 선구자로 이미 이 세계로 모여든 수많은 청소년을 들 수 있을 것이다. 클라우드 기반의 세계는 게임에 처음 등장했고, 이 세계에 거주하는 이들은 주로 청소년들이다. 하지만 가상현실 플랫폼인 버벨라Virbela, 클라우드 기반의 실시간 온라인 클래스, 엣시Etsy 같은 클라우드 기반 판매 플랫폼, 화상 게임이나 퀴즈 혹은 체스 같은 클라우드 기반 게임 등을 통해 모든 연령층으로 확장되었다. 물리적 실체로 존재했던 많은 것이 빠른 속도로 클라우드 세계에 복제되었고, 종종 물리적 실체를 대체하기도 한다. 코로나19도 클라우드로의 이동 속도를 앞당기는 데 큰 영향을 미쳤다.

✅ 생각할 것은 무엇인가?

우리 아이들은 얼마나 다양한 세계에서 살게 될까? 이 세계는 누구나 접근할 수 있는 곳일까? 어른들이 새로운 세계를 두려워하는 것은 근거 없는 기우일까? 아이들은 더 빨리 이동할 수 있는데, 어른들이 이 흐름을 가로막는 건 아닐까?

6장

청소년의 신념

낡은 신념에서 역량을 강화하는 신념으로

우리 여정의 다음 단계는 새 시대에는 청소년들이 어떤 신념을 가슴속에 품을지 예상해 보는 것이다. 청소년들은 부모가 믿었던 것을 그대로 믿지 않는다. 청소년들은 앞선 세대들에 비해 그리고 종종 부모 세대와 비교해서도 여러 영역에 걸쳐 매우 다른 시각을 가진다. 나는 아부다비의 한 학교에서 강연하며 이 점을 확실히 느꼈다. 전통 복장인 흰색 토브와 검은색 니캅을 단정하게 차려입은 아이들은 내가 제시하는 미래 비전에 대해, "저희 부모님은 전혀 다르게 생각하실걸요? 그러니 부모님을 먼저 설득해주세요."라고 간청했다. 사실 이것은 아부다비의 청소년들에게만 해당하는 이야기는 아닐 것이다.

세대가 바뀌면 신념도 바뀐다

누구나 자기만의 신념을 가진다. 나는 이것을 '자아의 틀'이라 부른다. 누군가는 '마음가짐' 혹은 '세계관'이라 부르기도 할 것이다. 신념은 인간의 가장 근본적인 생각이며, 우리가 세상을 바라보고 해석하는 가장 심오한 방식이다. 신념은 일반적으로 아주 어릴 때부터 형성되고 살아가는 내내 선택적으로 강화되는데, 지속적이고 선택적으로 이뤄지는 강화의 결과는 자신의 신념을 '보편적 진실'로 믿는 것이다.

그러므로 나와 다른 신념, 특히 정반대의 신념을 지닌 사람과 부딪힐 때면 갈등이 일어날 수밖에 없다. 신념과 신념이 부딪혀 분열이나 전쟁으로 이어지기도 한다. 어른들은 가정 교육과 학교 교육, 애국심이나 종교를 통해 마음속 깊이 소중하게 간직한 신념을 자녀들에게도 전달하려고 각고의 노력을 기울일 것이다. 하지만 우리 아이들 세대에는 이것이 전혀 먹히지 않는다는 사실을 깨닫고, 크게 당황하거나 혼란스러움을 느낄 것이다.

세대 간 신념의 변화는 지금도 여전히 진행 중이며, 21세기에 들어서는 차이의 폭도 훨씬 커졌다. 따라서 신념의 차이를 이해하고 서로의 생각을 수용하기 위해서는 인식을 전환하려는 노력이 반드시 뒤따라야 한다. 내 신념이 영원히 옳다고 생각하는 관점에서 벗어나, 많은 경우 시대에 맞게 신념도 달라진다고 보는 관점으로 전환해야 한다. 이 같은 인식 전환이 암시하는 중요한 사실은 변화하는 시대에 맞춰 신념을 바꿔야 하는 건 청소년들이 아니라 바로 우리 기성세대란 점이다.

어른들은 이 사실을 받아들이기 어려울 것이며, 실천으로 옮기기도 쉽지 않을 것이다. 내가 이 책을 쓰기 시작한 2021년을 기준으로 오늘날의 어른들은 모두 20세기에 태어난 사람들이다. 이들이 어디에서 성장했든 간에 처음의 신념을 형성한 사건은 모두 20세기에 벌어졌다. 또한 이들의 신념은 대부분 20세기에 경험한 것을 통해 강화되고 굳어졌다.

최근에 나는 많은 이들에게 존경을 받는 유명한 비즈니스 리더와 대화를 나눴다. 그는 늘 "나의 모든 경험이 말해주기를…."이라는 말로 시작했지만, 그가 20세기를 살면서 얻은 모든 경험은 오히려 그의 의견이 오늘날의 상황에는 잘 들어맞지 않는다는 사실만 드러낼 뿐이었다. 기성세대의 신념(그들의 프레임)은 앞으로 다가올 환경에 잘 맞지 않는 경우가 대부분이다.

여기에 함축된 또 다른 중요한 의미는 우리 모두 마음속 깊이 간직한(종종 무의식적이기도 한) 신념을 재검토할 필요가 있다는 것이다. 왜냐하면, 오늘날의 어른들이 간직한 20세기의 낡은 신념 중 상당수가 21세기에는 도움이 되지 않는 것들일 뿐만 아니라, 오히려 다음 세대의 발전을 가로막거나 방해할 수도 있기 때문이다.

내가 가장 큰 관심을 두는 질문은 '얼마나 폭넓은 영역에서 세대 간 신념의 변화가 일어나는가'이다. 다음의 목록은 몇 년 전 호주의 문화인류학자인 제네비에브 벨Genevieve Bell과 함께 이 주제에 관해 연구하며 작성한 것이다.

세대 간 신념의 변화가 나타나는 주요 영역		
과학기술 사생활 보호 재산 대인관계 성별과 인종	안전 힘 일과 직업 공감 아이들 신과 종교	돈 사랑 폭력 및 학대 정의 정부 시간과 공간

영역	낡은 신념	새로운 신념
과학기술	인간의 도구	인간의 공생체
사생활 보호	매우 중요	절충 가능
재산	개인이 소유하는 것	공유하는 것
대인관계	지역적/대면	세계적/온라인도 괜찮다
성/인종	편협하다	더 관대하다
안전	가능성 없다	가능하다
힘	어른들만의 것	공유하는 것
일과 직업	만족스럽지 않아도 괜찮다	만족감이 필요하다
공감 능력	거의 없다	훨씬 더 많다
아이들	아직 능력이 없는 어른의 2세다	고유한 존재이며 능력이 있다
신과 종교	아주 중요/널리 퍼짐	덜 중요/덜 퍼짐
돈	벌면 저축하기/투자는 부자들이 하는 것	투자/가상화폐
사랑	지역 내/남녀 간의 사랑	어디에서나 가능/ 여러 종류의 사랑

폭력/학대	용인됨	용인되지 않음
정의	소수를 위한 것	모든 사람을 위한 것
정부	유용하다고 본다	회의적이다
시간과 공간	사람들을 분리하는 요인	더는 사람들을 분리하지 못한다

위의 항목들을 자세히 살펴보면서, 본인의 신념과 청소년들의 신념을 비교해 보길 바란다. 서로의 생각이 일치하지 않는다면 어떻게 다른지 그리고 왜 다른지도 생각해 보자.

20세기형 신념과 21세기형 신념의 차이

72쪽의 표는 21세기 청소년의 성장과 관련해 신념이 어떻게 변하는지 정리한 것이다. 이 표를 잘 살핀다면 세대 간의 신념 격차를 새롭게 인식할 수 있을 것이다.

　이 표를 보면 청소년에 대한 20세기형 신념과 21세기형 신념 사이에 큰 차이가 있음을 알 수 있다. 우리 아이들이 자라는 동안 이런 신념 격차가 얼마나 큰 영향을 미칠까? 나는 그 영향이 상당하리라 생각한다. 우리는 우리의 낡은 신념을 아이들에게 장려하거나 강요함으로써 아이들이 갈 수 있거나 가야 하는 곳에 닿지 못하도록 방해할지도 모른다는 점을 늘 생각해야 한다.

　이 표에서도 보듯이, 청소년에 관한 20세기형 신념은 대개 아이들의

20세기형 신념 (역량약화)	새로 등장한 신념 격차	21세기형 신념 (역량강화)
• 아이들은 아직 무언가를 이뤄낼 수 없다 • 학습이 우선이다 • 테크놀로지는 단지 '도구'일 뿐이다 • 항상 실제 세상이 더 좋다 • 개인 과제가 우선이다 • 아이는 어른에게 지식과 기술을 얻어야 한다 • 교육은 계속 중요하고 필요할 것이다		• 역량이 강화된 아이들은 세상에 영향을 미칠 수 있다 • 사회참여 실현이 우선이다 • 테크놀로지는 인간의 공생체다 • 현실 세계와 클라우드 세계는 동등하다 • 팀이나 협업이 우선이다 • 아이는 어른에게 역량강화와 코칭을 얻어야 한다 • 미래를 대비해야 하지만, 20세기 교육은 최선의 방법이 아니다

역량을 약화하는 것이므로 역량강화의 새 시대를 위해서는 반드시 재고해야 한다.

우리의 신념은 우리가 성장한 시대에는 꽤 유용했다. 그러나 20세기형 신념이 아무리 우리에게 친숙하고 소중하다 해도, 아이들에게 낡은 것을 강요하는 건 아무런 도움도 되지 않는다는 사실을 이제는 받아들여야 한다.

역량을 강화하는 신념은 무엇인가?

어떤 신념은 다른 신념보다 더 큰 힘과 권한을 부여하기도 한다. 이것이 바로 '역량강화의 신념'이다. 어른이든 청소년이든 그들이 품은 신념은 개인의 역량을 약화하는 것일 수도, 강화하는 것일 수도 있다. 하지만 21세기의 청소년들은 역량강화의 신념을 더 많이 선택하는 쪽으로 진화했다. 이것이 새로운 테크놀로지와 함께 청소년들을 역량강화의 시대로 이끌고 있다.

72쪽 표의 왼편에는 어릴 때는 많은 것을 실현할 수 없고, 학습이 최우선이어야 하고, 테크놀로지는 저 멀리 치워두는 게 나은 선택적 도구에 불과하고, 대면이 원격이나 가상보다 더 좋고, 아이들에게는 우리가 주입할 수 있는 과거의 지식이 필요하고, 협업은 속임수일 뿐이고, 출세하기 위해서는 교육이 절대적으로 필요하다는 신념이 나열되어 있다. 이와 같은 구시대적 신념은 청소년들의 역량을 갉아먹을 뿐이다.

반대로 표의 오른편에는 청소년들이 영향력 있는 일을 실현할 수 있고, 사회참여 실현이 학습보다 선행되거나 학습의 동기가 되고, 테크놀로지는 우리와 공생하는 것이고, 지구와 클라우드가 동등한 세계이고, 청소년들은 어른들에게 정보보다는 역량강화와 코칭을 얻어야 하고, 청소년들의 시대에는 팀워크나 협업이 중요하고, 세상이 제공하는 교육은 미래를 대비하는 최상의 방법이 아니라는 새로운 신념이 나열되어 있다. 모두 역량을 강화하는 생각이다.

오른편에 나열한 역량을 강화하는 21세기형 신념 가운데 당신이 동의하거나 믿는 것은 무엇인지 확인하자. 또한 이 표에는 없지만, 21세기에 맞춰 전환해야 할 신념은 무엇인지도 곰곰이 생각해 보자.

⊛ 선구자는 누구인가?

역량강화의 신념으로 전환해야 할 필요성을 옹호하는 사람들 중 내가 가장 좋아하는 이는 인도 아마다바드 출신의 키란 비르 세디Kiran bir Sethi이다. 2011년 무렵, 그녀는 자녀들이 그저 학교 성적만 높일 게 아니라, '나는 할 수 있다'라는 신념을 가질 수 있게 도와야 한다고 생각했다. 그녀가 설립한 아마다바드 리버사이드 학교에서 '디자인을 통한 변화(DFC, Design for Change. 학생 주도 사회참여 프로젝트로 지금은 여러 나라의 다양한 학교가 참여하는 세계적인 프로젝트로 성장했다. - 옮긴이)'가 탄생했다.

현재 전 세계 60여 개국이 이 프로젝트에 참여하며, 이 프로젝트는 지역사회에 '측정할 수 있는 긍정적 영향(MPI, Measurable Positive Impact)'을 미치는 수많은 일을 실행할 수 있게 도움으로써 전 세계 수십만 아이들의 역량을 강화했다. 2018년 프란치스코 교황은 3천 명이 넘는 청소년들을 로마 교황청으로 초대했고, 세계 곳곳에서 온 청소년들은 이곳에서 자신의 프로젝트를 세상에 소개하고 많은 이들과 경험을 공유했다.(http://dfcworld.com)

⊘ 생각할 것은 무엇인가?

청소년들에게 신념의 변화가 일어났다고 생각하는가? 어떤 영역에서의 변화인가? 당신이 단단히 붙잡고 있는 오래된 신념이 있다면 무엇인가? 그중 앞으로 다가오는 세상에서 살아갈 인류에게 비교적 유용하지 않을 것 같다고 생각하는 것이 있는가? 청소년들이 어떤 신념을 품게 될지 생각하면서 그들이 살아갈 미래 세상과 그들의 포부를 잘 살펴보자. 이것 역시 진지한 인식 전환이 필요한 주제이다.

청소년의 미래

경험하는 세상에서 탐험하는 개척지로

역량강화의 새 시대로 진입하면 인류의 미래를 어떻게 인식하는 것이 가장 유용할까? 나는 미래를 인류가 한 번도 가본 적 없는 '새로운 개척지'로 보는 프레임을 선호한다. 이 새로운 개척지를 통해 우리 아이들은 '경험하는 세상'에서 '탐험하는 세상'으로 이동할 것이다.

우리가 살아온 세상은 전적으로 경험을 연료 삼아 운영되었다. 가장 높이 평가받는 지식은 '여러 차례 경험을 통해 검증된 것'이었고, 일단 검증을 거치면 대부분 매우 오랫동안 유지되었다. 설사 변화가 일어나더라도 아주 서서히 나타났고, 대부분의 상황은 이전 세대들이 어떤 형태로든 이미 보거나 경험한 것들이었다.

이전 세상에서는 지식이 매우 중요했다. 그래서 경험이 많을수록 더 현명한 사람으로 대우받았다. 나이 든 사람들은 살아 있는 경험으로 젊은이들을 이겼다. 젊음에는 경험이 빠져 있기 때문이다. 과거에 대한 지식과 더불어 경험은 인간이 소유할 수 있는 가장 유용한 자산에 속했다. 이것이 역사를 공부하는 이유였고, 많은 사회에서 노인이 존경받는 이유였다.

이 프레임에서는 미래란 천천히 점진적으로 다가오는 것이었다. 평생을 살아도 거의 모든 것이 비슷비슷하게 계속되고, 변하더라도 매우 천천히 변했다. 어떤 것은 아예 변하지 않았다.(많은 사람이 '인간의 본성' 도 그중 하나라고 생각했다.) 게다가 세상은 종종 끊임없이 순환하는 것처럼 전에 경험해 본 상황이나 상태로 되돌아가기도 했다.

경험의 가치가 달라졌다

경험이 매우 중요하다는 오래된 프레임은 점점 유용성을 잃어가고 있다. 경험은 오직 과거의 세상을 유지하는 데만 도움이 될 뿐이다. 우리 아이들이 살아갈 미래에 대한 더 유용한 프레임은 경험이 가장 높이 평가되는 세상에서 '탐색'이 가장 중요한 세상으로 이동하는 것이다.

개척지라는 말은 현실이나 신화 그리고 은유로서 오랫동안 우리와 함께했다. 역사적으로 인류가 한 대륙에서 다른 대륙으로, 한 장소에서 다른 장소로 이동할 때마다 누군가는(나 역시 마찬가지다) 존 F. 케네디 미국 대통령이 1960년대에 벌인 '뉴프런티어New Frontier' 즉 '새로운 개척지 운동'을 떠올릴 것이다.

개척지에 관한 은유는 커다란 영감을 불러일으킬 수 있다. 케네디 대통령이 사용한 개척지에 관한 표현에 자극을 받아 인류가 달에 발자국도 남길 수 있었다. 달을 넘어 우주 공간의 새로운 개척지를 향해 나아가는 동안, 인류는 지구 안에서도 새로운 개척지로 다가가는 중이다. 빠르게 변화하는 세상을 맞이한 것이다. 그러나 많은 사람에게 새로운 개척지는 반가운 대상이기보다는 오히려 두려움을 일으키는 대상에 가까워 보인다. 두려움을 느끼는 인간은 변화를 잘 받아들이지 못한다. 그나마 다행인 점은 모두가 그런 건 아니라는 것이다.

개척지에 관한 은유를 담은 이야기

인류가 이제 막 도착한 개척지를 이해하는 데 도움이 되는 이야기 하나를 소개하려 한다.

청소년들이 살아갈 미래 세상을 새로 발견한 땅이라고 가정해 보자.(아메리카나 호주 대륙이 1600년대의 유럽인들에게 어떻게 보였을지 상상해 보자.) 자신이 살던 세상이 유일한 세상이라고 알고 있던 구세계 사람들은 새로운 세계에 관한 이야기를 누군가로부터 전해 듣고, 비록 그 세계를 아주 흐릿하게만 알고 지도로만 볼 수 있다고 해도 그 존재를 깨닫기 시작한다.

몇몇 용맹한 개척자들은 실제로 길을 떠나 그곳에 도착하고, 그곳에서 살아남는다. 그들은 해안 지역에 살 곳을 만들고 고국에 소식을 전한다. 몇몇 사람들이 따라 들어오기 시작한다. 새로운 개척지로 들어오는 사람이 점점 많아진다. 해안 지역은 사람들로 붐비기 시작하고 그곳에 거주하는 새로운 주민들, 특히 그곳에서 태어나고 자란 청소년들은 이제 이 세계에서 갑갑함을 느끼고 자신만의 공간을 갈망한다.

신대륙의 해안 지대에서 조금 떨어진 곳에 수목이 매우 울창하게 우거진 어둡고 거대한 숲이 있다. 해안 지대에 사는 어른들은 대부분 숲이 극도로 위험한 곳이라고 생각한다. 가끔 용감하게 숲으로 들어가는 사람도 있지만, 대체로 가장자리까지만 이동할 뿐이다. 극소수의 사람만 조금 더 깊은 곳을 탐험하고, 그곳에 머무는 동안 사용할 것들을 만든다.

아이들이 발견한 세계

해안 지역의 어른들은 자녀가 숲에 들어가는 것을 허락하지 않는다. 어른들은 "나중에 네가 어른이 되었을 때 생각해 보자."라고 한다. 아이들은 지금이 아니면 어른이 되어서도 결코 숲에 들어갈 수 없다고 생각한다. 그래서 몇몇 아이들은 자기 힘으로 숲으로 들어간다. 대부분은 부모가 지켜보지 않을 때 더 깊숙이 들어간다. 어떤 아이들은 겁에 질려 중도에 포기하기도 한다. 그래서 숲은 그야말로 위험한 곳이라는 어른들의 믿음을 더욱 강화한다. 그런데도 날이 갈수록 숲에 들어가고 싶어 하는 아이들이 늘어난다. 사람들이 가득하고 늘 싸움이 일어나는 해안에서는 살고 싶지 않아서다. 아이들은 자라면서 "미래에는 더 많은 것을 기대해."라는 말을 듣고 자랐지만, 지금 그들 앞에 놓인 것은 점점 사라져가거나 낡아가는 것들뿐이다.

청소년들은 그들만의 채널을 통해 숲에서 매우 경이롭고 새로운 것을 찾았다고 알린다. 그들은 숲에 처음 들어왔던 탐험가들이 만들어 둔 장치를 이용해 높은 나무에 올라가기도 하고, 나무 꼭대기에서 새롭고 신나는 방식으로 함께 놀고 소통할 수 있는 세상을 만든다. 그들은 예전에 존재하지 않았던 새로운 세상에서 즐겁게 생활하고, 이곳에서 잘 성장한다.

이곳에서 무엇을 하는 게 가장 좋은지는 아직 분명하지 않다. 그래서 다양한 활동을 시도해 본다. 어떤 아이들은 어른들이 남긴 것을 새로운 버전으로 바꿔 본다. 그러나 주로 직접 새로운 것을 발명하고 시험해 본다. 가끔 새로운 것을 시도하다가 나무에서 떨어져 다치기도 한다. 그런데도 여전히 청소년들은 이곳에 머물고 싶어 한다. 이곳을 해안보다 기회가 훨씬 더 많고, 제약을 덜 받고, 자기 삶을 통제하는 힘을 더 많이 확보할 수 있는 새로운 환경으로 느끼기 때문이다. 나무 위든 땅 위든 그들이 머무를 장소가 아주 많은 세상이다. 하지만 부모들은 여전히 자녀가 위험한 곳에 머무는 것을 걱정하며, "돌아와서 우리와 함께 살자."고 애원한다.

자신만의 길을 찾는 아이들

아이들은 점차 부모 세대가 해안 지역이나 구세계에서 할 수 있었던 것보다 훨씬 더 많은 것을 숲속에서 할 수 있음을 깨닫는다. 그래서 직접 건물을 짓고 삶을 개척하고, 과감히 부모 세대의 방식을 버리거나 포기한다. 새로운 개척 정신이 움튼다. 아이들은 자신들을 위한 새로운 규칙을 만든다.

사실 아이들도 숲이 위험하다는 사실을 잘 안다. 위험한 포식 동물과 깊은 늪이 있고, 실제로 몇몇 아이들은 다치거나 목숨을 잃기도 한다. 그러나 아이들은 위험보다는 신나는 기회가 훨씬 더 많다고 생각한다. 누군가 심하게 다치거나 목숨을 잃는 경우를 대비해 이런 일이 다시 일어나는 것을 막는 방법을 찾으려고 노력한다.

아이들이 숲속 생활을 즐기는 동안 안타깝게도 해안에서는 해수면이 점차 상승하기 시작하고, 그렇지 않아도 붐비던 해안 지역은 더 비좁고 살기에 불편한 곳으로 변해간다. 어른들은 마을이 물에 잠길까 두려워한다. 그렇지만 여전히 숲속으로 들어가려 하지는 않는다. 그들은 숲의 나무를 베어내려 하지만, 이제 아이들 대부분이 생활하는 공간이 된 숲은 예전보다 더 탄탄해지고 영원히 지속될 세상처럼 보인다. 어른들은 허둥대며 다른 해결책을 찾는다.

숲속으로 들어간 아이들은 땅과 나무 꼭대기라는 새롭고 신나는 이원적 세상에서 번영을 누린다. 결국 아이들을 숲 밖으로 나오게 하지 못한다는 것을 깨달은 어른들은 행여 아이들을 잃을까 걱정하면서 다른 접근 방법을 시도한다. 해안 지역에서 사용하던 옛날 방식의 물건을 이름만 바꿔 보낸다. 아이들에게 보내는 선물에는 "어서 돌아와. 모두 너를 위한 거야."라는 메시지가 들어 있다. 그러나 아이들은 구세계의 개정판을 거부하고, 스스로 숲을 뚫고 자신만의 길을 찾고 싶어 한다. 그리고 실제로도 그렇게 한다.

어른들은 이제 그들이 생존할 수 있는 유일한 길이 숲속 깊숙이 들어가 아이들처럼 나무에 오르는 법을 배우는 것임을 깨닫지만, 안타깝게도 대부분은 숲속으로 발을 들여놓지 않는다. 해안 지역은 계속 줄

어드는데도 어른들은 자신이 사랑하는 낡은 세상에서 계속 허둥댄다. 마침내 바다가 그들을 집어삼킬 때까지.

👤 선구자는 누구인가?

탐험이 경험을 이긴다는 것을 몸소 보여준 선구자로 2021년 미국의 우주 로켓 회사 '블루 오리진Blue Origin'의 첫 유료 고객으로 우주로 간 올리버 데먼Oliver Daemen을 꼽을 수 있다. 매우 부유한 아버지를 둔 덕분에 18세 청년 올리버는 최연소 우주 여행자가 될 수 있었다. 그전까지 우주비행사가 되려면 수십 년의 경험이 필요했다. 하지만 새 시대에는 이런 경험이 필요 없기에 어린 나이에도 불구하고 우주를 탐험할 수 있었다.

지금부터 20년 후에는 많은 청소년팀이 실생활 프로젝트로 우주여행을 경험할지도 모른다. 청소년들이 탐험할 새로운 개척지는 늘 존재할 것이고, 그들은 경험이 없어도 언제나 새로운 개척지로 기꺼이 뛰어들 것이다.

✓ 생각할 것은 무엇인가?

시대의 변화에 따라 경험의 가치가 떨어지거나, 오히려 제약으로 작용할 수도 있는 것은 무엇이라고 생각하는가?

8장

청소년의 포부

구세대의 대체자에서 역할 창조자로

7장에서는 앞으로 펼쳐질 미래를 '탐험이 필요한 새로운 개척지'로 보는 관점에 관해 살펴보았다. 이번에는 이 개척지에서 청소년들이 어떤 역할을 하게 될지 생각해 보자.

어른들이 청소년을 처음 만났을 때 던지는 흔한 질문 중 하나는 '커서 무엇이 되고 싶은가'이다. 이것은 우리가 살아온 20세기가 '대체의 세상'이었기 때문에 가능한 질문이었다. 20세기 사회는 인간의 몸과 매우 비슷한 구조를 가졌다. 인간의 몸은 살아가는 동안 세포를 주기적으로 교체한다. 우리 몸의 거의 모든 세포는 새로운 세포로 대체되며, 며칠 정도의 짧은 주기로 대체되기도 한다. 우리 몸이 수많은 세포로 구성된 것처럼 사회 역시 여러 역할의 집합체라 할 수 있으며, 개인이 세포처럼 하나씩 역할을 맡는다. 우리 몸 안의 세포처럼 사회를 구성하는 역할도 주기적으로 더 젊은 세대로 대체된다.

청소년의 역할은 어른을 대체하는 것이었다

20세기 사회는 다음 세대가 훌륭한 대체 세포가 될 수 있도록 준비시키는 역할을 했다. 이때 사용한 방법은 아이들의 성장 과정을 끊임없이 관리하는 것이었다. 20세기에는 청소년이 퇴직하거나 세상을 떠난 어른을 대체하는 일이 수십 년에 걸쳐 점진적으로 이뤄졌기 때문에 사회 변화의 속도가 느리고, 역할을 맡은 '어른'과 그 역할을 맡게 될 '훈련생인 아이'를 엄밀하게 구분하는 것이 꽤 유용하고 타당했을 것이다.

개개인의 역할이 미리 정해진 시대에서 어른들은 단순히 나이 든 사람에만 머물지 않았다. 그들은 해야 할 역할을 찾아내고, 이 역할을 성공적으로 수행하는 데 필요한 경험을 지녔으며, 아이들은 이런 어른들을 대체할 미래의 후보군일 뿐이었다. 아이들은 누구를(특정인이 아닌 일반적인 의미로) 대신하고 싶은지 정하고, 최종적인 역할 인수를 준비하는 과정에 머물러 있었다. 어른의 역할을 성공적으로 대체하지 못한 이들은 나이가 들어서도 여전히 아이처럼(피터팬처럼) 취급당하곤 했다.

청소년이 어떤 대체자가 될지는 종종 부모의 선택으로 정해졌다. 부모들은 자녀가 자신과 같은 직업에 종사하기를 원했다. 그래서 어른들의 경험을 배울 수 있는 곳에 도제로 보내거나, 신학교나 의과대학 같은 다양한 종류의 직업 훈련 학교로 보내기도 했다. 왕위를 세습 받거나 부모를 대신해 청소년 가장이 되는 게 아닌 이상 어릴 때부터 어른의 역할을 맡는 아이는 거의 없었다.

아이의 역할이 정해지지 않은 경우, 부모들은 아이가 흥미를 느끼는 역할이 무엇인지 찾기 위해 다양한 직업과 역할 모델을 경험하게 했다. 그중 대부분은 부모들이 자신의 경험과 꿈을 기반으로 자녀가 선택하길 바라는 것들이었다.

아이들이 여러 선택지 중에서 가장 좋은 역할을 선택할 수 있도록 다양한 모델을 제공하는 것이 현명하다고 생각하는 어른들도 많았다. 그러나 그 결과가 무조건 긍정적이지는 않았다. 청소년을 돕는 사람들 상당수가 청소년에게 필요한 것이 아닌 그들 자신이나 사회에 가장 유익할 거라 예상하는 역할을 강요하려 했기 때문이다. 세대가 바뀔 때마다 새로운 의사, 변호사, 기술자, 회계사가 필요했다. 게다가 이런 전문직은 수입이 꽤 괜찮아서 부모들이 가장 선호하는 직업으로 떠올랐다. 부모들은 대체로 자신의 자녀가 저소득 일자리만은 맡지 않기를 원했다.

어디서나 역할 대체가 기본이던 세상

역할 대체자가 되는 것은 청소년의 역량강화에 좋은 전략이 아니다. 20세기까지의 성장 과정은 전적으로 구세대의 역할을 대체하는 것이었다. '대체'는 세상의 거의 모든 일이 돌아가는 방식이었다. 새로운 기업이나 새로 형성된 국가는 기존 기업이나 국가의 역할을 복제해 그 역할을 대신 맡았다. 사회가 확장하면서 어떤 역할은 사람이 더 필요했고, 어떤 역할은 사람을 줄여야 했다. 어떤 역할은 진화했고, 어떤 역할은 사라지기도 했다. 하지만 새로운 역할은 거의 만들어지지 않았다.

지금까지 우리가 살아온 대체의 세상에서 "커서 무엇이 되고 싶으냐?"라는 질문은 사실 "누구를 대체하고 싶으냐?"를 의미하는 것과 마찬가지였다. 이곳에서 청소년에게 주어지는 역할은 '어른을 대체할 직업 훈련생'일 뿐이었다. 그런 까닭에 누군가 "미래에는 지금까지 경험한 적 없는 새로운 직업이 생겨날 것이다."라고 예측하면, 어른들은 본능적으로 두려움을 느낄 수밖에 없다. 우리가 아는 거라곤 오직 기존 역할을 대체하는 방법뿐인데, 아직 생겨나지도 않은 직업에 대해서는 아이들을 어떻게 준비시켜야 할까?

20세기는 실제 경험이 중요한 시대였다

'대체'의 세상에서는 대다수의 일자리가 어떤 형태로든 이미 접해 본 것들인 경우가 대부분이었다. 물론 구체적인 상황이 다를 수도 있고 희귀한 역할도 종종 존재했다. 그래서 좋은 대체자가 되기 위해서는 되도록 많은 것을 볼 수 있어야 했다. 일정 기간 실무를 담당하거나 최소한 보조자로라도 일하면서 주로 현장에서 습득할 수 있는 '실제 경험'을 쌓아야 한다는 의미다. '대체'의 세상에서 사람을 고용하는 현명한 기준은 '이전에 이 일을 성공적으로 수행한 경험이 있는가?'였다. 대체자를 고용하는 이가 할 수 있는 가장 중요한 질문은 '이 일과 관련한 경험을 얼마나 많이 했는가?'였다.

우리 부부가 겪었던 일을 하나 예로 들어 보겠다. 아이가 태어났을 때 우리는 출산을 맡았던 의사에게 훌륭한 소아과 의사를 추천해달라고 부탁했다. 그러자 그는 나이 많은 소아과 의사(거의 은퇴할 나이에 가까운)를 추천하며, "좀 나이 들어 보일지는 모르지만, 모든 것을 경험한 사람이잖아요. 누구도 경험이 많은 사람을 이길 수는 없어요."라고 말했다. 젊은 의사들이 비록 최신의 혁신적 기술을 배웠을지는 몰라도 실제 경험은 거의 없는 애송이일 뿐이라는 의미였다.

대체의 세상에서 청소년들은 중요한 역할을 맡길 때 고려의 대상조차 되지 못했다. 지구상에 태어난 지 얼마 되지 않아 어른들보다 경험이 부족하기 때문이다. 따라서 이 시대의 가장 효과적인 고용 전략은 경쟁사에서 경험 있는 사람을 빼내는 일명 '가로채기(Poaching)' 전략이었다. 내가 공부했던 하버드 경영대학원 같은 학교에서는 다른 사람의 경험에 관한 이야기를 읽거나 토론하는 '사례 연구'를 통해 경험 부족을 보충하기도 했다.

경험에 관한 인식 전환이 필요한 이유

최근 들어 두 가지 중요한 점이 바뀌었다. 우선, 사람들은 경험을 얻기 위한 새로운 방법을 개발하고 연마하기 시작했다. 앞서 언급한 사례 연구뿐만 아니라 가상의 시각화와 컴퓨터 기반 시뮬레이션 등을 통해서 '간접 경험'이라고 부르는, 실제 경험의 대리 경험을 얻는 것이다. 예를 들어, 미군에서 비행기 조종사가 되고 싶은 사람은 상업적으로 비용을 지불하고 이용할 수 있는 '제트 전투기 프로그램'을 미리 익힌 후 조종사에 지원한다.

이 새로운 기술은 과거에 발생한 문제들을 미리 확인할 수 있게 하고, 훈련생들이 전문가의 피드백을 받으며 문제를 처리할 수 있게 돕는다. 그래서 몇몇 경우, 예전처럼 '살아 있는 경험'을 요구할 이유가 사라진 것이다. 21세기 초, 전 세계적으로 컴퓨터 보급률이 증가하면서 가상 시뮬레이션은 더 많은 직종과 분야로 확대되었다.

경험에 관한 인식 변화보다 더 중요한 변화는 혁신과 발명이 증가함에 따라 사람과의 경험을 포함한 살아 있는 경험의 필요성과 유익성이 점점 떨어지기 시작했다는 것이다. 20세기에는 살아 있는 경험을 쌓는 것이 어떤 일을 능숙하게 해내는 가장 좋은 비결이었지만, 새로운 세상에서는 오히려 파격적인 혁신이나 발전을 방해하는 선입견이나 편견으로 작용하기도 한다.

이 같은 변화로 청소년이 어른의 역할을 대체하기보다는, 스스로 새로운 역할을 창조한다는 쪽으로 보는 프레임이 세상을 향한 더 유용한 방식이 될 것이다. 앞으로 어른이 청소년에게 해야 할 질문은 "너를 위해 그리고 세상을 위해 어떤 새로운 역할을 맡고 싶니?"가 되어야 할 것이다.

경험의 형태도 변화한다

그렇다면 새로운 역할을 창출하는 시기는 언제여야 할까? 오늘날의 청소년에게 새로운 직업이 생겨날 때까지 기다리라는 것은 더는 타당하지도, 유용하지도 않다. 청소년들은 누군가 추정하는 미래의 요구가 아닌, 자신만의 고유한 특성을 토대로 스스로 새로운 직업을 창출해야 한다.

오늘날의 어른들이 성장한 20세기에는 일부 연구나 개발 분야를 제외하면 사람들에게서 '놀라운 발명'을 기대하고 고용하는 경우는 드물었다. 그 이유는 발명이 때로는 기존의 질서를 무너트릴 만큼 파괴적이었기 때문이다. 하지만 오늘날의 고용주가 추구해야 하는 것은 '파괴적인 것(Disruption)'과 '혁신적인 것(Innovation)'이다.

놀라운 건 경험이 여전히 가장 유익하고 유용하다고 여기는 분야에서까지 '살아 있는 경험 추구'에서 '간접 경험 추구'로 경험의 방식이 빠르게 옮겨가고 있다는 점이다. 클라우드 세상에서는 새로운 형태의 간접 경험도 가능하다. 간접 경험은 실제 인간과 가상의 인간 모두에게서 얻을 수 있다.

앞에서 잠깐 언급한 시뮬레이션이나 가상현실이 간접 경험을 얻는 유일한 방법은 아니다. 클라우드에는 더 많은 방법이 존재한다. 나는 청소년을 만날 때면 유튜브에서 주로 무엇을 보는지 물어보는데, 대답을 들으면 아이들의 관심사를 알 수 있을 뿐만 아니라 이들이 어떤 경험을 했는지도 드러난다. 이제 청소년들은 실시간 생중계 수술 같은 가상현실을 통해서도 '원격 경험(Telexperience)'을 얻을 수 있다. 일부

코치들이 운동선수에게 사용해서 도움이 된 시각화 훈련 같은 가상 경험도 실제와 별 차이가 없는 경험을 제공한다.

교실 수업은 여전히 유용하지만 아이들이 언젠가 누군가를 대신해 역할을 맡을 수 있게 준비시키는 구시대적 방법으로 인식해야 한다. 누군가의 대체자가 될 준비를 하는 것이 우리의 목표라고 해도 더 좋은 다른 방법들이 많고, 앞으로는 더욱 그럴 것이다. 따라서 우리는 가장 좋은 경험의 형태를 직접 경험으로 한정하기보다 새로운 형태의 경험으로 확장해야 한다.

경험 중심에서 창조와 혁신 중심으로 이동하다

새로운 경험을 얻기가 점점 쉬워지는데도, 기성세대는 아직 그 필요성과 유용함을 잘 받아들이지 못하는 듯하다. 우리 아이들이 맡고 싶은 역할이 무엇이든 간에, 이 역할은 아이들이 어른이 될 즈음에 사라질 수도 있다. 곧 사라질 수 있는 역할로는 육체노동자, 의사와 같은 지식노동자, 그리고 은행이나 우체국 직원처럼 다양한 지역에 다수로 존재하지만 하는 일이 거의 같은 역할 모두가 포함될 것이다.

오늘날의 청소년들이 살아갈 미래에는 이 역할들이 모두 자동화될 것이다. 우리는 여러 사람이 해야 가능했던 일을 기계 한 대가 대체할 수 있는 시대를 눈앞에 두고 있다. 그러므로 이제 청소년들의 포부에 대해서도 '관련 경험을 되도록 많이 쌓기'에서 '자신만의 꿈과 흥미, 재능과 열정을 적용할 수 있는 새로운 역할 창조하기'로 프레임을 바꿔야 할 때다.

과거 거의 모든 조직은, 회사든 스포츠팀이든 정부든 간에 항상 대체자를 찾았다. 그래서 헤드헌터나 스카우터처럼 기존의 역할을 대신할 경험과 잠재력을 지닌 사람을 찾는 전문 직종까지 생겨났다. 사회적 이해관계가 점점 더 첨예해짐에 따라, '관련 분야 경험'과 '적합성'이 가장 중요한 고용 기준으로 작용했다. 새롭고 색다른 생각을 지닌 개인이 기회를 얻는 경우는 극히 드물었다. 게다가 새로운 아이디어는 잘 받아들여지지 않거나, 도입된다고 해도 매우 천천히 도입되었다.

시대가 변하면서 이런 추세도 크게 달라졌다. 대체의 세상에서는 거의 요구되지 않았던 발명이나 혁신과 같은 가치가 점점 더 많은 역할에서 필요해지기 시작했다. 머지않아 거의 모든 역할에서 발명과 혁신이 필요한 세상이 다가올 것이다.

혁신과 발명이 중요한 시대가 다가오다

물론 과거에도 어떤 역할에서는 혁신이 중요했다. 예를 들어, 국가나 기업 운영 같은 매우 복잡한 역할들이 그랬다. 이런 일에는 변수가 너무 많고 특히 사람과 관련된 변수가 잦았기 때문에 어떤 것도 완전한 방법이 아니었다. 50년 전, 내가 하버드 경영대학원에 입학했을 때 순진하게도 그곳에서 '사업하는 방법'을 배울 수 있으리라 기대했다. 놀랍게도 결국 내가 알아낸 사실은 아무도 그 방법을 모른다는 것이다. 최고의 위치에 있는 사람들도 그저 계속하다 보니 거기까지 올라간 것이다. 그래서 하버드에서는 해결하기 어려운 상황에 관한 더 많은 사례를 읽고 우리라면 어떻게 할지 상상해 보는 연구 방법을 사용했다. 이곳에서 가르치려 한 것은 '그때그때 상황에 따라 새로운 것을 찾아내고 발명하는 법'이었다.

역량강화의 새 시대에서는 모든 사람이 그때그때 발명을 하는 과정을 받아들여야 한다. 모든 것을 겪은 나이 든 소아과 의사처럼 경험 있는 사람을 선택할지, 아니면 경험이 부족해도 혁신적인 사람을 선택할지 모든 곳에서 그리고 모든 단계에서 결정해야 할 것이다.

그러므로 우리 아이들에게 던져야 할 질문은 "어른이 되면 누구처럼 되고 싶니?" 혹은 "어떤 직업을 갖고 싶니?"가 아니라, "너는 어떤 사람이 될 수 있다고 생각하니?" "무엇을 발명하고 싶니?" "어떤 새로운 것을 이루고 싶니?"로 바뀌어야 한다. 대체의 세상에서 성장한 사람들에게는 이것이 매우 놀랍고 불편한 일일 것이다.

😊 선구자는 누구인가?

누군가의 대체자가 아닌 창조자가 되는 길을 선택한 젊은 선구자로 누구를 떠올릴 수 있을까? 클라우드 세상에서 새로운 이력을 창조하는 모든 청소년을 들 수 있을 것이다. '검색 엔진 최적화 기술자'와 '유튜브 채널 제작자 및 인플루언서' 같은 새로운 직업을 만든 이들도 포함된다.

많은 청소년이 새로운 역할을 창출해서 엄청난 부를 얻었다. 이런 일을 할 수 있는 인재를 찾으려는 기업에서는 사원 모집 요강에 '나이 어린 사람'이라는 말을 바로 쓸 수 없기에, 매우 완곡하게 표현해 '디지털 원주민'이란 용어를 사용한다.

만일 당신이 누군가를 고용하는 고용주의 입장이라면 면접을 보기 위해 회사를 방문한 이들에게 어떤 질문을 할 것인가? 기존 역할의 대체자가 아닌 완전히 새로운 역할에는 어떤 것이 있을까?

9장

청소년에게 필요한 교육

학업적 성공에서 사회참여 실현으로

모든 청소년에게 교육의 기회를 제공해야 한다는 관점이 전 세계로 퍼진 때는 고작 지난 세기에 불과하다. 교육받을 권리가 인간의 보편적 욕구라는 인식도 20세기 들어서야 완전히 자리를 잡았다. 2015년 유엔은 '모든 사람에게 양질의 교육을 제공해야 한다'는 표어를 2015년부터 2030년까지 이뤄야 할 '지속 가능한 발전 목표(SDGs, Sustainable Development Goals)로 지정했다. 그러나 유엔에서 이 목표를 설정할 무렵에도 세상의 변화 속도는 훨씬 앞서 있었다. 그렇다면 새 시대를 살아갈 청소년들에게 알맞은 교육은 어떤 형태일까?

21세기에도 학문 중심의 형식 교육이 필요할까?

학교 같은 교육기관에서 이뤄지는 교육을 뜻하는 '형식 교육(Formal Education)'은 20세기까지만 해도 아주 유용한 교육 방식이었다. 세계 어디서든 형식 교육은 교사가 교실에서 아이들에게 표준 교육 과정을 가르치는 일종의 학문 교육을 의미했다.(부유한 가정에서는 일대일로 가르치는 개인 교사를 두기도 했다.) 형식 교육의 효과는 아주 명확하게 나타났기 때문에 헌신적인 교사와 높은 기준의 엄격한 학습 프로그램으로 정의되는 양질의 형식 교육을 만들어 모든 사람에게 제공하려는 강렬한 기대가 생겨났다.

20세기 교육의 목표는 유엔의 '지속 가능한 발전 목표'에서 제시하는 것처럼 '모든 사람을 위한 보편적인 양질의 교육'이었다. 그런데 '모든 사람을 위한 보편적인 양질의 교육'이 21세기에도 과연 유용한 목표가 될 수 있을까? 이것이 미래의 청소년을 위해 우리가 추구해야 할 목표일까? 학문 교육은 꼭 모든 청소년이 경험해야 하는 것일까? 21세기도 중반으로 향하고 있는 지금까지도 분명 많은 이들이 고개를 끄덕일 것이다. 그러나 나는 이 생각에 동의하지 않는다.

역량강화의 새 시대에서는 교육에 관해서도 인식 전환이 필요하다. 학업적 성공이 모든 사람에게 보편적인 것은 아니라는 사실이 이미 수없이 드러났기 때문이다. 수많은 아이들이 학업적 성공을 위해 노력하지만, 결국 실패에 이르고 만다. 그렇다면 보편적인 것은 무엇인가?

모든 인간에게 보편적인 것, 즉 나이에 상관없이 모든 인간이 해낼 수 있는 것은 '누구나 스스로 긍정적인 목표를 설정하고, 영향력 있게 목표를 실현하는 것'이다. 이것이 바로 진정한 의미의 역량강화다. 그러므로 모든 청소년에게 학문 교육이 유용하고, 모두가 이런 교육을 받아야 한다는 관점에서 벗어나, 모든 사람이 긍정적인 영향력을 펼칠 수 있는 목표를 실현함으로써 역량을 강화할 수 있다는 관점으로 전환해야 한다.

학문 중심의 교육은 왜 보편적 요구가 될 수 없는가?

학문 중심의 교육은 인류 역사에서 비교적 최근에야 시작된 전통이다. 몇천 년 전 고대 그리스의 일부 지역에서는 아주 적은 수의 사람만 이와 같은 교육을 경험했다. 이후 학문 중심의 형식 교육은 꽤 오랫동안 일부 사람에게만 제공되었다.

쓰기나 읽기, 셈하기와 같은 특정 기술이 모든 사람이 습득해야 할 유용한 기술로 자리를 잡은 것은 최근 몇 세기 사이의 일이다. 18세기 프로이센에서 정식 학교 교육이 의무화되었고, 그 후로 유럽 여러 국가에서도 학교 교육이 시행되었다. 19세기 말에는 영국과 미국에서 표준 교육과정이 수립되었다. 그러나 다른 대부분의 국가에는 그런 기준조차 존재하지 않았다.

20세기 중반까지만 해도 학문 교육은 전혀 보편적인 교육 방식이 아니었다. 전 세계 청소년 중 5퍼센트도 안 되는 극소수만 대학 교육을 경험했다. 많은 지역에서는 심지어 초등교육도 받지 못한 이들이 많았다. 이런 점을 21세기에 바로잡아야 할 중대한 사회적 약점으로 보는 사람도 많을 것이다. 그런데 이것이 정말 바로잡아야 할 문제일까? 아니면 그냥 계속 나아가도 되는 걸까?

1920년부터 2020년까지 100년 사이에 세계 인구는 4배가량 늘었다. 2021년의 청소년 인구는 100년 전의 세계 인구를 모두 합친 것보다 많다.(1920년 전 세계 인구는 19억이었고, 2021년 25세 이하 청소년 인구는 20억 정도다.)

20억이나 되는 청소년들이 자동화와 인공지능 그리고 아주 폭넓은 다양성과 독특함을 지닌 새로운 세상에서 성장하고 있으므로, 우리는 "청소년 개개인이 성장하는 동안 무엇을 할 수 있고 무엇을 해야 하는가?"라는 질문을 다시 해야 한다.

질문을 조금 바꿔 "청소년의 미래를 위해 우리가 장려할 수 있고 또 장려해야 하는, 모든 청소년에게 보편적인 교육은 무엇인가?"라고 질문할 수도 있다. 우리는 20세기에 이 질문의 답을 찾았다고 생각했다. 그 답은 '학문적 방식으로 교육받는 것'이었다.

그러나 이것은 틀린 답이었다. 학문 교육이라는 해법은 오직 소수의 사람에게만 통했고, 게다가 20세기의 환경에서만 유효했다. 이제 우리 아이들의 미래를 위해 제대로 된 답을 다시 찾아야 한다. 새로운 세상에서는 매우 다양한 방식의 교육이 이뤄질 수 있기 때문이다.

20세기식 학문 교육은 답이 아니다

20세기의 학문 교육은 수많은 사람을 더 나은 세상으로 안내했다. 그러나 안타깝게도 학문 교육의 효과는 보편적이지 않았다. 학문 중심의 형식 교육을 신뢰하고, 그 혜택을 입은 사람들도 있지만 극히 일부의 사람들에게만 해당하는 이야기였다.

극소수만을 위해 고안된 좁고 제약적인 '학문적 교육의 틀'은 상당수의 사람에게는 잘 들어맞지 않았다. 학문 교육이 특별히 요구하는 것을 모든 사람이 충족할 수 있거나 충족하고 싶어 하는 것도 아니므로, 결국 보편적으로 행해질 수 없다.

학문 교육이 요구하는 목표는 대다수의 청소년에게 너무 제약적이다. 학문 교육의 길을 걷기 시작한 많은 이가 실패하거나 중도에 포기하고 만다. 게다가 결국 그 길을 끝까지 간다고 할지라도 자신의 의지가 아닌 교사나 부모의 요구로 이뤄진 경우가 많았다. 이것은 분명 좋은 신호는 아니다. 이렇게 노력을 기울여 얻은 결과는 몇몇 사람의 사회적 이동과 개선된 삶으로 나타나기도 하지만, 이것 또한 모두에게 해당하는 것은 아니다.

학문 교육이 당시에는 좋은 해법이었을지 모르지만, 이제 그런 시대는 지나갔다고 봐야 한다. 세계 곳곳에서 학문 교육의 공식 과정을 설계하고 수립하면서 많은 이가 혜택을 받았고, 특히 20세기에는 전 세계적으로 엄청난 영향을 미친 것도 사실이다. 그러나 엄청난 노력에도 불구하고 결코 모든 사람에게 영향을 미치거나 혜택을 안겨 주지는 못했다. 안타깝게도 20세기에 처음 구상해서 시행한 교육은 우리가 한때 기대했던 것처럼 보편적이지 않았으며, 애초에 그럴 수도 없었다. 그렇다면 그 이유는 뭘까? 적어도 세 가지 이유를 생각해 볼 수 있다.

학업적으로 큰 성공을 거두는 이는 극소수일 뿐이다

학문 교육이 보편적이지 않은 첫 번째 이유는 20세기에 발전한 형식 교육이 거의 전적으로 '학문 중심'으로 이뤄졌기 때문이다. 제한적인 몇몇 기술(특히 읽기, 쓰기, 셈하기)과 특정 이론만 다룬 것이 전부였다.

학문 교육은 많은 이들에게 성공에 이르는 하나의 길을 제시했다. '꾸준히 제시간에 등교하고, 좋은 성적을 거두고, 학급에서 되도록 높은 등수를 기록하고, 될 수 있으면 이름 있는 학교에서 학위를 획득하고, 그러고도 계속해서 더 많은 학위를 추구하는 것'이다. 그러나 모두가 그렇게 할 수 있거나 그렇게 하기를 원하는 것은 아니다.

모든 사람이 이런 길을 가기에 적합한 특성을 타고나진 않았는데도, 우리는 아이들을 학교로 밀어 넣으면서 성적이 나쁘면 '실패자' 또는 '낙오자'라는 꼬리표를 붙였다. 어른들은 학문적 성공 정도에 따른 위계 구조를 만들고, 학업 성취를 평가하거나 위계 구조 진입을 허용하기 위해 대학수학능력시험 SAT, 대학 순위, 입학 사정 위원회와 같은 관문을 만들었다. 좋은 성적은 '훌륭한 청소년'이란 말과 동의어였다.

교육과정을 제대로 따라가지 못한 이들에게는 사회적인 핸디캡을 부여했다. 어른들은 모든 청소년이 학문 교육을 최대한 많이 받도록 독려하는 데 엄청난 시간과 소중한 자원을 쏟아부었고, 교육 제도를 최대한 확대하려고 애썼다. 일부 아이들만 이런 교육을 원하고 일부만 혜택을 받을 것이 분명한데도, 여전히 학문 교육을 선호하는 사람들이 많다. 하지만 이제부터라도 현실을 바로 봐야 한다.

현실에서는 학업적으로 큰 성공을 거두는 이는 극소수일 뿐이다. 우리는 학업적 성공에 이르지 못한 사람들도 다른 면에서는 남들과 동등하거나 더 뛰어날 뿐만 아니라, 이런 이들의 수가 훨씬 많다는 사실을 너무 자주 잊어버리거나 무시한다. 따라서 학문 교육이 사회적 성공에 중요하다는 프레임은 보편적으로 유용하지 않다는 사실부터 깨달아야 한다.

인구가 급증했고 관심의 방향이 달라지고 있다

학문 교육이 우리가 생각하는 보편적 요구나 답이 아닌 두 번째 이유는 인구가 급증했고, 사람들의 관심도 더 다양해지거나 폭이 넓어졌다는 것이다. 이미 언급했듯이, 오늘날 세계 인구는 1900년에 비해 거의 다섯 배로 폭증했다.(1900년에 16억이었고 2021년에는 78억이었다.) 부모들은 여전히 원할지도 모르지만, 아이들 대부분은 학문 교육 자체에 관심이 없다. 그들은 오히려 자신의 꿈과 목표를 이루는 경험에 더 관심이 많다. 청소년들이 꿈과 목표를 이루는 최고의 수단은 학문 교육이 아니라, 사회참여 실현이다. 물론 학문 교육이 효과가 있을 수도 있고 여전히 일부 청소년에게는 득이 되겠지만, 수혜자가 비교적 소수이고 매우 간접적인 효과만 있을 뿐이란 사실을 기억해야 한다.

기존 교육을 거부하는 세대가 나타났다

학문 교육이 더는 보편적 해법이 아닌 세 번째 이유로는 2000년 무렵부터 시작된 디지털 시대의 도래를 꼽을 수 있다. 디지털 시대는 과학기술이 보급된 덕분에 혼자 힘으로 여러 능력을 습득할 수 있는 시대다. 디지털 시대는 학문 교육에 따르는 조건과 제약을 거부하는 세대를 생산했으며, 그 숫자는 점점 더 늘어나는 추세다. 청소년들은 디지털 시대에 어울리는 새롭고 색다른 신념과 태도를 갖췄으며 자신의 신념과 어울리는 길을 찾으려 한다.

디지털 기술의 발전이 기존 교육에 도움이 될까?

20세기에 태어난 많은 이들, 특히 실리콘 밸리의 사람들이 처음 가졌던 믿음은 디지털 기술이 학문 교육을 더 폭넓게, 더 멋지게 발전시킬 거란 생각이었다. 하지만 막대한 자본과 기술의 투자에도 불구하고 이 생각은 현실로 이어지지 않았다.

디지털 기술 옹호자들은 기술의 확산 능력을 잘못 안 게 아니라 이 기술로 무엇을 잘할 수 있는지 가정을 잘못한 셈이다. 디지털 기술은 학문 교육을 크게 개선하지도 못할 뿐 아니라 다양한 접근과 화려한 그래픽, 더 정확한 기록 관리, 종종 무의미한 통계 자료 외에 다른 특별한 것을 지원하지도 않는다. 디지털 기술이 지원할 수 있는 건 학문 교육이 아니다. 디지털 기술이 지원할 수 있는 것, 그것도 매우 효과적으로 지원할 수 있는 것은 바로 역량강화다.

받아들이기 힘들겠지만, 학문 교육은 이제 세상에 영향력을 행사할 수 있는 위치를 잃었다. 어쩌면 틈새 교육으로 영원히 계속될지도 모른다. 그러나 학문 교육을 아무리 되살리고 널리 보급하려고 각고의 노력을 기울인다고 해도 이제는 쇠락의 길을 피할 수 없을 것이다.

학문 교육이 모든 사람에게 필요하다는 프레임을 벗어 던지고, 20세기와 그 이전 시대의 낡은 유물일 뿐이며, 몇몇 사람에게는 유용할 수도 있지만, 더 이상 모두에게 유용한 방식은 아니라는 사실을 깨달아야 한다.

누군가는 분명히 이 의견에 거세게 항의할 것이다. 그들은 "교육은 우리가 세상을 바꾸기 위해 사용할 수 있는 가장 강력한 무기다."라는 넬슨 만델라의 명언을 떠올릴 것이다. 넬슨 만델라가 인생의 90퍼센트를 보낸 20세기에는 이 말이 분명히 옳았을 것이다. 그러나 이제 더는 통하지 않는 낡은 관념일 뿐이다. 오늘날 그리고 앞으로 우리가 세상을 바꾸기 위해 사용할 수 있는 가장 강력한 무기는 계속 강조했듯이 역량강화를 추구하는 것이다. 즉 앞에서 말했던 '주도적인 방향 결정과 영향력 있는 사회참여 실현'을 이뤄야 한다. 넬슨 만델라의 시대와 비교했을 때 주된 차이점은 이 무기가 보편적이라는 점이다. 보편성에 대한 새로운 프레임은 세상 모든 사람이 스스로 목표를 설정하고 긍정적인 영향을 미치는 사회참여를 실현할 수 있다는 것이다.

왜 교육을 개혁하지 않는가?

그렇다면 학문 교육을 새롭게 개혁하는 건 어떨까? 그렇게 하지 않는 이유는 개혁이 이뤄질 가능성이 매우 낮기 때문이다. 더 중요한 이유는 학문 교육을 지속하기 위해 돈과 노력을 투자할 가치가 없기 때문이다. 다음의 표가 보여주듯이, 지금의 지식으로 향후 10년 간 선택할 수 있는 길은 아무것도 하지 않는 것을 제외하면 다음의 세 가지 정도일 뿐이다.

20세기	지금	향후 10년 동안	21세기 중후반
학문 교육이 중요했다 ⇩ 교육의 광범위한 보급을 추구하다	학문 교육은 이 시대의 요구를 충족하지 못한다 문제점: 사회참여를 실현할 수 없다	변화시키기	개혁하기 예: '미래 교육' '미래형 학습' **변화시키기 너무 어렵다**
		향상하기	과학기술과 사회 · 정서적 요소 더하기 **문제를 고치지 못한다**
		대안 제시하기	사회참여 실현을 통한 청소년 역량강화 **최선책이다**

첫 번째 제안은 기존의 학문 중심 교육 제도가 보편적인 효과를 거둘 수 있도록 개혁하거나 수리하는 것이다. 이것이 현재 많은 사람이 시도하는 방안이다. 지금은 고인이 된 켄 로빈슨Ken Robinson 경(영국의 교육학자이자 연설가로 창의성 계발과 혁신, 인적자원 분야의 세계적인 선구자 – 옮긴이)은 '세상의 모든 국가는 어떤 식으로든 교육을 개혁하려 애쓴다.'라는 말을 남겼다. 그러나 나는 그가 말한 교육 개혁을 성공적으로 이뤄내는 것은 애초부터 불가능하다고 생각한다. 장애물이 너무 많기 때문이다.

교육을 개혁하려고 애쓰는 모든 사람이 선의에서 시작하지만, 나는 그들의 시간과 돈뿐만 아니라 다른 사람의 자원까지 너무 많이 낭비한다고 생각한다. 게다가 우리 아이들에게 큰 도움도 되지 않는 일에 말이다.

20세기 교육 개혁을 방해하는 장애물	
대부분의 부모가 자녀를 위해 여전히 학문 교육을 원한다	거대한 인프라가 많은 사람을 지원한다
어른들은 교육의 힘을 믿는다	국제학업성취도평가(PISA)가 교육에 등급을 매기고 학문 교육을 정당화한다
교육이 무엇인지 우리 모두 알고 있다는 생각	매우 자기 보호적이고, 변화에 대한 저항이 강하다
'내 아이를 가지고 실험하지 말라'는 경계심이 있다	가야 할 곳이나 가는 방법에 대한 합의나 대안이 없다
학문 교육은 역량강화와 사회참여 실현처럼 아이들에게 필요한 새로운 것에 신경 쓰지 않는다	변화 욕구는 오직 '점층적 변화'를 위한 것이다

근육기억이 교육자들의 발걸음을 되돌린다

교육 개혁을 막는 또 다른 요인이 있다. 바로 '상습성'이다. 앞서 '익숙한 편안함을 원하는 인간의 욕구'를 의미하는 '근육기억'에 관해 이야기했다. 인간은 변화를 원하거나, 새로운 것을 원한다고 말할 때조차도 근육기억의 방해를 받는다. 현재 많은 곳에서 '과거로의 회귀 운동'이 벌어지는 것처럼, 변화가 일어났던 여러 분야에서 다시 후퇴하기도 한다. 이런 상습적인 퇴행은 지속적인 변화에 큰 걸림돌이 된다.

인간은 '학문 교육'에 매우 익숙해졌고, 직업관이나 육아관 등에서도 교육에 크게 의존하기 때문에 개혁이나 혁신이 일어난다 해도 여전히 옛날 방식으로 돌아가려 할 것이다. 많은 교육자가 늘 변화를 원한다고 말하지만, 결국은 이전과 똑같은 교과목과 교육 일정, 평가 방법을 사용하는 구조로 되돌아가는 것만 봐도 알 수 있다.

여러 교육자와 개인적으로 이야기를 나눠 보면, 그들 역시 지금의 방식에 문제가 있다고 하지만, 어쨌든 그들은 여전히 옛날 방식을 답습할 수밖에 없을 것이다. 변화를 원한다고 말하는 부모들 역시 과거의 기술과 측정 방법이 사라지는 것을 반기지는 않는다.

교육에 관한 오래된 프레임은 깨기가 어렵다. 다른 분야에서는 매우 진보적으로 사고하는 사람들조차도 교육과 관련해서는 "교과 이수 단위(Module)나 자격증명 체계를 만들 필요가 있다."고 이야기하는 것을 종종 볼 수 있다. 또한 청소년을 돕는 일에 관해서도 많은 이가 학문 교육의 낡은 프레임을 고수하려 한다.

내가 바라는 것은 청소년들만이라도 낡은 관행에 대한 근육기억을 되도록 빨리 벗어던지는 것이다. 또한 어른들은 우리가 저지를 수 있는 최악의 잘못은 '21세기의 학생들이 20세기의 교사나 교육자처럼 되는 것을 허용하는 것'이란 점을 명심해야 한다. 이것부터 달라지지 않는다면 낡은 교육 제도는 절대 변하지 않을 것이다.

테크놀로지로 교육을 향상할 수는 없을까?

많은 사람이 선호하는 대안은 현행 학문 교육을 발전시키는 것이다. 다시 말해, 학문 교육을 수정하고 현대식으로 바꿔 묵은 때를 벗겨내는 것이다. 실리콘 밸리에서 시도하는 주된 방법 또한 교육에 테크놀로지를 추가하는 것이다. 누군가는 '사회 정서 학습(Social Emotional Learning)'이나 '놀이' 같은 요소를 추가하자고 주장한다.

테크놀로지 기반의 교육 향상법에는 큰 비용과 다수의 재훈련이 필요하지만, 이 방법을 따르는 사람이 여전히 많다. 에듀테크Ed Tech라고도 부르는, '테크놀로지와 손잡은 교육 프로그램'을 개발하고 여기에 투자함으로써 청소년들을 돕고 세상을 개선할 수 있다고 믿는 이들이 많다. 에듀테크에 활발하게 투자하는 기업도 많으며, 전 세계적으로 수백억 달러에 이르는 비용을 투자하고 있다.

나는 여러 영역에서 테크놀로지의 효용성을 강하게 믿지만, 테크놀로지를 추가해 학문 교육을 향상하려는 노력은 헛수고라고 생각한다. 우리가 직면한 진짜 문제를 해결하지 못하기 때문이다. 여기서 말하는 진짜 문제로 우선 학문 교육 자체를 들 수 있다. 앞에서도 설명했듯이 학문 교육은 모든 사람에게 보편적으로 도움이 되거나 효과적이지 않다. 더 중요한 문제는 학문 교육에는 '영향력 있는 사회참여'가 거의 전적으로 빠져 있다는 점이다.

우리에겐 역량강화라는 새로운 길이 있다

우리에겐 다행히 또 다른 대안이 있다. 이제 우리는 학문 교육에서 성공하는 것이 일부에게는 득이지만, 모두에게 득이 되지는 않는다는 것을 인지했다. 더 나아가 청소년을 위해서 모두에게 득이 되는 다른 무언가를 추가할 수 있다는 사실도 알았다. 우리에게 가장 좋은 대안은 역량강화의 새 시대를 맞이하여 우리 아이들에게 보편적이고, 훨씬 더 개방적이며, 20세기의 해법이었던 학문 교육과는 확연히 다른, 새로운 무언가가 필요하다는 사실을 깨닫는 것이다. 역량강화는 멀리 있지 않다. 새로운 세대 사이에서 역량강화는 이미 시작되었고, 성공적으로 진행 중이다. 이제 우리는 이것을 본격적으로 확산할 수 있다.

학문 교육은 한때 전 세계 20억 청소년을 위한 큰 희망처럼 여겨졌으나 보편적인 해결책이 될 수 없다는 사실이 밝혀졌다. 오늘날 많은 부모와 교육자에게는 받아들이기 어려운 현실일 것이다. 누군가는 이렇게 질문할 것이다. "그렇다면 역량강화는 실제로 어떤 건가요? 모든 청소년에게 역량강화의 기회를 제공해야 한다고 말하는데, 학문 교육을 대체하는 것이 아니라면 과연 뭐란 말이죠?"

바로 이것이 앞으로 여러 장에 걸쳐 다룰 주제이다. 중간 단계를 거치지 않고 바로 궁금증을 해소하고 싶다면, 17장으로 넘어가도 좋다. 그러나 그전에 청소년을 부르는 호칭에서부터 인식 전환이 필요한 부분 몇 가지를 더 살펴보자.

🧑 선구자는 누구인가?

코로나19의 여파로 학교에 제대로 등교하지 못했을 때, 스스로 역량을 강화한 청소년들이 있다. 이들은 앞으로 어떤 일이 일어나고 무엇이 가능할지 미래상을 보여줬다. 그중 하나가 열 살 난 멕시코 소녀 조지나 구에라Georgina Guerra의 사례이다. 조지나는 교실에서 공부할 수는 없더라도 개인적인 목표를 세워 진짜 세상에서 무언가를 이룰 수 있다는 것을 깨달았다. 이 소녀가 정한 목표는 다른 청소년들을 돕는 것이었다. 조지나는 학교에 갈 수 없는 모든 멕시코 학생들에게 배포할 학습 자료집을 만드는 프로젝트를 시작했다. 어린 소녀의 역량강화 프로젝트는 엄청난 성공을 거두었고, 그 영향력 또한 대단했다. 조지나와 그녀의 프로젝트는 멕시코에서 가장 큰 신문의 1면을 장식했다. 유네스코를 포함한 여러 기관이 조지나의 프로젝트를 지원하고 다른 국가로 이를 확대하겠다고 나섰다. 이때 배포된 학습 자료집만 수천 개에 이르렀다.

✅ 생각할 것은 무엇인가?

당신은 할 수 없으리라 생각했지만, 청소년들이 실제로 이뤄내는 것을 목격한 일은 무엇인가? 청소년들이 앞으로 어떤 일을 해낼 수 있으리라 생각하는가?

10장

청소년을 부르는 호칭

어린이 혹은 꼬마에서
역량강화 1세대 또는 알파세대로

이번에는 청소년을 부를 때 사용하는 호칭에 관해 생각해 보자. 인정하는 사람은 드물겠지만, 학문 중심의 교육에서는 청소년과 어른을 분명하게 구별하는 명칭을 사용했다. 학문 교육에서는 학문 교육을 마친 사람들에게만 완전한 '인간됨(Personhood)'이 허락된다고 암묵적으로 말한다. 이런 기준에서라면, 초등학교 1학년은 6학년보다 부족한 사람이고, 고등학생은 대학생보다 부족한 사람이다. 또한 모든 학생이 그들을 가르치는 교사보다 부족한 사람인 셈이다. 이런 암묵적인 학업 중심의 프레임에서는 교육을 적게 받은 사람일수록 열등한 사람일 뿐이다.

아이들을 차별하면서도 차별인지 모른다

물론 이 의견에 동의하지 않는 사람들도 있을 것이다. 하지만 청소년이 어른보다 부족한 존재임을 드러내는 일은 역사 속에서 다양한 집단에 특정한 프레임을 씌웠던 방식과 소름 끼칠 정도로 비슷하다. 노예는 물론이고 심지어 귀족이 아니면 누구나 '완전한 인간이 아닌 존재'라 생각하던 때가 있었다. 여성에 대해서도 남성과 동등한 사회참여를 누릴 자격이 없다는 프레임을 씌웠던 방식과도 비슷하다.

오늘날 우리는 '시민'이라는 말을 종종 사용한다. 그런데 이 과정에서 또 다시 인간의 범주에서 거대한 집단을 누락시키는 잘못을 저지르고 만다. 세계 총인구의 평균 나이가 대략 30세 정도이므로, 과거에 여성에게 그랬던 것처럼 전체 인구의 절반에 가까운 사람들(청소년들)을 제외시키는 유감스러운 일이 벌어지는 셈이다.

청소년에 대한 이런 낡은 프레임이 매우 널리 퍼져 있으므로, 우리는 이것이 차별이란 사실조차 알아채거나 인정하지 못한다. 우리는 늘 자신이 믿는 프레임에 따라 행동하기 때문에 청소년에게 참정권을 주지 않거나, 각종 위원회나 이사회, 패널, 협의회 등 '성인 집단'에 참여하도록 허용하지 않는다. 사실 어느 분야든 중요한 역할이라고 여기는 것을 청소년에게 맡기는 일은 매우 드물다. 다시 말하지만, 이것은 멀지 않은 과거에 인류가 여성을 차별했던 방식과 매우 유사하다. 청소년이 아직 준비되지 않았다는 것은 이유가 되지 않는다. 여성에 대해서도 그리고 우리가 한때 소외시켰던 모든 집단에 대해서도 늘 그렇게 이야기했다.

아이를 동등한 인간으로 보지 않는다

청소년들이 많은 점에서 어른과 다르다는 것은 분명한 사실이다. 그러나 그들의 '인간됨'만은 '다름'에 속하지 않을 것이다. 어른은 자신들의 잣대로 청소년을 평가하며, 어떤 일에 관해서든 '아직 준비가 되지 않은 상태'로 바라본다. 아이들을 자신과 동등한 인간으로 보는 것을 꺼리는 태도는 자신과 조금이라도 다른 집단을 같은 인간으로 보지 않는 태도와도 비슷하다.

인종, 국적, 종교 그리고 최근 들어서는 성별과 나이로 차별하는 태도를 편견으로 인정하지만, 우리 아이들에 관해서만은 이 흐름도 예외인 듯하다. 더욱 안타까운 것은 아이들도 어른들의 이런 생각과 태도를 느낀다는 점이다. 무의식적이든 아니든 대부분의 어른들은 청소년을 자신과 동등하지 않은 존재로 대우한다. 이런 생각은 그들을 부르는 용어에서도 확연히 드러난다. '꼬마' '어린이' '학생' '학습자' 등의 명칭은 청소년을 열등한 존재로 만들며, 이중 어떤 단어에도 '어른과 동등하다'는 뜻은 들어 있지 않다.

몇몇 어른들은 청소년을 인간이 되기 위해 수련 중인 '인간 수련생' 정도로만 생각한다. 어른들은 청소년을 위해 '모의 정부'나 '모의 유엔', '학생 위원회' 등을 만든다. 청소년이 '모의 세상'에 참여하는 것은 반길지 몰라도, 진짜 세상에 참여하는 것은 결코 허락하지 않는다.

최근 들어 이 문제에 관해 조금 더 깨어 있다고 생각하는 일부 교육 단체가 '학생의 목소리'에 관해서 이야기하기 시작했다. 얼마 전에는 '소리를 켠 세대'라는 부제로 학술 대회가 열리기도 했다. 하지만 내가 지금까지 경험한 바에 따르면, 어른들로 구성된 단체에 학생들을 참가 시킬 때면 항상 어른들이 가장 선호하는 유형의 학생들만 참여자로 선 정했다.

최근 참석한 한 온라인 교육 회의에서 회의 주최자들은 학생을 사 회자로 세운 것을 매우 자랑스러워 했다. 그러나 내가 보기에 사회자 로 뽑힌 학생은 청소년 특유의 개성이나 신념을 가졌다기보다는, 이미 완전한 어른에 가까운 모습이었다.

한편, 나는 코로나19 이전에 대면으로 열린 회의에서 어느 11세 소 년이 자기만의 방식으로 회의 진행자의 역할을 훌륭히 해내는 것을 목 격한 적이 있다. 이 소년에 관한 이야기는 126쪽의 '선구자는 누구인 가?'에 더 자세히 담았다. 그러나 이것은 매우 드문 사례다. 나도 딱 한 번 목격했을 뿐이다.

나이가 핸디캡이던 시대는 지났다

우리는 아이들을 격려하기 위해 가끔 아이들의 이름 앞에 '장래에 희 망하는 직업'을 붙여 부르곤 한다. 우리 아들이 초등학교 3학년이었을 때, 담임 선생님은 반 아이들을 '우리 꼬마 학자들'이라고 불렀다. 분명 선생님은 아이들에게 동기를 부여하고 격려하고 싶은 마음이었을 것 이다. 그러나 그 학급에 학자가 될 아이가 있다고 해도, 실제로는 몇 명 되지 않을 것이다.(진정한 학자는 인류를 통틀어도 그 수가 매우 적은 편이 다.) 아이들은 어른이 붙인 이름대로 되는 게 아니라, 무엇이 되었든 자기가 되고 싶은 사람이 될 것이다.

7장에서 살펴봤듯이, 20세기까지만 해도 경험이 다른 모든 것을 압도했다. 믿을 수 있는 동료나 의견을 경청할 가치가 있는 사람이라고 인정받기 위해서는 적어도 상대방보다 더 풍부한 경험이 있어야 했다. 그래서 우리는 사람들을 나이와 졸업 연도에 따라 분류하곤 했다. 나이는 경험을 대신하는 지표가 되었고, 엄밀히 말해서 우리가 어느 집단에 속하는지 결정짓는 중요한 기준이 되었다.

이제 모든 것이 변하고 있다. 지금까지 '나이가 어리다'는 것은 거의 항상 핸디캡일 뿐이었다. 물론 아직도 많은 지역에서는 여전히 그럴 것이다. 나이가 어리면 어른에 비해 몸집도 작고, 의사 표현에 사용할 수 있는 단어가 한정적일 수도 있다. 게다가 여러 가지 제약으로 인해 할 수 있는 것도 많지 않다. 음주나 운전 등의 제한은 이른바 안전을 위한 것이다. 그러나 우리 주변에는 나이에 따른 선거권 제한 같이 단지 평균적인 행동이나 능력이라 여겨지는 것을 토대로 정해진 제약도 흔하다. 실제로 무엇을 할 수 있고 어떤 공헌을 할 수 있는지 확인도 없이 제약을 두기도 한다. 하지만 이제 '회사 운영'이나 '큰돈 벌기'와 같이 지금까지는 청소년들이 절대 할 수 없을 거라 여겼던 일들도 점차 현실이 되어가고 있다.

놀이에 관한 생각도 변해야 한다

사실 대부분의 문화권에서 아이가 혼자 할 수 있고, 어른도 아이가 혼자 하도록 허용하는 유일한 활동이 놀이일 것이다. 놀이는 당연히 청소년이 자주 즐기는 것이다. 비디오게임이 등장하기 전까지만 해도 놀이가 청소년에게 해로울 수도 있다는 인식이 전혀 없었다. 오히려 놀이는 종종 좋은 것으로 여겨졌다. 많은 이가 주목하듯이, 인간 외에도 여러 어린 동물들이 놀이를 즐기는 것으로 보아 놀이는 진화의 목적에도 유용하게 들어맞았을 것이다.

그러나 놀이는 의미가 있거나 가치 있는 일이 아니다. 최근 들어 일부 어른과 기업이 '놀이는 청소년들에게 매우 중요하다'고 주장하거나 동물 행동을 관찰한 결과를 기반으로 '놀이는 좋은 학습법'이라는 말을 만들어 냈다. 그 때문에 놀이가 상상력을 자극한다고 생각하는 사람도 많다. 심지어 어떤 이는 아이가 누릴 수 있는 가장 좋은 점으로 놀이를 꼽기도 한다.(놀이가 항상 그렇지는 않을지라도, 보통은 스트레스를 거의 받지 않는 활동이기 때문일 것이다.)

세계에서 가장 큰 장난감 회사인 레고 역시 '놀이가 아이들에게 유익하다'는 주장을 매우 강력하게 밀어붙인다. 이런 의견을 강하게 내세우는 것이 레고 블록과 장난감 세트 판매에도 큰 도움이 되기 때문이다. 나도 그들의 의견에 반대하지는 않으며, 때로는 레고 블록을 즐기기도 한다. 그러나 21세기 청소년들의 역량강화에도 실제로 도움이 될지에 관해서는 의구심이 든다.

놀이 담론의 핵심은 '상상 놀이'에 있다. 우리는 아무 도구도 필요 없이, 놀이하는 당사자를 제외하면 그 누구에게도 의미 없는 놀이가 지닌 가치를 생각해야 한다. 나는 상상력을 확장하는 청소년을 지지한다. 그러나 이러한 활동이 세상이나 다른 사람들에게 긍정적인 영향을 미치거나 의미가 있지 않다면 놀이를 장려해야 한다는 생각은 타당하지 않다고 생각한다. 오히려 반대로, 청소년이 상상력을 마음껏 발휘해서 세상을 변화시킬 수 있는 일을 찾아낼 수 있도록 도와야 한다고 생각한다.

아이들을 주시할 대상으로만 여긴 건 아닐까?

내가 기성세대에게 종종 듣는 이야기는, 아이가 그들 자신이나 어른에게 유용하거나 의미 있는 일을 하려면 수년간 어른의 지도와 훈육을 거쳐야 한다는 것이다. 그렇게 하고 나서야 사회에 이바지하는 구성원으로 인정받을 수 있으며, 오직 그때가 되어서야 진정한 의미의 인간이나 시민이 될 수 있다고 여긴다. 또한 그때까지 청소년들은 기존 문명과 문화에 순응하도록 문명화되고 사회화되어야 한다고 생각한다. 또한 그렇지 않았을 때 따라오는 결과가 혼돈 상태라고 예상하는 이들도 많다. 최근에 나는 저명한 어느 평론가가 소설 《파리 대왕》이 어른이 부재해서 생길 수 있는 청소년들의 혼돈을 보여주는 강력한 예라고 주장하는 것을 보고 충격을 받았다.

어른들은 종종 청소년들을 두려워한다. 많은 장소와 상황에서 어른들은 여전히 청소년을 '발언의 주체가 아닌 주시의 대상'으로 여기며, 청소년의 의견에 가치를 두지 않으려 한다. 책임과 실천이 따르는 '어른의 일' 가운데 청소년에게 허용되는 유일한 것은 보통 간단한 형태의 허드렛일 정도일 뿐이다.

우리는 아이들을 잘 모른다

사실 어른이 청소년에게 가하는 제약의 상당수는 어른이 되자마자 가능하다면 빨리 벗어던지려 하는 것들이다. 지난 10년 동안 나는 종종 의무적으로 강연을 들어야 해서 학교 강당에 앉아 있는 교사들을 대상으로 강연했다. 그들은 항상 강당의 측면이나 뒤쪽, 아니면 눈에 잘 띄지 않는 자리를 선택했다. 나는 이것을 우스갯소리로 '남성의 대머리 모양' 착석 패턴이라고 불렀다. 학생들에게는 그렇게 앉지 말라고 하면서 정작 교사들은 왜 그렇게 앉는지 가끔 궁금했다. 그 이유는 아마도 그들이 그렇게 할 수 있기 때문일 것이다. 제약은 오직 아이들에게만 해당할 뿐이다.

모든 사람이 그렇지는 않지만, 많은 이가 아이들을 열등한 존재로 여기는 듯하다. 아이들은 보통 외면적으로 어른보다 몸집이 작고, 때로는 비순응적인 행동을 보이기도 한다. 어른들은 좀처럼 아이들의 내면을 들여다보려고 시도하지 않는데, 부모와 교사를 포함해 어른들이 아이들에게 어떤 질문을 하는지만 봐도 충분히 짐작할 수 있다. 어른들의 질문은 대부분 학업이나 수업 내용을 시험하거나 "좋아하는 과목이 뭐니?" 혹은 점점 무의미한 질문이 되어가는 "커서 무엇이 되고 싶니?" 정도일 뿐이다. "네 꿈은 뭐니?" "너의 장점은 뭐라 생각하니?" "너는 스스로를 독특하고 특별한 존재로 생각하니?"와 같은 질문도 가끔 하지만 매우 드물 것이다.

게다가 질문을 하더라도 아이들이 이해하기 어려운 언어를 사용할 때가 많다. 이런 질문에 청소년 대부분이 "글쎄요. 잘 모르겠어요."라고 대답할 것이다. 그러면 어른들은 이 말을 곧이곧대로 받아들이고는, "요즘 아이들은 왜 저렇게 생각도 없이 사는지 모르겠어."라고 말할 것이다.

나는 청소년들이 겉으론 무심한 태도를 보이더라도, 자신이 누구이고 무엇에 관심이 있는지 어느 정도 안다고 믿는다. 그리고 아이들은 누군가 그것을 알아차릴 때 무척 기뻐한다. 전 세계를 돌며 강연할 때 나는 한 번씩 학생 패널 토론회를 열곤 했다. 이 토론회를 통해 수백 명에 이르는 다양한 청소년들을 인터뷰할 수 있었다. 이때 내가 만나 본 거의 모든 아이가 주변 어른들이 대체로 자신의 말을 귀담아듣지 않으며, 자신들을 잘 모르는 것 같다고 이야기했다.

어리다는 것이 장점이 되는 세상이다

어떤 언어를 사용하든 간에 우리가 아이들에게 거의 하지 않는 질문이 하나 있다. "세상에 어떻게 가치를 더하고 있니?" 또는 "누군가에게 도움이 되는 행동을 한 적 있니?"가 그것이다. 물론 청소년들이 명확하게 대답할 수 있는 질문은 아닐 것이다. 그러나 청소년들은 주변의 다른 사람들보다 자신이 더 잘할 수 있는 일이 무엇인지 잘 알고 있으며, 도움이 필요한 누군가에게 어떤 일을 해야 하는지도 이미 알고 있다.

청소년들을 자세히 살피고 그들의 이야기에 귀 기울이는 어른이라면 청소년들이 우리가 일반적으로 인정하는 것보다 훨씬 더 많은 것을 안다고 판단할 것이다. 나는 청소년을 '요람 속 과학자(The Scientist in the

Crib)'[15]로 묘사한 앨리슨 고프닉Alison Gopnik의 표현을 좋아한다. 문제는 우리의 낡은 신념이 방해물이 되면서부터 청소년들의 내부를 충분히 살피거나 그들의 생각을 주의 깊게 듣는 경우가 드물어졌다는 것이다.

지금부터라도 우리가 이런 수고를 아끼지 않는다면, 우리는 '청소년들이 더욱 많은 일을 할 수 있다'는 사실을 발견할 수 있을 것이다. 청소년들은 도전받기를 원한다. 그러나 도전의 방식은 우리에게 알맞은 것이 아니라, 그들에게 알맞아야 한다. 매우 드물기는 하지만, 우리가 그들에게 요구할 수 있는 가장 멋진 일 중 하나는 "나를 놀라게 만들어 줘."일 것이다.

예전에는 나이가 어리다는 것이 불리했지만, 역량강화의 새 시대에 들어서면서 어리다는 것은 여러 면에서 유리한 장점이 될 것이다. 21세기의 청소년들은 나이에 상관없이 과거의 청소년이나 20세기 사람들에 비해 큰 이점을 지녔다. 내가 이것을 처음 알아차리기 시작한 건 2000년 무렵이었다. 그때 이것을 주제로 '디지털 원주민과 디지털 이민자'라는 제목의 글을 썼다.[16] 당시에도 내 눈에는 새로운 세대의 장점이 또렷이 보였다. 나는 '학생들이 근본적으로 달라졌다. 오늘날의 학생들은 우리가 받았던 교육 제도에서 가르쳐야 할 사람들이 아니다.'라고 썼다.

그로부터 20년이 흘러 한때 불리했던 '어리다'라는 말이 이제는 여러 분야에서 이점으로 대우를 받고, 머지않아 모든 분야에서 큰 이점으로 작용할 것이다. 지금의 청소년들은 우리가 청소년이었을 때보다 확실히 더 강력해졌다. 이제 청소년에 대한 인식이 달라져야 할 뿐만 아니라 이들을 부르는 호칭도 달라져야 할 때가 왔다. 이제는 '꼬마' '아이 '학생' 또는 '학습자'라고 부르기보다 '역량강화 1세대' 혹은 '알파 세대'라고 부르는 인식의 전환이 필요하다. 이보다 더 간단하면서도 적합한 새 이름을 찾아도 좋을 것이다.

청소년의 힘은 21세기에 태어난 것에서 시작한다

나는 왜 지금의 청소년들을 과거 그 나이의 사람들, 즉 오늘날의 어른들보다 강력하다고 말하는 것일까? 이게 정말 사실일까? 놀랍게도 청소년들을 더 강력하게 만드는 가장 멋진 요인은 그들이 단지 '21세기에 태어났다'는 사실일지도 모른다. 왜 이것만으로도 다른 세대와 차이가 나타나는 걸까? 왜냐하면 그들은 세계가 하나의 환경으로 이어지는 시대에 태어난 첫 세대이기 때문이다.

20년 전 내가 처음 디지털 원주민이라는 용어를 소개했을 때, 누가 디지털 원주민이고 또 누가 아닌지를 둘러싸고 논쟁이 상당했다. 많은 이들이 디지털 기술에 관한 지식의 양이 더 중요하다고 생각했다.

어른들은 자신들이 청소년들보다 최신 기술에 관해 훨씬 많은 것을 알고 있다고 생각했다. 어떤 어른들은 다양한 지식에 기반해 자신들이 디지털 원주민이라고 주장했다. 또 어떤 이들은 디지털 원주민이 존재한다는 생각 자체가 잘못됐다고 주장했다. 그러나 21세기에 태어난 디지털 원주민의 힘이 '디지털 기술에 관한 지식'에서 나오는 건 아니라는 사실이 시간이 지나면서 점점 더 분명해졌다. 오히려 아이들이 성장한 21세기의 환경에서 그리고 이 환경이 제공하는 절묘한 신념과 태도에서 강력한 힘이 나온다고 봐야 한다.

　나이가 들어 다른 곳으로 이주한 이민자는 그곳에서 나고 자란 원주민과 어느 정도 비슷해질 수는 있지만, 그곳에서 성장하면서 겪는 내면화는 완전히 얻지 못할 것이다. 내면화는 사람들이 생활하고 일하는 방식의 차이를 가져온다. 이것이 직장에서 세대 간의 문제가 발생하는 가장 큰 이유 중 하나다.

　최근 디지털 원주민을 찾는 광고를 내는 기업이 많은데, 이것은 기업들이 디지털 원주민의 힘을 인정하고 있다는 증거다. 오늘날의 디지털 원주민은 '바로 지금 운이 좋게도 나이가 어린 사람들'을 완곡하게 표현하는 용어이기도 하다. 이런 특별함에 기반한 고용을 일종의 '나이 차별'이라고 부르는 사람도 있을 것이다.(아이러니하게도 이것은 내가 점점 나이가 들면서 겪는 경험이다.) 나는 여기서 '나이 차별'에 관한 논쟁을 벌이지는 않을 것이다. 다만 나이의 구분이 문화적으로 매우 의미 있는 문제라는 점만 강조하고 싶다.

환경이 큰 역할을 한다

외면적으로는 21세기 인간의 몸은 수 세기 전과 비교해서 몸에 걸치는 복장과 장식물을 제외하면 별다른 차이가 없어 보인다. 21세기에 태어난 인간의 뇌가 20세기에 태어난 인간의 뇌와 무엇이 다른지는 확실히 알 수도 없을 것이다. 과거에는 지금과 같은 측정 도구가 없었으므로 비교하기 적합한 기준점이 없다고 봐야 한다. 그 대안으로 몇몇 연구자들은 일정 기간 동떨어진 사람들을 비교해서 살펴보는 방법을 시도하기도 한다. 그러나 이 방법은 직접 비교도 아니고, 충분하게 비교할 수도 없으므로 우리에게 필요한 결론을 끌어내기는 어려울 것이다.

이런 어려움을 극복하고 21세기 초의 과학자들은 마침내 한 가지 중요한 사실을 발견했다. 환경이 인간의 생물학적 요소에도 큰 영향을 미친다는 것이다. 이것은 유전자가 환경적 요인을 기반으로 발현되는 방식, 즉 다양한 환경적 요인으로 유전자가 특정 단백질을 만들거나 만들지 못하는 것으로 나타난다. 이 과정을 다루는 연구 분야는 이제 '후성유전학'이라는 학문 분야로 탄탄히 자리를 잡았다.

내가 어렸을 때만 해도 과학자들은 후성유전학을 인정하지 않았다. 나는 주류를 이루는 신경과학자들이 후성유전학을 개척한 라마르크 Lamarck를 비난하면서, 이것을 '비정상적'이라고 평가했던 모습을 똑똑히 기억한다. 그런데 지금은 뇌를 포함한 여러 신체 부위가 다양한 환경에서 어떤 유전자는 발현시키고 어떤 유전자는 억제하면서 다르게 작용한다는 것을 인정하는 추세다.

최근 한 신경과학 전문가는 대중들의 생각이 '유전자가 모든 것을 지배한다'에서 '환경이 모든 것을 지배한다'로 완전히 기운 것 같다며 우려의 목소리를 내기도 했다. 진실은 그 중간 어딘가에 있을 것이다. 우리는 천성과 환경 모두 우리가 누구인지를 결정한다고 생각해 왔다. 그리고 이제는 그 이유를 더 많이 알아가고 있다. 우리가 신경과학에 관해 이해하는 것은 아직 초기 단계일 뿐이다. 그러나 환경적 요인이 큰 역할을 한다는 점과 지금의 청소년들이 우리와는 전혀 다른 새로운 환경에서 살아간다는 점만은 명백해 보인다.

새로운 종류의 인간이 등장하다

지금까지 살펴본 것을 기반으로 했을 때, 대략 2000년도 이후에 태어
난 아이들에 대해서는 넓은 역사적 관점에서 '새로운 종류의 인간의
시작'으로 재인식할 수 있을 것이다.(이런 의견을 펼치는 사람은 나 혼자만
이 아니다.)

내가 오늘날의 청소년들을 '새로운 종류의 인간'이라고 규정하는 주
된 이유는 생물학적 변화에만 있지는 않다.(그런 변화는 일어났을 수도 있
고, 일어나지 않았을 수도 있다.) 오히려 나는 청소년들의 신념이나 새로운
능력에 주목한다. 복제나 유전자 변형 같은 새로운 생물학적 기술이 완
전히 도입되기도 전에 인간은 환경의 변화를 이용해(유발 하라리의 말처
럼[17] 우리 자신을 해킹해) 새로운 종류의 인간형을 만들어 내기 시작했다.

이 과정에서 어른과 아이의 엄격한 구별은 점점 무의미해질 것이다.
오늘날의 청소년들은 과거에 그 나이의 사람들이 그랬던 것처럼 그저
편리하게 나이나 경험 또는 외모를 기준으로 서로를 구별하지 않을 것
이다. 또한 과거처럼 어른이 하는 일에서 쉽게 배제될 수 없을 것이며,
배제되어서도 안 된다.

역량이 강화된 사람들 또는 알파세대라고 부르자

20세기 출생자와 21세기 출생자 사이에는 청소년을 바라보는 명백한
관점의 차이가 존재한다. 이 두 세대는 완전히 다른 프레임으로 같은

청소년을 바라본다. 예를 들어, 20세기에 태어난 교사들은 지금 교실에 앉아 있는 학생들을 자신이 기억하는 과거의 학생들과 같다고 생각한다. 그러나 오늘날의 학생들은 나날이 더 많은 장소와 사례에서 테크놀로지와 공생하는 강력한 하이브리드형 인간으로 성장하고 있다. 이제 우리 모두 이것을 이용해야 할 때가 왔다.

수많은 프레임 중 가장 적절한 프레임을 선택하는 기준이 유용성임을 항상 기억하자. 지금의 아이들을 '인간 수련생'으로 보는 관점은 아이들에게도 우리에게도 전혀 유용하지 않다. 유용성을 최대한 높이기 위해 우리는 변화를 이용하면서도 우리 모두 공통된 인간임을 한층 강조해야 한다. 그래서 나는 2000년 이후에 태어난 사람들을 가리켜 꼬마, 아이, 학생 또는 학습자라 부르지 말 것을 제안한다. 또한 그들을 '역량이 강화된 사람들(Newly Empowered People)'이라고 부르기를 제안한다. 이 표현이 한 단어로 된 말보다 입에 잘 붙지 않을 수도 있다. 하지만 의미 면에서는 정확할 것이다.

누군가는[18] 청소년을 가리켜 그리스 문자의 첫 글자를 따서 '알파Alphas'라고 부른다. 역량강화의 새 시대를 맞이하는 첫 번째 세대이자, 새로운 인간종의 시작을 의미하는 용어다. 여기에 사용한 알파는 '새롭다'는 의미를 지닌다. 현재 몇몇 사람들이 사용하는 '계층 구조의 꼭대기에 있는 개인'이라는 의미에서 벗어나, 성별에 상관없이 21세기에 태어난 사람 모두를 의미한다. 그러므로 이제 '알파세대로 가득 찬 교실' '알파세대로 구성된 팀' '나이 든 사람과 알파세대로 구성된 혼합팀'이라고 말할 수 있을 것이다.

당신은 이 용어가 마음에 드는가? 나는 마음에 든다. 이 책을 쓰면서 알파벳의 마지막 글자를 딴 'Z세대'에 관한 이야기를 요즘 많이들 하는 게 아이러니라고 생각했다. 이제는 '세대'라는 용어도 버리고 새 시대를 나타내는 단어를 사용해야 할 때다. 세상은 알파들로 채워지기 시작했다. 이 이름을 받아들이고 널리 알리도록 하자. 아니면 한 단어로 된 더 좋은 이름을 찾아봐도 좋다. 나이에 초점을 두지 말고, 새로운 능력을 강조한다면 훨씬 도움이 될 것이다. 알파들은 분명 인간이라는 지위 면에서 어른과 대등하다. 어쩌면 몇 가지 면에서는 어른보다 훨씬 나을지도 모른다.

두뇌의 이점을 가진 아이들

'나이 차별주의'는 보통 나이 든 사람에게 적용되는 말이나 행동으로 여겨질 것이다. 또한 노인에 대한 차별은 거의 모든 사람이 분명한 편견이라 인식하는 것이다. 그런데 어른이 아이를 '아이가 있어야 할 자리에서 꼼짝 못 하도록 억압하는 것' 역시 우리가 간과하기 쉬운 차별이라는 것을 아는 사람은 드물어 보인다.

누군가는 "아직 애들이잖아."라고 말할지도 모르겠다. "우리도 다 아이였어. 그래서 다 알아." "아이는 어른처럼 제대로 생각하지 못하잖아."라고 말할지도 모른다. 문제는 역량강화의 새 시대에는 청소년이 할 수 있는 일이 어마어마하게 많은데도 우리가 이것을 허용하지 않는다는 데 있다. 아이들은 자기가 충분히 할 수 있는 일에 대해서도 능력을 인정받지 못한다. 어른들은 아이들을 돌본다고 생각하지만, 아이들도 우리만큼 사고할 수 있다. 어쩌면 훨씬 더 기발하고 혁신적인 사고를 할지도 모른다.

신경과학자들은 오랜 관찰을 통해 뇌의 전전두엽 피질이 태어나면서부터 천천히 발달하기 시작해 대략 20대 초반이 되어서야 완전히 발달한다는 것을 알아냈다. 이 점에 관해서는 학자들 사이에서도 이견이 거의 없다. 그러나 이것이 정확히 무엇을 의미하는지에 관해서는 의견이 분분하다. 이와 관련해서 나이가 들수록 본능적으로 발달하는 '집행기능(Executive Functions)'을 연관 짓는 사람이 많다. 집행기능에는 나이가 들수록 위험을 감수하려는 경향을 제한하는 기능도 포함되는데, 10대들은 상대적으로 위험 감수 경향이 강한 것으로 잘 알려져 있다. 또한 이것을 성인기로 들어가기 위한 긍정적인 진화 및 발달 과정이라고 여기는 사람도 많다. 생존의 의미에서는 당연히 그럴 수 있다.

그런데 나는 신체적 차원에서 청소년과 어른을 구별하는 특징인 전전두엽 피질의 발달이 어쩌면 다가오는 미래에는 그 유용성이 떨어지는 게 아닌가 하는 생각을 자주 한다. 미래에는 경험보다는 실험정신이 더 많이 필요하기 때문이다. 지금으로서는 단순한 추측에 불과하지만, 만일 내 분석이 정확하다면, 어른들을 '더 나은' 사람으로 만들었던 집행기능과 통제력이 역량강화의 새 시대에는 오히려 단점이 될 수도 있을 것이다.

지금의 청소년들은 아직 덜 발달한 전전두엽 피질 덕분에 어른들보다 '두뇌의 이점'을 지닌 사람이 될 수도 있다. 물론 이것 역시 가설에 불과하다. 분명 논란의 여지가 있을 것이다. 그러나 논쟁을 벌이는 것도 우리에게 필요한 인식 전환 과정의 일부라고 생각한다.

알파세대가 어른들에게 기대하는 것

청소년에 관한 인식 전환에서 추가로 필요한 부분은 '청소년들의 이야기를 경청하는 것'이다. 지금부터라도 그들의 메시지가 무엇을 의미하는지 이해해야 한다. 지금까지는 교육을 주제로 하는 대화나 모임에서 아이들의 목소리가 더해졌을 때 나오는 결과가 뻔했다. 어른들이 종종 아이들의 말을 듣기는 하지만 거의 아무런 변화도 일어나지 않았다. 명목상으로만 이야기를 듣는 경우가 너무 많았다. (나는 자주 청소년들에게 직접 물어보기도 하고, 그들이 먼저 이야기해주기도 해서 이런 현실을 잘 알고 있다.)

청소년들에게 '경청'이란 상대적으로 덜 중요한 주변부 문제뿐만 아니라 본질적인 문제에 대해서도 유의미한 변화를 초래하는 것을 의미한다. 따라서 그들의 관점에서 볼 때, 지금까지는 제대로 된 경청이 거의 없었던 것이다. 그 이유는 무엇일까?

어른들은 청소년들의 의견을 듣는 것을 그리 달가워하지 않는다. 일반적으로 어른들은 경청할 가치가 있다고 판단하거나 꽤 어른스럽다고 생각하는 몇몇 청소년들의 의견만 골라 듣는 경향이 있다. 내가 강연을 마치고 진행하는 토론회에서 학생 패널로 참여한 학생들은 대부분 매우 순응적이고 학업 성취 수준이 높은 이른바 '최고의 학생들'이었다. 대부분 교사가 선택한 학생들이었다. 가끔 실수로 그들의 진짜 메시지가 전달되기도 했는데, 그럴 때는 항상 학교가 발칵 뒤집혔다. 한 예로, 교사 대부분이 수녀와 신부로 구성된 스페인의 한 가톨릭 학교에서 한 여학생이 "선생님들은 우리를 더 존중해야 합니다."라고 말했을 때가 그랬다.

힘을 쥐고 있는 어른들이 '청소년이 제안한 새로운 방식을 받아들이기 위해 자신이 지켜왔던 오래된 방식을 포기하는 일은 아주 사소한 것이라면 모를까, 대부분의 경우 매우 힘들고 드물다. 내 경험에 따르면 대부분의 알파세대는 그런 일이 일어나리라 기대하지 않는다.

최근 아이들의 말을 귀담아들으면서 알게 된 사실 하나는 알파들은 어른들의 주목을 끄는 자리를 원하지 않는다는 것이다. 그들은 독단적이라고 여기거나 어른들에게나 알맞은 규칙이라고 생각하는 문제에 대해서는 협상하거나 타협하려 하지 않았다.

나는 아이들의 이야기를 통해 알파세대가 누군가의 도움에 의지하지 않고도 스스로 역량을 강화할 수 있다는 사실을 이미 알고 있으며, 기성세대와는 전혀 다른 시대에 살고 있음을 느낄 수 있었다. 무엇이 되었든 간에 그들은 다른 사람이 아닌 자기 자신에게 의미 있는 목표를 성취할 기회를 원한다. 그들은 가치 있는 한 인간으로 서기를 원하고, 역량 있는 인간으로 대우받기를 원한다.

🙂 선구자는 누구인가?

2~3년 전 두바이에서 열린 한 회의에서 진정한 미래의 청소년이라 할 만한 10세 소년 브레이든 벤트Brayden Bent를 만났다. 브레이든은 3일 동안 어른 참가자 3천여 명 앞에서 전체 회의의 사회를 맡았다. 자신을 '인터넷 인기 검색어에 이름을 올린 진행자이자 블로거'라고 소개한 브레이든은 내가 여태 봤던 여느 사회자보다 능숙하게 청중의 주의를 사로잡았다. 어느 순간 브레이든은 미얀마에서 탈출한 11세의

로힝야족 난민 소녀를 무대 위로 불러 전문 진행자처럼 인터뷰를 시작했다. 이 모습은 정말 인상적이었다. 그동안 이보다 명료한 미래의 청소년 상을 본 적이 없었다.

✓ 생각할 것은 무엇인가?

당신은 새로운 세대를 어떻게 부르는가? 아니면 어떻게 불러야 한다고 생각하는가? 지금까지 사용하던 호칭을 바꾸겠는가? 호칭을 바꾸면 우리의 행동도 달라질까?

3부

미래의 학습과 기술을 새롭게 인식하다

11장

청소년의 학습

최종 목표가 아닌 사회참여 수단으로

내가 특별히 강조하고 싶은 두 가지는 학습과 기술(Skill)에 관한 인식 전환이다. 이 두 영역에 대한 나의 관점이 주류를 이루는 사회 지배적 관점과 매우 다르기 때문이다.

일반적으로 아이가 특정 나이(보통 5~6세 정도)가 되면 그때부터 아이의 주된 과제와 목표는 '학습'이 될 가능성이 크다. 살아 있는 생명체로서 아이들은 당연히 태어난 순간부터 계속해서 무언가를 배운다. 그러나 5~6세 이전에는 학습이 의식적이고 구체적인 목표가 되는 경우가 거의 없다가 갑자기 이렇게 되는 것이다. "오늘은 (유치원 혹은 학교에서) 뭘 배웠니?"는 부모들의 입에서 매일 가장 많이 나오는 질문일 것이다.

이번에는 '학습'에 관한 인식 전환을 제안할 것이다. 아이들의 주된 과제이자 목표가 된 학습에 관해 재인식하는 것이 우리 아이들의 미래를 위해 매우 중요하기 때문이다. 인식의 전환이라고 해서 아이들이 무언가를 배우지 않아도 된다는 의미는 아니니, 미리 걱정하지 않길 바란다. 우리는 당연히 아이들이 배우기를 원한다. 하지만 이제 더는 학습이 모든 아이에게 보편적으로 주어지는 부담스러운 과제나 우선적인 목표가 되어서는 안 될 것이다.

학습은 최종 목표가 될 수 없다

'학습에 관한 인식 전환'이 이 책에서 다루는 내용 중 가장 논란이 될 것이다. 지금부터 제안할 관점은 교육자나 부모, 정치가 대부분이 지닌 지배적 관점과 매우 다를 것이다. 아마 많은 사람에게 가장 받아들이기 어려운 견해일지도 모른다. 따라서 이전에 이런 의견을 접해본 적 없는 사람이라면 진지하게 숙고할 필요가 있을 것이다.

내가 이야기하려는 인식 전환은 21세기의 청소년들이 성장하는 동안 학습이 어떤 역할과 가치를 가지는지와 연관이 있다. 여기서 학습이란 우리가 세상을 살아가면서 저절로 일어나는 배움이 아니라, 미래의 언젠가 사용하기 위해 계획적으로 진행하는 형식 학습, 즉 정해진 교육과정을 따르는 기관에서의 배움을 뜻한다.

현재 전 세계 많은 지역에서 특정한 학문을 일정한 형식으로 배우는 '형식 학습'을 청소년들이 수행해야 할 가장 중요한 과제라 여긴다. 아이들에게만 학습이 필요한 게 아니라 모든 사람에게 필요하다고 주장하는 사람도 많다. 20세기 교육에서 학습은 나이가 많든 적든 상관없이 모든 사람에게 기대되는 것이었다. 태어나서 죽을 때까지 전 생애에 걸친 배움을 의미하는 '평생 학습'이란 단어만 봐도 학습이 얼마나 보편적인 개념으로 쓰이는지 알 수 있다.

하지만 이제 시대가 변했다. 다시 말하지만 20세기식 교육이 21세기에는 큰 효과를 내지 못하는 주된 이유는 목적이나 최종 목표로서 '학습'에 집착하기 때문이다. 20세기 교육에서는 '성장하는 아이'와 '성장을 돕는 어른'이 일정한 기준에 따라 평가받는 것을 매우 중요하게 생각했다. 게다가 다른 무엇보다 학습 유효성('학습 결과 향상'이라 부르기도 한다.)을 높이기 위해 노력해야 한다고 생각했다. 그러나 학습 유효성을 높이는 것은 생각만큼 쉬운 일이 아니다.

누군가는 형식 교육이 과거 어느 때보다 중요하다고 주장하지만, 변화하는 세상에 맞춰 우리는 관심을 더 유용한 방향으로 돌려야 한다. 학습은 언뜻 보기에 합당하고 올바른 목표이자 청소년에게 매우 유익해 보일 것이다. 어쨌든 인간은 주변 세상을 끊임없이 학습하고, 어떤 사람은 확실히 다른 사람보다 더 많이 배울 수 있기 때문이다. 더 많이 배우는 것이 더 유익한 것이라 결론 짓는 이들도 많다. 그러나 '형식 학습이 여러 해 동안 지속적으로 추구할 만한 목표인가?' '그렇게 할 때 기회비용은 무엇인가?'라는 질문은 좀처럼 하지 않는 듯하다. 이 점에서 나는 우리가 이미 교육계 전반에 널리 퍼진 마케팅 장치에 세뇌되었다고 믿는다.

교사와 교수가 어떤 일을 하는지는 명백하다. 바로 학생의 학습량을 늘리는 것이다. 안타깝게도 거의 모든 교육자가 실제로 학습이 일어나지 않는다는 사실을 알거나, 심지어 학생이 원하거나 학생에게 필요로 하지 않음을 알면서도 최종 목표로서의 학습을 포기하거나 재고하려 하지 않는다. 다른 목표를 세우려는 생각도 거의 하지 않는다.

그 첫 번째 이유는 수입이 매우 높지는 않더라도, 학습 사업에 종사하는 것이 평생 고용을 보장하기 때문이다. 두 번째 이유는 어른에게는 오랫동안 학교만큼 좋은 대안이 없었기 때문이다. 그러나 지금까지 유지해 왔던 형태의 학습 사업은 점점 유효성이 떨어질 것이다. 앞으로 더 자세히 살펴보겠지만, 학교에서 공부하면서 여러 해를 보내는 것 말고도 성인기로 이어지는 다른 좋은 경로가 등장하고 있다. 또한 우리는 이미 여러 지역에서 교사 부족 현상을 목격하는데, 이것은 앞으로 일어날 일들의 전조가 될 것이다.

학습은 생산물이 아닌 부산물일 뿐이다

청소년에게는 '형식 학습'이 아닌 '영향력 있는 사회참여 실현'이 필요하다. 지금의 교육 환경에서 모든 청소년에게 제공되는 학습은 학문적 학습에 그칠 뿐이다. 그러나 이제 더는 효과가 없는 것이 바로 이 학문적 학습이다.

역량강화의 새 시대에 맞춰 우리에게 필요한 새로운 학습 프레임은 형식 학습을 그 자체로 가치 있는 목표이자 필수 과정으로 보는 관점에서 벗어나 진짜 세상에서 유용한 일을 실현하기 위한 수단으로 새롭게 인식하는 것이다. 수단으로만 본다면 학문 중심의 형식 학습도 충분히 유용하고 가치가 있다. 그러나 최종 목표로 본다면 대부분에게 유용하지도 않고 가치가 없을 것이다. 학교 밖의 실제 삶에서 학습은 목표가 아니라, 더 정확히 말하면 인간이 살아가는 동안 생기는 부산물일 뿐이다.

학습 자체를 최종 목표로 설정하는 건 우리가 지금까지 유지했던 중대한 실수 중 하나다. 우리의 목표는 '모든 이가 적극적으로 사회참여 실현에 집중할 수 있게 하는 것'이나 '모든 이가 긍정적이고 유용한 일을 해낼 수 있게 하는 것'으로 바뀌어야 한다. 게다가 그 과정에서 어떤 학습이 일어나든 이것을 그저 부가적인 혜택이나 부산물로 인식해야 한다. 사실 우리는 모든 상황에서(심지어 교양 과목을 듣거나 가장 자유로운 과목 시간에도) 사회참여 실현에 초점을 맞출 수 있다. 단지 우리가 그렇게 하지 않았던 것 뿐이다.

학교가 우리의 관점을 형성한다

학교에 다닌 적 있거나 학교에서 근무한 적이 있다면 '학습은 생산물이 아닌 부산물'이라고 보는 새로운 프레임을 이상하게 생각할 수도 있다. 기존의 교육 프레임에서는 어떤 유용한 일을 실현하려면 그 전에 반드시 형식 학습이 필요하다고 생각했다. 이런 프레임에서 형식 학습을 무언가를 실현하기 위한 선행 조건으로 여겼다.

고용주는 대체로 직원을 고용하기 전에 성과를 낼 수 있는 사람인지 판단하는 근거로, 학습 과정을 제대로 거쳤는지, 그리고 학습 과정에서 높은 점수를 얻었는지 확인했다. 형식 학습은 거의 어떤 실질적 업적도 포함하지 않으므로 실제 업무에선 그 결과가 엇갈린다고 해도, 고용주들이 근거로 삼을 만한 마땅한 다른 정보가 없었다. 지금도 이런 낡은 프레임을 믿는 많은 이가 채용 전에 흔히 학력 사항을 확인한다. 그러나 이것은 완전히 학교가 형성한 관점이다. 비록 학교에서 중요하게 생각하는 학문적 능력은 갖추지 못했더라도, 우리에게는 각자 특별한 재능이 있다. 학문적 능력을 갖추지 못한 이들도 사회에 필요한 업적을 충분히 이룰 수 있다. 인간은 누구나 학문적 성취와는 상관없이 자신의 재능을 보일 기회를 얻을 수 있어야 한다.

학교는 종종 고통스럽기도 하지만 편리한 신호 체계이기도 하다. 경제학자인 브라이언 캐플란Bryan Caplan 교수의 통찰력 있는 글[19]에서도 볼 수 있듯이, 학교에서 이뤄지는 모든 학습 활동과 그 결과로 마지막에 얻는 학위는 직장을 구할 때 세 가지 증명서로 작용한다. 첫째, 상당히 복잡한 일을 할 수 있는 사람이라는 점, 둘째, 업무를 완수할 때까지 집요하게 일에 매달릴 수 있는 사람이라는 점, 셋째, 원하지 않는 일이라도 다른 사람에게 필요하면 할 수 있는 사람이라는 점이다.

현재 가장 많은 문제를 일으키는 것이 '하고 싶지 않은 일도 할 수 있는 사람'이라는 점이다. 이것이 바로 낡은 프레임에서 요구하는 조건이다. 21세기의 청소년은 새로운 프레임 안에서 훨씬 더 자유롭게 사고하며, 기존 체계에 순응하려 하지 않을 것이다. 성공하기 위해 꼭 그렇게 할 필요가 없다는 사실을 이미 알기 때문이다.

청소년들에게 필요한 새로운 프레임은 학습이 아닌 역량강화이며, 역량강화의 새 시대가 이전 시대와 다른 점은 크게 두 가지로 요약할 수 있다. 첫째, 살아가면서 원하지 않는 일을 계속하지 않아도 된다. 하고 싶은 일을 할 수 있는 기회가 아주 많기 때문이다. 둘째, 학교에서 하는 거의 모든 학습은 대부분 과거에 관한 것인데, 많은 경우 하고 싶은 일을 하기 위해 더는 과거를 학습할 필요가 없을 것이다.

직접 실현해야 배울 수 있는 것이 있다

인간은 매 순간 환경의 변화를 통해 삶에서 필요한 것들을 배운다. 심지어 식물 같은 생명체도 마찬가지다. 인간이 아닌 생명체에게는 정규 수업이나 학습 같은 개념이 존재하지 않는다. 하지만 '생존하기'나 '더 크게 또는 더 튼튼하게 자라기'와 같은 과정을 실현함으로써 경험한 것을 다른 개체에 전달한다.

누군가는 "그렇다면 미리 배울 수 있다는 점에서 인간이 개발한 형식 학습이 생존에 더 유리하지 않을까?"라고 물을지도 모르겠다. 청소년이 다양한 경험과 정보에 잘 접근할 수 없었던 과거에는 아마 그랬을 것이다. 그러나 정말 중요한 학습, 즉 삶과 일, 생존에 중요하다고 입증된 학습이나 모든 생명체가 필요로 하는 학습은 수업을 통해 얻을 수 없다. 이것은 무언가를 실현하는 과정에서 얻는 것이다. 새 시대를 살아갈 사람이 추구해야 할 목표는 진짜 세상에서 무언가를 성공적으로 이뤄내는 '사회참여 실현'이다.

물론 모든 행동이 자랑스러워 할 만한 결과를 내는 것은 아니다. 도중에 실패하기도 하고, 어떤 것이 효과가 없었는지 이해하는 과정도 필요하다. 그러나 중요한 것은 이것을 실제로 배우고 깨닫기까지 수년의 시간이 필요하지는 않다는 점이다. 여러 경영 컨설턴트를 포함해 많은 이들이 실패를 축하해야 한다고 이야기하지만, 나는 그렇게 생각하지 않는다. 우리가 축하해야 하는 것은 무엇이 되었든 실패로부터 마침내 이뤄낸 것이어야 한다. 우리가 찬양해야 할 것은 수단이 아니라 우리가 추구하는 최종 목표다.

새 시대에는 원하는 것을 더 쉽게 실현할 수 있다

21세기는 무언가 필요한 게 있을 때 찾을 수 있는 방법이 매우 다양한 시대다. 그러므로 무언가를 실현할 수 있게 하려고 아이들에게 먼저 형식 학습을 시키는 것은 대부분 엄청난 시간 낭비에 불과할 것이다. 거의 모든 형식 학습은 20세기와 그 이전 시대의 흔적이자 유물일 뿐이다. 과거에는 세상이 지금보다 훨씬 단순했고, 청소년의 사회참여가 거의 불가능했다. 또한 무엇인가 이루는 데 필요한 수단을 찾기가 매우 힘들고 어려웠으므로 여러 가지를 미리 배워두는 게 유용했다.

그러나 오늘날의 상황은 전혀 다르다. 청소년이 사는 세상은 새로운 아이디어와 최신 테크놀로지를 이용해 끝없이 발명해야 하는 곳으로 바뀌고 있다. 21세기는 어떤 상황이나 문제를 다뤄야 할 때 팀을 만들고, 해결책을 탐구하고, 다른 사람이 이뤄놓은 업적을 확인하고, 자신의 아이디어를 실행하고, 그 과정을 반복하고, 목표를 완수할 수 있는 세상, 즉 '실현할 수 있는 세상'에 가깝다.

역량강화의 새 시대에는 원하는 것을 더 쉽게 실현할 수 있으므로, 미리 연습하거나 경험하는 건 소중한 시간을 낭비하는 것과 다를 바가 없다. 우리는 '재창조(Recreation)'라는 단어를 글자 그대로 아무것도 없는 상태에서 모든 것을 다시 창조한다는 의미로 받아들여야 한다. 예전에는 무언가를 기반으로 그 위에 쌓아 나갔고, 과거에서 얻어야 하는 무언가를 실제로 필요할 때 쉽게 찾을 수 없었기 때문에 꼭 형식 학습을 거쳐야 했다. 그러나 이제는 필요한 것을 쉽게 얻을 수 있고, 그 사용법도 스스로 빠르게 습득할 수 있는 시대다.

비록 오늘날에도 여전히 다른 사람이 이뤄놓은 것을 기반으로 일하지만, 지금 우리가 사용하는 과거의 성취물은 그래도 비교적 최근의 것들이다. 그러므로 청소년이 할 수 있는 최고의 미래 대비는 수년을 선행 학습하면서 보내는 것이 아니라, 무엇이든 지금 흥미를 느끼는 분야에서 세상에 긍정적인 영향을 미치는 사회참여를 바로 실천하는 것이다.

어디에서든 보고, 행동하고, 가르칠 수 있다

종종 어른들은 이 의견에 반대하면서 "잠깐, 의사가 수년 동안 의과대학을 다니지 않아도 된다는 말인가?"라고 되물을 것이다. 그럴 때 내 대답은 반드시 그럴 필요는 없다는 것이다. 당연히 나도 실력 있는 좋은 의사를 원한다. 과거에는 몇 년 동안 강의실에 앉아 강의를 듣는 게 좋은 의사가 되는 방법이었을지도 모른다. 그러나 미래에는 꼭 그럴 필요가 없을 것이다. 이제 세상이 너무 빨리 변하고 있다. 하버드 의과대학의 학장조차 입학생에게 "여러분이 졸업할 즈음에는 우리가 지금 가르치는 내용의 50퍼센트가 시대에 뒤처지거나 더는 유의미하지 않을 겁니다."라고 이야기하는 시대다.[20]

오늘날의 의사는 누구나 마지막 진료 후에도 최신 정보를 얻기 위해 인터넷부터 열어야 할 것이다. 이제 모든 의사는 먼 거리에 있어도 스마트기기를 이용해 온라인 생중계나 유튜브 영상으로 세계 최고 전문가의 의료 행위를 시청하고 질문할 수 있고, 다른 의사의 수술을 보조할 수도 있다. 또한 다른 사람을 위해 모든 과정을 유튜브에 게시하고 설명을 덧붙일 수도 있다.

인터넷만 있다면 어디에서든 '보고, 행동하고, 가르칠 수 있는 세상'이다. 모든 의대생이나 의사는 수백만 명의 비슷한 환자에게서 얻은 결과를 전체 통계 자료나 개별 사례의 형태로 언제든 공유할 수 있을 것이다.

테크놀로지가 경험을 대체한다

우리 시대의 위대한 사상가인 케빈 켈리Keven Kelly가 말했듯이, 지금까지는 경험이 너무 과대평가되었다. 우리 아이들이 살아갈 시대에는 더는 경험을 축적할 필요가 없을 것이다. 이제 아이들은 좋아하거나 하고 싶은 게 있다면 학령기라고 불리는 나이가 되기도 전에 다른 사람이 하는 것을 보며 간접 경험을 얻을 수 있고, 시뮬레이션을 통해 어느 정도 직접 경험을 해볼 수 있다. 물론 아직은 아이들이 사는 장소와 환경의 영향을 많이 받지만, 머지않아 모든 아이에게 가능한 일이 될 것이다. 그러므로 아무리 아이들이 좋아하고 배우고 싶은 것일지라도 학교에서 배우느라 수년을 보내는 것은 실질적인 사회참여 프로젝트에 쓸 수 있는 시간을 낭비하는 일이나 다를 게 없다.

어쩔 수 없이 형식 교육을 받더라도 결국은 배운 것 대부분을 잊어버리지 않는가. 우리는 필요한 것이 있을 때 무엇이든 아주 빨리 검색할 수 있는 세상을 살아간다. 우리가 머릿속에 보관해야 할 것은 일반적인 원리와 지침 그리고 매일 사용하는 일상적인 것들 뿐이다. 그리고 이것마저도 자주 업데이트가 필요하다. 자주 사용하는 것을 기억해두면 처리 속도를 높일 수는 있지만, 일반적인 원리나 일상적인 기술 대부분은 교실 수업에서 얻을 수 있는 게 아니라 사회참여 실현을 통해 가장 잘 획득할 수 있다.

역량강화의 새 시대는 물론 심지어 지금 이 순간에도 누구든 전일제 학생 또는 학습자가 될 필요는 없다. 누군가는 '학습하기 위해서 하는 학습'이 중요하다고 말한다. 그리고 분명 다양한 기법들이 학습을 더 효율적으로 도울 것이다. 하지만 요즘 세대에겐 유튜브 동영상 몇 개를 보면서 이런 기법을 익히는 것은 대부분 별일도 아닐 것이다. 게다가 과거와는 다르게 가장 좋은 학습 방법 또한 계속 변한다.

무언가를 실현하기 위해 당연히 어느 정도는 새로운 학습이 필요하지만, 그게 무엇이든 간에 그때그때 필요에 따라 더 효율적으로 학습할 수 있다. 우리 아들은 정식 훈련을 한 번도 받지 않고 그저 유튜브를 보고 비행 시뮬레이션 소프트웨어로 연습해서 첫 경비행기 조종에 성공했다.(물론 안전을 위해 비행 전문 강사가 동석했다.)

　어떤 일에 아무리 경험이 많다 해도, 우리는 앞으로 '이런, 이제 뭘 해야 하지?' 하는 순간을 늘 마주할 것이다. 그럴 때마다 안내해 줄 경험 많은 사람을 옆에 둔다면 더할 나위 없이 좋겠지만 그러기 위해서는 엄청난 비용이 들 것이다. 그러나 이제 우리는 갑작스러운 사건에 대처할 방법을 수년 동안 전문 기술을 쌓은 사람보다 더 많이, 더 신속하게 찾을 수 있다. 빨리 연결할 수 있는 스마트기기만 있다면 우리는 아마 불이 난 비행기에서 낙하산 하나를 집어 들고 뛰어내렸을 때도 낙하산 펼치는 법을 발이 땅에 닿기도 전에 검색할 수 있을 것이다. 현재의 테크놀로지를 능숙하게 이용할 수만 있다면 세계 최고의 전문가나 강사, 코치 등 누구에게나 접근할 수 있는 세상이기 때문이다.

　오늘날의 테크놀로지는 일반적으로 '스마트기기'를 의미한다. 그러나 지금의 청소년이 어른이 될 즈음에는 테크놀로지가 사람의 뇌에 직접 연결될 가능성도 있다. 그렇다면 누가 수년 동안 힘들게 형식 학습을 하려고 하겠는가? 청소년들은 이미 여러 영역에서 테크놀로지를 잘 사용한다. 온라인 게임은 수많은 예시 중 하나에 불과하다. 그런데 기성세대는 이것을 잘 받아들이지 못한다. 21세기 세상에서 학습에 관한 프레임을 전환해야 할 사람은 아이들이 아닌 바로 우리 어른들이다. 또한 우리는 학습을 미리 해야 하는 필수 사항이라고 보는 관점에서 벗어나 실제 세상 속에서 유용하고 긍정적인 일을 실현하는 데 필요한 일부로 새롭게 인식해야 한다.

이제는 모든 것을 미리 배울 필요가 없다

학자들은 다르게 말할지 모르지만, 인간이 형식 학습을 이어온 주된 이유는 유용한 목표를 실현하기 위해서다. 자기가 원하는 것을 실현하는 것이 대부분의 인간에게 가장 실질적인 목표일 것이다. 사실 인간은 스스로 목적을 가지고 시작한 게 아니라면 배우기를 별로 좋아하지 않는다. 공부하는 게 너무 즐거워서 취미로 공부하는 사람은 드물다. 학습 자체를 좋아하는 몇 안 되는 사람이 보통 교사나 학자가 된다. 그들이 학교에서 학생들에게 공부에 대한 애정을 강요하는 이야기를 늘어놓는 것이다.

어떤 사람들은 공부의 목적이 '미리 준비하는 것'이라고 이야기할지도 모른다. 시간이 중요한 상황에서는 미리 준비하는 게 유용할지도 모른다. 그런데 정말로 모든 것을 미리 배울 필요가 있을까? 모든 일에 연습이 필요할까? 변하지 않는 어떤 것을 능숙하게 잘하려면 몇 번이고 반복하는 게 도움이 된다는 사실은 우리 모두 잘 알고 있다. 하지만 이런 연습은 거의 항상 반복적이고 지루할 뿐이다.

인간은 대부분 누군가 강요하기 때문에 연습하는 경우가 많지만, 마음속에 이루고 싶은 목표가 있을 때는 스스로 연습한다. 골프 타수를 줄이거나 친구를 이기기 위해서 스윙 연습을 하고, 원하는 대학에 들어갈 수 있도록 높은 시험 점수를 받기 위해 연습한다. 일자리를 구하기 위해 용접이든 주식 거래든 관련 기술을 연마한다. 잘 팔리는 상품을 만들고 싶어서 디자인 사고(Design thinking, 소비자 환경을 관찰하고 고려해서 구체적인 아이디어를 얻고, 제품을 빨리 만들어 테스트하고 개선하는 디자이너들의 감각과 작업 방식을 이용하는 사고방식 – 옮긴이) 같은 기법을 연습한다.

연습한다고 완벽해질까?

'연습하면 완벽해진다(Practice makes perfect).'라는 영어 속담도 있지만, 현대의 신경과학은 '연습하면 완벽해진다.'에서 '연습하면 익숙해질 뿐이다.'로 중요한 인식 전환을 제공한다. 반복 연습은 우리 뇌에 강력한 신경 연결을 형성하는데, 이것이 신경과학자가 말하는 좀비 회로가 된다. 물론 좀비 회로가 유용할 때도 있다. 예를 들어 공연장에서 악기를 연주한다면, 의식의 뇌가 멜로디나 청중과의 연결 같은 일에 집중하는 동안 손가락은 반복적인 일을 무의식적으로 수행할 것이다.

퇴근길에 잠깐 차를 세워 식료품 가게에 들르려고 했는데, 늘 그랬던 것처럼 그냥 집으로 곧장 가는 것도 바로 이 좀비 회로 때문이다. 좀비, 특히 '잘못된 좀비'는 21세기 들어 그 필요성이 점점 줄고 있다. 이제 우리는 좀비 회로 대신 우리 몸의 일부나 다름없는 똑똑한 기계를 가졌고, 이것은 필요할 때마다 훨씬 더 쉽게 프로그래밍하거나 업그레이드할 수 있다.

청소년의 역량을 강화하는 것은 '학습을 위한 학습'이나 '반복 연습'이 아니다. 청소년에게 힘을 불어넣는 것은 '무언가를 실현하고, 그 과정에서 깨닫는 것'이다. 학습을 최종 목표가 아닌 수단으로 새롭게 인식한다면, 역량강화의 새 시대에 맞는 성장의 전체 과정(4부에서 다룰 것이다)을 새롭게 인식하는 데도 도움이 될 것이다.

새로운 성장 과정에서 청소년들은 어른들이 정해 놓은 것을 익히면서 소중한 시간을 보낼 필요가 없다. 그보다는 자신을 깊이 이해하고, 긍정적인 목표를 세우고, 오로지 목표 실현에 필요한 것을 집중적으로 배우는 데만 시간을 쓸 수 있다.

우리가 아이들에게 제공하려는 낡은 교육 없이도 미래의 청소년은 그들이 사는 놀라운 세상 덕분에 과거의 청소년보다 훨씬 다양한 지식과 정보를 갖게 될 것이다. 새로운 성장 프레임 안에서 청소년은 지금의 학교에서보다 흥미롭고 긍정적인 결과를 얻을 수 있는 일들을 자유롭게 추구할 것이다.

선구자는 누구인가?

학습에 관한 인식 전환의 사례에는 전 세계에서 온라인 게임을 즐기는 모든 이가 포함될 것이다. 이들은 모두 공식 수업을 받거나 학위를 따야 할 필요 없이 오직 한 가지 목표, 즉 '이기는 것'을 이루고 싶은 마음에서 복잡한 기술을 습득했다.

또 다른 예로, 2020년 〈타임지〉에서 '올해의 어린이'로 선정한 기탄잘리 라오를 들 수 있다. 기탄잘리는 수년 동안 학교 교육을 경험하지 않고도 자신의 목표에 필요한 지식을 정확히 찾아냈다. 기탄잘리가 열한 살이었을 때 미국 미시건주의 플린트 시민들은 심각한 수돗물 오염 문제를 겪었다. 이때만 해도 수돗물의 납 중독 여부를 검사하는 방법이 없었다. 이 이야기를 들은 기탄잘리는 수돗물에 납이 들어 있는지 쉽게 검사하는 방법을 개발하기로 목표를 세웠다.

기탄잘리는 예전에 책에서 본 새로운 탄소 나노튜브 기술을 적용할 수 있다고 생각했다. 그러나 《기탄잘리, 나는 이기고 싶어: 과학으로 세상을 바꾸는 10대 소녀의 탐구 가이드(A Young Innovator's Guide to STEM)》[21]에서 말하듯이 기탄잘리는 화학 전문 지식을 전혀 몰랐다. 그녀는 우선 온라인에서 이온 결합과 공유 결합에 관해 이해하기 쉽게 설명하는 간단한 동영상을 몇 개 찾았다. 온라인 강좌를 복습한 다음, 탄소 나노튜브의 화학 성분에 관해 더 자세히 배우기 위해 나노물질 제조사를 견학했다. 그녀의 책에서 기탄잘리는 "나는 화학 주기율표를 애써 외우지 않았다. 그럴 필요가 없었기 때문이다. 내가 하려는 것을 계속하기에 이미 충분히 배운 상태였다."라고 말한다. 이것이 바로 미래의 모습일 것이다.

✓ 생각할 것은 무엇인가?

학교에서 미리 배우는 것이 청소년에게 정말 중요할까? 당신은 이 생각을 바꿀 수 있는가?

12장

청소년에게 필요한 기술

21세기형 기술에서 다이아몬드 기술로

청소년에게 기량과 기술이 필요하다는 것은 분명한 사실이다. 그런데 역량강화의 새 시대에는 어떤 기술과 기량이 필요할까? 아이들은 이 것을 어떻게 얻을 수 있을까?

기술에 관한 오래된 프레임은 우리 주변에서 여전히 널리 사용된다. 기본 기술, 하드 스킬, 소프트 스킬 그리고 최근에는 '21세기형 기술' 이라고 불리는 것까지 오묘하게 혼합되어 있다.

기본 기술은 모든 사람이 갖춰야 한다고 여기는 것으로, 보통 아이 가 어릴 때부터 길러 주려고 노력하는 것들이다. 하드 스킬은 교육과 정에서 배울 수 있는 특정 지식을 요구하는 직무 능력을 말하며, 어떤 일을 하느냐에 따라 개인마다 필요한 하드 스킬이 다르다. 소프트 스킬은 '인간관계 기술'이라고도 하는데, 다양한 환경에서 주변 사람들과 상호작용하는 기술이다.

기존의 낡은 프레임에서는 사고를 위한 '학문적 기술'과 행동을 위한 '실용적 기술'로 모든 기술을 분류하기도 했다. 최근에는 '21세기형 기술'이라는 용어가 등장했는데, 사실 이것은 위에서 언급한 기술 몇 개를 선택해 새로 이름을 붙인 것이다. 역량강화의 새 시대에 인간에게 필요한 기술을 새롭게 인식할 수 있는 더 좋은 프레임은 기본, 하드, 소프트, 21세기형으로 분류하던 기술을 '과제 특수적 기술'이나 전이되는 평생 역량(TLC, Transferable Lifetime Capabilities)을 뜻하는 '다이아몬드 기술'로 분류하는 것이다.

다이아몬드 기술이란 무엇인가?

과제 특수적 기술은 과제 자체의 수만큼이나 방대하고 다양하다. 한 가지 반가운 소식은 역량강화의 새 시대에는 이 기술 대부분을 온라인으로 바로 습득할 수 있거나 곧 그런 미래가 다가올 거라는 점이다. 그러므로 이 장에서는 과제 특수적 기술에 관해서는 집중적으로 다루지 않고, 주로 '전이되는 평생 역량' 또는 간단히 'TLC'로 알려진 다이아몬드 기술에 초점을 맞출 것이다.

다이아몬드 기술은 크게 두 가지 의미에서 평생 역량이라 할 수 있다. 첫째, 숙달하려면 평생이 걸릴 수 있다. 둘째, 한 번 획득한 기술은 무엇이 되었든 일반적으로 평생 유지된다. 이런 의미에서 보면 하드 스킬보다 더 가치 있고 단단한 기술이라 할 수 있으므로, 다이아몬드라는 말이 어울린다. 먼저 다양한 다이아몬드 스킬을 살펴보자.

다이아몬드 기술(전이되는 평생 역량)			
효과적인 사고	효과적인 행동	효과적인 대인 관계	효과적인 실현
·소통 이해력	·성공적인 사람들의	·의사소통 및 협업	·MPI(측정할 수 있는 긍
·수리 및 패턴 인식	습관	- 일대일	정적 영향)와 가치에
능력	·신체 및 건강 최적화	- 팀 단위로	초집중하기
·과학적 사고	·민첩성	- 가족 단위로	·소규모 지역 프로젝
·역사적 관점	·적응성	- 공동체에서	트 완수하기
·문제해결력(개별 및 협	·리더십 및 팔로워십	- 직장에서	·대규모 프로젝트 완
동)	·불확실성 아래에서	- 온라인상에서	수하기
·호기심과 질문하기	의사결정력	- 가상 세계에서	·광역성 프로젝트 완
·창의적 사고	·실험정신	·경청하기	수하기
·디자인 사고	·연구조사 능력	·관계망 형성	·글로벌 프로젝트 완
·통합적 사고	·신중한 위험 감수	·관계 형성	수하기
·체계적 사고	·현실 검증 및 피드백	·공감	·효과적인 팀 형성 및
·금융적 사고	·인내심	·용기	유지
·탐구심 및 논쟁	·회복력 및 '그릿'	·동정	·프로젝트 관리 및 기
·판단력	·기업가 정신	·관용	민성
·전이 능력	·혁신	·윤리	·진정한 혁신
·미학적 능력	·순발력	·정치	
·마음의 습관	·독창성	·시민정신	
·긍정적 마음가짐	·전략 및 전술	·갈등 해소	
·자신의 꿈, 관심사,	·장벽 깨기	·협상	
열정, 장점 알기	·프로젝트 관리	·동료 간 코칭 주고받	
·스트레스 관리	·기계 프로그래밍	기	
·집중력과 끈기	·효과적인 동영상 만	·동료 간 개인 멘토링	
·사색과 명상	들기	주고받기	
	·현재 및 미래 과학기		
	술을 이용한 혁신		

다이아몬드 기술은 아이들을 위한 멋진 선물이다

어떤 사람들은 '기술'이라는 용어보다 '역량'이라는 용어를 선호한다. 기술의 의미가 역량에 비해 상대적으로 포괄적이지 않아서일 것이다. 어떤 용어든 상관없지만, 나는 '다이아몬드 기술' 혹은 'TLC'라고 부를 것이다. 흔히 TLC는 아이에 대한 '따뜻한 관심과 보살핌(Tender Loving Care)'의 줄임말로도 자주 사용하는데, 이런 의미로 쓰일 때처럼 다이아몬드 기술 역시 아이들의 역량을 강화할 수 있도록 돕는다는 측면에서 멋진 선물이 될 것이다.

148쪽의 표에 나열한 기술은 분명 더 세부적으로 분류할 수도 있고 다른 것을 추가할 수도 있지만, 어찌 되었든 중요한 사실은 고차원적인 평생 역량은 제한적이라는 점이다. 그 수를 세는 방법이 무수히 많지만, 어떤 방법으로 세든지 아마 몇백 개 미만일 것이다. 또한 누구든 평생에 걸쳐 높은 수준까지 숙달할 수 있는 다이아몬드 기술의 종류는 사실 몇 가지밖에 되지 않을 것이다.(물론 숙달 수준이 낮은 기술은 더 많을 것이다.)

개인은 각자의 독특한 다이아몬드 기술을 조합한 고유한 프로필을 가진다. 각자 조합할 수 있는 기술을 선택하여 가능한 프로필을 살펴보면, 그 경우의 수는 지금까지 지구상에 살았던 인간의 수보다 훨씬 많을 것이다. 그런 이유에서 인간은 각각 고유하고 독특하다고 할 수 있다. 무작위로 두 사람을 선택해서 비교할 때, 이 둘의 기술 프로필이 정확히 같을 확률은 매우 낮다. 어떤 프로젝트를 수행할 때, 다양한 프로필을 지닌 사람들로 팀을 구성하는 것이 매우 유용하고 효과적인 이유다.

이미 2장에서 살펴봤듯이 역량강화의 새 시대에는 개인의 역량이 테크놀로지와의 공생을 통해 실현된다는 점에서 훨씬 더 큰 힘을 가질 것이다. 여기서 기술과 관련한 또 다른 중요한 인식 전환이 필요하다. 인간이 지녀야 할 기술을 테크놀로지 없이 수행 가능한 것으로 보는 관점에서 인간의 생물학적인 부분과 테크놀로지의 조합이 필요한 '공생하는 인간 기술'로 보는 관점으로의 전환이다.

기술에 관한 인식 전환이 매우 중요하고 강력한 이유는 역량강화의 새 시대에는 기술 자체가 아닌 기술을 새로운 환경에 적용하는 능력이 중요하기 때문이다. 새로운 '하이브리드형 인간', 즉 '새로운 테크놀로지와 역량이 융합된 인간'이 이런 기술을 현실로 만들 것이다.

21세기형 기술은 무엇인가?

이 장의 시작 부분에서 언급했듯이, 이미 알려진 여러 기술 중에 일부를 묶어 '21세기형 기술'이라는 새로운 이름을 붙이는 것이 유행인 듯하다. 미래에 꼭 필요한 조건임을 강조하기 위해 다양한 기술을 선별하여 새로 분류한 것인데, 이와 유사한 목록이 이미 여럿 있었다.

'세계 경제 포럼'에서 발표한 목록에서는 복잡한 문제 해결 능력, 비판적 사고, 창의성, 인간 관리, 조율 능력, 감성 지능, 판단력과 의사결정력, 서비스 지향성을 꼽았다. 그런데 여기에는 '상상력'이 빠져 있다.

교육혁신가 토니 와그너Tony Wagner가 제안한 '일곱 가지 생존 기술'(실제로는 14가지 기술을 포함하지만 기억하기 좋게 둘씩 묶어서 일곱 가지다.) 목록에는 비판적 사고 및 문제해결력, 관계망을 통한 협업 및 영향력 있는 리더십, 민첩성 및 적응성, 진취성 및 기업가 정신, 효과적인 의사소통, 정보에 대한 접근 및 분석, 호기심 및 상상력이 있다. 하지만 여기에는 '감성 지능'이 빠져 있다.

이처럼 조금씩 다른 21세기형 기술 목록이지만, 모두 목록 제안자의 브랜딩Branding 역할에 그치는 듯하다. 그들이 21세기형 기술로 선택한 기술들은 분명 지금도 중요하고 앞으로도 중요할 것이다. 하지만 역량강화의 새 시대에 들어섰다고 해서 여기에 포함되지 않은 기술이 모두 사라지지는 않을 것이며, 그래서도 안 될 것이다. 예를 들어, 이 목록들에는 공감 능력이 빠져 있는데, 세상이 변한다고 해서 공감 능력이 중요하지 않다고 말할 사람은 없을 것이다.

하드 스킬과 소프트 스킬에 대한 인식 전환

기술을 하드 스킬이나 소프트 스킬로 분류하던 기존의 인식 또한 달라져야 한다. 원래 두 용어는 미군에서 자주 사용하던 것인데 이후에 여러 기업에서 다시 사용했고, 이제는 교육 분야에서도 자주 사용한다.

하드 스킬과 소프트 스킬의 구별이 과거에 얼마나 유용했는지와 상관없이 지금은 유용하지 않다는 사실부터 깨달아야 한다. 혼란스러운 점은 '하드'라는 용어가 실제로 '어렵다'라는 의미가 아니라, '과제 특수적'이라는 의미로 쓰인다는 것이다. 하드 스킬은 숙달하기가 다소 어렵고 복잡하거나 극도로 전문적일 수도 있지만, 일반적으로는 도표로 나타낼 수 있고 종종 단계별 설명서에 담을 수 있는 것들이다.

하드 스킬을 익히는 데는 어느 정도의 판단력이 필요할 수 있지만, 일반적으로 적절한 소질만 있다면 개인차는 있어도 비교적 일정한 기간의 훈련을 통해 습득할 수 있다. 신기술이나 아직 개발 중인 테크놀로지를 사용하거나 관리하는 데 필요한 새로운 하드 스킬도 있다. 그러나 이제는 인간 대신 기계가 이런 기술을 수행하는 법을 스스로 찾아낼 것이다.

'소프트 스킬'은 아마도 의미 그대로 '물렁물렁하기' 때문에, 즉 비교적 엄격하지 않거나 묘사하기가 쉽지 않은 기술이라서 붙은 이름일 것이다. '소프트'라고 해서 '덜 중요하다'는 의미로 착각하는 사람도 있는데, 이건 전혀 사실이 아니다.

소프트 스킬로 분류하는 기술은 대부분 다른 사람과 관련이 있으므로, 때때로 '인간관계 기술'이라고도 한다. 아마 이런 이유에서 습득하거나 숙달하기 가장 어려운(역설적이게도 가장 '하드'한) 기술인 경우가 많다. 또한 인간이 지녀야 할 가장 소중한 기술이기도 하다. 또한 여러 과제 특수적 기술과 달리 전이가 가능해서 다양한 상황에서 유용하게 사용할 수 있다.

소프트 스킬은 제대로 개발하려면 시간이 꽤 걸리고, 종종 평생 걸리기도 하는 복잡한 기술이다. 대부분 '다른 인간과의 관계'로 이어지므로, 테크놀로지로 완전히 대체할 수도 없다. 따라서 소프트 스킬은 테크놀로지와의 공생을 통해 더 효율적이고 유용하게 사용할 수 있을 것이다. '소프트 스킬'에 관한 새로운 프레임은 다른 기술보다 덜 중요하거나 선택적이라는 의미의 '소프트 스킬' 대신, 하드 스킬보다 더 단단하고 중요한 기술이라는 의미로 다이아몬드 기술 혹은 TLC로 새롭게 부르는 것이다.

우리는 모두 고유한 기술 프로필을 가진다

TLC는 과제 특수적 기술과 여러 측면에서 뚜렷한 대조를 이룬다. 첫째로 이미 언급했듯이 TLC의 수가 훨씬 제한적이다. 그뿐 아니라 과제 특수적 기술과는 다르게 어떤 상황에서든 적용할 수 있다. 따라서 가능한 최고 수준의 TLC를 많이 갖는 것이 중요하다.

전이되는 평생 역량은 전혀 새로운 개념이 아니며, 21세기에만 적용할 수 있는 기술도 아니다. TLC는 인간이 수천 년에 걸쳐 인지하고 개발하고 갈고닦은 기술이다. 여기에 '테크놀로지와의 공생'이라는 가치가 새로 추가되었다는 점을 제외하면 완전히 새로운 것도 아니다.

TLC는 어느 하나 예외 없이 모두 가지고 있으면 유용하지만, 어떤 사람도 모든 TLC 능력을 완전히 개발할 수는 없다. 148쪽의 표로 제시한 TLC의 수를 대략 100개라고 가정하면, 이미 언급했다시피 이것을 다양하게 조합했을 때의 경우의 수는 지구에 살아가는 사람들의 몇 배는 될 것이다. 그러므로 누구든 이 기술을 더 많이 가질수록 조합 가능한 경우의 수도 늘어날 것이다. TLC를 독특하게 조합하는 방법은 매우 다양하고, 그런 까닭에 우리는 각자 자신만의 독특한 프로필을 갖는 것이다. 각자가 독특하게 조합한 프로필을 가지므로, 대부분 혼자 일할 때보다 팀으로 일할 때 더 큰 성과를 낼 수 있다.

TLC는 인류가 지구상에 존재했던 수십만 년에 걸쳐 발견하고 연마해온 평생의 기술이다. 가능한 기술 조합의 수는 엄청나게 많지만, 개인이 개발한 전이되는 평생 역량의 수는 파악하기 어려울 정도로 많지는 않다. TLC를 더 쉽게 이해할 수 있도록 사고 기술, 행동 기술, 관계 기술, 실현 기술 이렇게 네 그룹으로 분류하는데, 148쪽의 목록도 완벽한 것은 아니다. 새로운 기술이 있다면 무엇이든 추가할 수 있다.

누구든 모든 다이아몬드 기술을 완벽하게 개발할 수는 없다. 각각의 기술 개발이 평생에 걸쳐 일어나는 일이기 때문이다. 사람들은 각자 자신만의 다이아몬드 기술을 선택하고, 고유한 프로필을 만들 수 있다. 21세기에는 개인의 신체적 조건이 아닌, 이 '기술 프로필'이 인간을 구분하는 기준이 될 것이다.

자신만의 고유한 프로필을 찾아야 한다

가장 성공적인 팀은 서로 다른 다이아몬드 기술의 조합과 프로필을 지닌 사람들의 연합체라 할 수 있다. 여러 종류의 과제를 수행하기 위해서는 구성과 규모 두 가지 측면 모두에서 다양한 팀이 필요하다. 모든 TLC를 높은 수준까지 숙달하지는 못하더라도, 청소년은 이런 기술이 존재한다는 사실은 물론, 이 기술을 잘 활용하면 어떤 목표를 이뤄 낼 수 있는지 알아야 한다.

어른들은 아이들이 되도록 많은 TLC를 개발할 수 있도록 도와야 한다. 아이와 어른 모두가 보기에 이미 타고난 것 같다고 느끼는 기술이나 지금 수행하려는 프로젝트에 가장 중요하다고 생각하는 기술부터 먼저 시작하는 것이 좋다. 이 기술을 찾는 목적은 결국 각 개인에게 고도의 다이아몬드 기술로 구성된 최고의 프로필을 찾아주는 것이다. 이 과정은 되도록 어릴 때부터 시작하는 것이 좋다.

다이아몬드 기술을 나열한 표에서 세로줄을 보면 효과적인 사고, 효과적인 행동, 효과적인 대인관계, 효과적인 실현이라는 기술이 등장한다. 여기서 '효과적'이라는 말에 주목하자. 효과적이라는 말을 붙인 이유는 TLC를 비효율적으로 습득하거나 사용할 수도 있어서다. TLC를 효과적으로 개발하는 데는 주변 사람들의 '코칭'이 상당히 도움이 된다. 최고의 음악가나 운동선수도 보통 자신의 경력을 유지하는 동안 계속 코치를 두곤 한다. 동료 간의 코칭과 피드백 그리고 멘토링도 도움이 될 때가 많다.

효과적인 TLC를 더 많이 갖추고 사용한다면 각자의 삶과 업무에서 최대한 역량을 강화할 수 있을 것이다. 역량강화의 새 시대를 잘 살아가기 위해서는 각자 평생에 걸쳐 자신만의 고유한 프로필, 즉 다이아몬드 스킬의 조합을 찾고, 개발하고, 사용해야 한다. 또한 개인으로 혹은 팀으로 사회참여를 실현하고 꿈을 이루는 데 자신만의 프로필을 적용해야 할 것이다.

전이된다는 점이 가장 중요하다

다이아몬드 기술을 전이되는 기술이라고 했는데, 이것은 정확히 무슨 의미일까? 학자들이 '전이'라고 표현하는 것은 다이아몬드 기술과 관련해서 매우 중요하게 고려해야 할 사항이다. 전이된다는 말은 특정한 기술이나 재능을 사용해 어떤(예를 들어, 자동차) 문제를 해결할 수 있다면, 다른(예를 들어, 비행기나 꽃) 비슷한 문제가 있을 때도 새로 기술을 개발하지 않고 해결할 수 있다는 의미다. 예를 들어, 과학에서 한 가지 방법을 배웠다면 이것을 역사에도 적용할 수 있다는 뜻이다.

그동안은 컴퓨터 운영 체제를 다른 것으로 옮기는 기술 같은 몇몇 과제 특수적 기술만 전이된다고 생각했지만, 이론적으로는 표에 나열한 다이아몬드 기술 모두 전이되는 것들이다. 그래서 '전이되는 평생 역량'이라고 부르는 것이다. 그러나 문제는 '전이가 자동으로 일어나는가'이다. 누구든 한 영역에서 배운 기술이나 역량을 다른 영역으로 자동 전이할 수 있을까?

일반적으로 전이 능력은 개인에 따라 완전히 다르다. 어떤 사람은 거의 본능적으로 할 수 있고, 어떤 사람에게는 평생 배우고 습득해야 할 기술일 것이다. 또 어떤 사람은 다른 사람을 보고 꾸준히 연습해야 할 것이다. 전이가 이뤄지는 정도도 각각의 기술마다 다를 수 있다. 따라서 어른들이 청소년을 도울 수 있는 최고의 방법은 개인이 보유한 특정 기술을 새로운 상황에 언제 적용할 수 있고 또 언제 적용할 수 없는지, 즉 전이의 기회가 언제인지 알려주는 것이다. 또한 우리는 모든 사람에게 같은 방식으로 기술이 전이되지 않는다는 것도 기억해야 한다.

⊗ 선구자는 누구인가?

다이아몬드 기술을 잘 활용하는 선구자로는 이미 클라우드 세상에서 살아가거나 일하는 전 세계의 청소년을 꼽을 수 있을 것이다. 그들은 자신의 기술을 전 세계의 사람들에게 전이한다. 그들은 테크놀로지와 공생하는 방법뿐만 아니라, 새로운 과제 특수적 기술을 익혀서 새로운 형태의 코칭을 제공하고 전이를 촉진하는 매체(예를 들어, 유튜브 같은)를 사용하는 데도 전문가가 되었다.

⊘ 생각할 것은 무엇인가?

당신의 다이아몬드 기술 프로필은 무엇인가? 이 프로필이 당신에게 얼마나 도움이 되는가? 고유의 역량 프로필을 개발하는 청소년에 관해 생각해 본 적 있는가?

4부

성장 과정을 새롭게 인식하다

13장

역량을 강화하는 성장

낡은 프레임에서 꿈의 실현을 위한 프레임으로

이 책에서 제안하는 모든 인식 전환의 목표는 새로운 세대인 청소년에 대해 적절하고 효과적인 행동을 취할 수 있도록 하기 위한 것이다. 1부에서 우리는 새로운 성장 여정을 단순히 교육을 받는 과정이 아닌 역량을 강화하는 여정으로 새롭게 인식했다. 2부에서는 청소년은 누구이고, 그들의 신념은 무엇이고, 그들이 살아갈 세상은 어떤 모습이고, 그들의 포부와 보편적인 가치가 무엇이고, 그들을 어떻게 불러야 하는지를 새롭게 인식하는 여러 유용한 관점을 살펴봤다. 3부에서는 특히 중요한 영역인 학습과 기술에 관한 새로운 프레임을 제공했다.

역량강화의 새 시대에 청소년은 자신만의 과제 특수적 기술과 다이아몬드 기술을 어떻게 획득할 수 있을까? 어떻게 해야 고유의 기술과 프로필을 가장 잘 개발할 수 있을까? 청소년이 얼마나 진전을 이뤘는지 어떻게 평가할 수 있을까? 이것이 4부에서 다룰 주제다.

나는 4부에서 역량강화에 무게를 둔 성장 과정의 단계를 하나씩 새롭게 인식하려 한다. 나는 청소년들의 성장 과정을 꿈의 시작 단계, 꿈의 확장 단계, 꿈의 실현 단계로 이름 붙이려 한다.

성장에 대해 새롭게 정의하다

앞에서 다뤘던 인식 전환을 기반으로 이제 다음 질문을 생각해 보자. 어떻게 하면 역량강화의 새 시대에 맞게 청소년의 성장 과정을 재정의할 수 있을까? 이 과정을 거쳐야 하는 이유는 새롭고 다양한 프레임 안에서 우리가 무엇을 해야 할지 결정할 수 있기 때문이다. 다시 말해서 앞서 제시한 모든 새로운 프레임이 암시하는, '우리가 선택해야 하는 다양한 결정'을 보여주기 때문이다.

나는 지금까지 제시한 모든 프레임이 각각 고유하지만 서로 연결되고 기계와 공생하는 인간이 살아갈 새 시대, 즉 역량강화의 시대를 가리킨다고 본다. 모든 개인이 개별적으로 하는 행동도 결국 인류 전체에 나타날 모습이라 생각한다. 개인의 행동을 통해 새 시대에 완전히 진입하기까지 걸리는 시간을 앞당길 수도, 늦출 수도 있을 것이다.

새 시대는 세계 어느 곳에서든 새로운 성장 과정에 대한 집단적 합의가 일어나기를 요구한다. 최근 타이거 우즈 재단이 제작한 TV 광고에서는 "세상을 개선하는 가장 좋은 방법은 그 세상에 포함된 사람들의 역량을 강화하는 것이다."라고 이야기한다. 지금 우리가 가진 것보다 더 크게 역량을 강화하는 성장 과정을 이뤄야 한다는 의미일 것이다. 그렇다면 새로운 성장 과정은 어떤 모습이어야 할까?

낡은 성장 프레임의 3단계

새로운 성장 과정이 유용하려면 낡은 프레임에서 벗어나 성장 과정의 각 단계에 초점을 둔 새로운 모델을 정의해야 한다. 아이들의 성장 과정을 '어른이 아이에게 지시하는 과정'으로 보던 낡은 관점에서 벗어나 '아이들의 역량을 강화하는 과정'으로 새롭게 인식해야 할 것이다.

20세기와 21세기 초반까지만 해도 전 세계 거의 모든 지역에서 전반적인 성장 과정이 서로 비슷하게 이뤄졌다. 지역에 따라 부분적으로만 다를 뿐, 거의 보편적으로 '어린아이 단계', '학생 단계', '직업 및 이력 추구 단계' 이렇게 세 단계로 구분했고, 각 단계에 수반되는 어른들의 지시 형태도 거의 정해져 있었다.

• 어린아이 단계

대략 5세가 될 때까지 부모 또는 양육 대리인이 아이를 기르는 양육의 단계이다. 이 단계에서 어른의 지시 형태는 어른 자신의 신념이나 문화적 관점을 아이들에게 그대로 전달하는 것이다.

• 학생 단계

어린아이 단계 이후 6~20년 동안(각자 가능한 만큼) 학교에 다니는 단계이다. 이 단계에서 어른들의 지시 형태는 공동체의 문화와 역사, 가치 있게 여기는 주제 등을 전달하는 것이다.

• 직업 및 이력 추구 단계

일자리를 찾고 일을 시작하는 단계이다. 여기서 '일'은 꾸준히 계속할 수 있는 직업을 가리키거나, 더 나아가 거의 평생 동안 할 일을 의미한다. 이 단계에서 어른의 지시 형태는 청소년이 가진 기회가 무엇이고, 그들의 세계에서 할 수 있는 것과 할 수 없는 것이 무엇인지 고용 과정을 통해 알려주는 것이다. 기존 성장 과정에서 어른의 지시를 받던 청소년이 어른이 된 후 자신과 가족을 부양할 수 있는 사람이 되는 것이다.

이와 같은 옛날 방식의 성장 프레임은 21세기에 들어서도 여전히 유지되며, 오늘날 거의 모든 사람이 익숙하게 생각한다.

새로운 방식의 성장 프레임

빠르게 다가오는 역량강화의 새 시대에는 거의 모든 지역의 청소년이 기계와 공생하고 서로 연결된 상태로 성장할 것이다. 따라서 '성장 프레임'에도 큰 변화가 나타날 것이다. 나는 성장 과정을 여전히 세 단계로 구분하지만 시작, 확장, 실현 단계로 새롭게 구성할 것이다. 하나씩 자세히 살펴보자.

• 시작 단계-자기 이해 추구하기

인간의 생애에서 처음 몇 년은 자유롭게 상상력을 펼치며 놀이를 즐기는 시간이다. 하지만 그보다 더 중요한 것은 이 시기의 아이들이 '나는 할 수 있다'와 같은 자기 이해와 역량강화의 신념을 획득하고, 세계 곳곳의 비슷한 사람들과 연결하여 집단을 형성하고, 미래 지향적인 방식으로 자신의 고유성을 표현하기 시작한다는 것이다. 전 세계적으로 연결된 소셜미디어와 온라인 공간에서 새로운 관점의 첫 번째 성장 단계가 나타나고 있다.

• 확장 단계-사회참여 실현에 적용하기

새로운 성장 프레임의 다음 10년(또는 20년)은 과거처럼 형식 교육이 중요한 단계가 아니다. 그보다는 사회참여 실현을 통해 시작 단계를 확장하는 시기다. 이것은 자신의 고유한 장점과 흥미를 기반으로 진짜 세상에 영향을 미치는 프로젝트를 선택하고, 서로 보완할 수 있는 세계 곳곳의 청소년들과 팀을 이뤄 직접 선택한 프로젝트를 지속적으로 수행하는 것을 의미한다. 그래서 세상에 '측정할 수 있는 긍정적 영향(MPI, Measurable Positive Impact)'을 미치는 사회참여 실현의 이력을 쌓고, 독특한 가치를 더하는 시기다.

• 실현 단계

이 단계에서는 자신의 고유성에 관한 이해, 지금까지 완수한 사회참여 프로젝트, 직접 형성한 세계적인 관계망을 결합해 '자신에게 의미 있고 세상에 가치를 더하는 평생의 직업'을 찾는 것으로 이어진다. 꿈이 실현될 수 있는 단계이기도 하다. 이 단계는 평생에 걸쳐 계속 진화한다.

지시가 아닌 코칭과 지도가 중요하다

새로운 프레임을 받아들이는 기준이 늘 유용성이란 점을 다시 떠올려 보자. 청소년이 성장하는 동안 어른의 지시가 필요한 단계들로 구성된 과거의 성장 프레임은 역량강화의 새 시대에는 더는 유용하거나 유익하지 않다. 새 시대에 필요한 역량을 강화하기 위해 청소년들이 어른에게 받아야 하는 것은 지시가 아니라 '코칭과 지도'이다.

성장과 양육에 대한 기존의 지시 기반 프레임은 아이들이 거의 전적으로 이전의 일을 반복하거나 대체하는 공동체에서 성장하던 시대의 오래된 산물일 뿐이다. 그 시대에는 청소년이 다른 나라의 공동체 혹은 같은 나라라 할지라도 다른 지역 공동체의 또래들과 단절되어 있었다. 원하는 것을 성취할 수단도, 다른 곳에서 어떤 일이 벌어지는지 알 수 있는 수단도 거의 없었다. 항상 자신이 속한 곳에 순응해야 했으며, 모든 단계에 어른의 지시가 필요했다.

이제 청소년은 어릴 때부터 전 세계 사람들과 연결되고, 예전에는 상상하지 못했던 새로운 능력을 태어나면서부터 얻고, 아주 어릴 때부터 진짜 세상 속에서 사회참여를 실현할 수 있다. 새로운 능력과 사회참여 실현이 결합해서 역량강화의 시대를 정의할 것이다.

우리가 직면한 문제는 20세기의 성장 단계(어린아이 단계, 학생 단계, 직업 및 이력 추구 단계)가 더는 청소년에게 도움이 되지 않는다는 것이다. 이 세 단계 중 어떤 단계도 역량강화의 시대에는 효과적이지 않다.

부모의 역할은 무엇인가?

그렇다면 새 시대에 부모는 자녀를 위해 무엇을 해야 할까? 아마 이것을 아는 부모는 거의 없을 것이다. 부모가 되기 위한 준비서나 설명서 같은 것도 없고, 설사 있다고 해도 분명 지금 보기에는 시대에 뒤떨어졌을 가능성이 크다.

일반적으로 부모들의 양육 안내자 역할을 하는 것은 문화적 규범이나 주변 사람들의 조언인 경우가 대부분이다. 그리고 자신이 성장하면서 얻은 긍정적이거나 부정적인 경험을 모델로 삼기도 한다. 몇몇 실험 결과와 집단적 행동에도 불구하고, 지금까지 '어린아이 단계'는 좋든 싫든 사회가 허용하는 한도 내에서 부모의 개인적 선호에 맡겨졌다.

하지만 새로운 시대로 나아가 부모가 자기 방식이나 신념대로 자녀에게 지시하는 것은 점점 타당성을 잃고 있다. 앞에서 이미 살펴봤듯이, 새 시대에는 과거와 달리 경험이 크게 중요하지 않을 것이다. 아이는 부모의 조언을 받아들이려 하지도 않을 것이며, 더 충격적인 점은 아이가 부모의 조언을 받아들인다 해도 시대에 뒤떨어져 별로 도움이 되지 않는다는 것이다. 따라서 이제는 새 시대의 청소년에게 맞는 더 좋은 양육법이 필요하다.

학교 교육의 문제점은 무엇인가?

우리는 9장에서 이미 학교 교육이 더는 도움이 되지 않는 여러 이유를 제시하고 논의했다. 그중 가장 중요한 이유로 학교 교육의 학문적 성격, 청소년이 갈망하는 실질적인 사회참여 실현의 부족, 과거에 치우친 교육 내용 등을 들었다. 과거의 지식이 유의미할 수도 있지만, 그것은 오직 수요가 있을 때만 유용하다. 앞에서도 살펴봤듯이, 학교 교육은 청소년에게서 독특한 것을 끌어내기보다는 이미 정해진 내용을 주입할 뿐이다. 게다가 '학생 단계'는 일반적으로 여러 해 동안 지속되는 장기적인 과정이다. 그런 까닭에 시간이 흐를수록 더 많은 청소년이 학교 교육에 거부감을 느낄 수밖에 없다.

가정에서의 자유로운 양육과는 달리, 교육기관에 편입된 학생의 단계에서 이뤄지는 교육 내용과 형식은 완전히 표준화되었고, 어느 지역에서나 비슷하게 이뤄진다. 많은 사람이 이와 같은 표준화를 산업화에 필요한 노동자의 생산과 결부시키는데, 나는 이것이 또한 식민주의의 결과물이라고도 생각한다.

이유야 어쨌든 학교 교육은 세계적으로 표준화되었다. 아이들은 학교에 가면 가장 먼저 읽기와 쓰기, 셈하기를 배우고 이후에 수학, 국어, 과학, 역사, 지리를 배운다. 영어권 국가의 표준 교육과정인 수학(Math), 국어(English), 과학(Science), 사회(Social Studies)의 첫 알파벳을 따서 '엉망'이라는 의미의 'MESS'라 부르기도 한다.

학교 간의 차이는 청소년에게 무엇을 교육하느냐보다 주로 어떻게 교육하느냐의 문제에서 발생한다. 공립학교와 사립학교, 차터스쿨

Charter School이라 부르는 자율형 공립학교, 실험학교 간에 큰 차이가 있다고 주장하는 사람도 있지만, 사실 모든 학교가 거의 비슷한 교육과정을 따르며 단지 미미한 차이가 있을 뿐이다.

교육의 질을 객관적으로 평가할 수 있을까?

학교 교육의 표준화는 '교육의 질'도 평가할 수 있다는 생각을 낳았다. 유엔은 '지속 가능한 발전 목표'에서 모든 사람을 위한 양질의 교육을 주장한다. 그러나 교육의 질을 비교하는 일은 실제로는 매우 큰 도전이다. 이 도전에 응한 것이 경제개발협력기구(OECD)였다. OECD는 전 세계 거의 모든 청소년이 학교에서 비슷한 교육을 받고 있으므로, 모든 나라에 공통의 시험을 실시해서 학생들을 비교하고 어떤 분야의 학습이 어느 곳에서 가장 잘 이뤄졌는지 확인할 수 있다고 판단했다.

OECD에서 마련한 시험은 15세 학생을 대상으로 하는 '국제학업성취도평가(Program for International Student Assessment)'로 간단히 PISA라고 부른다. 처음에는 52개국에서 선택한 학교의 학생들을 대상으로 했고, 최근 이 시험을 치르는 국가는 전 세계 79개국으로 확대되었다. OECD는 3년에 한 번씩 PISA 평균 점수를 기준으로 국가별 순위를 발표한다. 학교에서 교사가 학급 내 성적 순위로 학생을 줄 세울 때처럼 국가별 평균 점수 순위를 막대그래프로 나타낸 것이다.

더 높은 PISA 순위는 세계 각국의 정부가 몹시 탐내는 목표가 되었다. 순위가 발표되면 정치인과 교육자는 성공한 교육법을 자세히 관찰하고 모방하기 위해 핀란드나 상하이, 싱가포르 같은 상위권 순위의 국가로 달려간다. 그래서 어떤 지역에서는 PISA가 더 높은 점수를 끌어내기 위해 다양한 방법과 개혁을 시도하는 동기부여로 작용하기도 한다. 정확히 OECD가 의도한 대로였다.

여기까지만 들으면 PISA가 좋은 제도처럼 느껴질 텐데, 그렇다면 나는 왜 PISA가 도움이 되지 않는다고 말하는 것일까? 그 이유는 PISA가 낡은 교육 프레임 안에서는 어느 정도 도움이 됐을지 모르지만, 이 프레임이 이제는 거의 끝나간다는 데 있다. PISA는 역량강화의 새 프레임으로 옮겨가는 데 도움이 되지 않는다.

PISA 순위는 모든 사람에게 동일한 내용을 가르치고, 학습을 최종 목표로 삼는 낡은 프레임 안에서 일어난다. 문제해결력 같은 새로운 기술을 평가에 포함하려고 OECD가 지속적으로 노력하기도 했지만, PISA가 어떻게 시행되고 누가 가장 잘 사용하든 간에 더는 청소년에게 유용하지 않을 거라는 점만은 분명하다.

아이들을 더 강력하게 만드는 성장 프레임

성장 과정의 마지막 단계인 '직업 및 이력 추구 단계' 역시 우리 아이들에게 크게 도움이 되지 않는다. 전체적인 일자리 수를 따지면 모든 사람이 일할 수 있는 충분한 일자리가 있는데도 전 세계적으로 실업자 수, 특히 청년 실업자의 수가 엄청나다. 그 이유로 훈련 부족을 꼽는 사람이 많다. 그러나 고용자가 요구하는 것과 이것을 잠재적으로 제공할 수 있는 노동자를 어디에서나 연결할 수 있는 획기적인 방법이 아직 없는 것도 문제라고 할 수 있다. 그뿐 아니라 청년 개인이 지닌 고유한 기량을 확인하고, 이것이 유용하게 쓰일 수 있는 장소와 연결하는 방법도 아직은 미흡한 편이다.

다행히 역량강화의 새 시대를 맞이하면서 기존 프레임의 문제를 해결할 수 있는 새롭고 막강한 성장 프레임이 서서히 등장하고 있다. 이제 아이의 역량을 강화하는 새로운 성장 프레임을 더 자세히 살펴보려하는데, 이것은 아이를 양육하고 아이의 성장을 돕는 어른들을 위한 프레임이기도 하다. 이 성장 프레임은 세 단계로 구성되는데, 각 단계의 머리글자를 딴, 'FAR'의 의미처럼 아이를 '훨씬' 더 강력하게 만들것이다.

21세기의 역량강화를 위한 'FAR 성장 모델'

'FAR 성장 모델'은 찾기(Find), 적용하기(Apply), 실현하기(Realize)의 3단계에서 첫 글자를 따서 합친 말이다. '찾기'는 새로운 신념과 고유한 가치, 새로운 관계망, 21세기의 역량을 찾는 것이다. '적용하기'는 찾기 단계에서 발견한 것을 인류에게 가치를 더하는 유의미한 일과 인류에게 긍정적인 영향을 미치는 사회참여 실현에 적용하는 것이다. '실현하기'는 적용하기를 통해 자신과 가족 그리고 세상을 위한 긍정적인 꿈을 실현하는 것이다.

역량강화를 위한 성장의 새로운 단계 분류		
	지금까지	앞으로
시작 단계 (태아~5세)	부모 또는 다른 양육자가 있는 가정에서 보내는 시기다. 양육자가 아이를 통제하고 아이에게 좋은 것이 무엇인지 결정한다. 아이가 할 수 있는 선택은 그것을 받아들이거나 그것에 굴복하거나 저항하는 것뿐이다.	가정에서 생활하는 동시에 클라우드 세상에서 보내는 시기다. 스스로 자신의 신념과 고유성, 관계망, 역량을 이해하고, 자신에게 가장 좋은 것을 발견하기 시작한다. 테크놀로지와 공생하기 시작한다. 부모는 안내자와 큐레이터의 역할을 한다.
확장 단계 (6~20세)	교육자가 있는 학교에서 보내는 시기다. 학교에서 정한 교육과정이 아이들에게 좋은 것이 무엇인지 결정한다. 아이들의 선택이 제한적이다. 아이가 해야 할 일은 자신에게 제공되는 모든 것을 학습하는 것이다. 아이들은 공부를 잘하거나, 못하거나, 포기한다.	안내자와 코치가 있는 역량강화 허브에서 보내는 시기다. 오로지 자신의 관심사를 좇아 영향력 있는 사회 참여를 계속 실현한다. 선택이 무한하고 전 세계 사람들과 긴밀한 인맥을 형성한다. 어디에서 어떻게 부가가치를 창출할 수 있는지 알아낸다. 모두가 성공한다.
실현 단계 (이 단계는 시작 시점이 다양하고, 평생 계속된다.)	직업을 찾고 일을 하는 시기다. 좋든 싫든 흔히 월급을 가장 많이 받을 수 있는 일을 선택한다. 어떤 사람은 운이 좋지만, 대부분은 아니다.	멘토, 코치, 테크놀로지와 함께 지속적으로 부가가치를 창출하는 시기다. 자신에게 최선의 것을 스스로 찾아내고, 꿈을 실현하기 위해 노력하면서 종종 실현하기도 한다. 계속해서 진화하고 변화하고 성장한다.

새로운 프레임은 '꿈의 실현'에 집중한다

어째서 이 새로운 프레임과 분류법이 과거의 것보다 훨씬 더 유용할까? 첫째, 꿈을 실현하고 싶은 인간의 보편적 소망과 욕구에 기반을 두기 때문이다. 기존 프레임에서도 아이에게 '꿈의 실현'이라는 말을 할지 모르지만, 실제로 일어나는 경우가 드물고 특히 아이들이 어릴 때는 더욱 그렇다. 둘째, 아이들 각자의 고유성에 바탕을 두기 때문이다. 반대로 낡은 프레임은 오직 평범한 공통점만 밑바탕으로 삼을 뿐이다. 셋째, 아이와 아이를 기르는 양육자 모두에게 더 좋은 역할과 목표를 제공하기 때문이다.

새로운 프레임에서 청소년에게 주어지는 역할은 '더 많은 힘과 권한을 가진 자기 운명의 주인'이다. 청소년들의 목표는 '나다운 내가 되는 것' 그리고 '강화된 역량을 이용해 세상을 바꾸는 사회참여를 실현하는 것'이다.

부모에게는 자녀의 '소유자'가 아닌 '큐레이터'라는 역할이 주어지고, 부모들은 아이에게서 최상의 모습과 사회참여 실현을 끌어내는 것을 목표로 삼는다. 교육자에게는 코치와 안내자의 역할이 주어진다. 그들의 목표는 '학습을 생산하는 것'에서 '사회참여 실현을 도출하는 것'으로 바뀔 것이다. 새로운 프레임은 모든 사람에게 각자의 꿈을 실현할 수 있고, 그것을 위해 노력하는 것이 가치 있다는 희망의 메시지를 전한다.

기존의 성장 프레임은 대체로 모든 사람에게 일괄적으로 적용되는 고정된 발달 단계에서 청소년이 무엇을 할 수 있고 무엇이 필요한지에 관한 구시대적 기대감과 신념을 바탕으로 형성되었다. 낡은 프레임 안에는 아이가 평균적으로 정해진 나이에 해야 하는 것과 가정, 학교, 직장에서 보내는 시기에 해야 하는 것에 대한 분명한 신념이 담겨 있다.

청소년의 발달에 관한 오래된 20세기의 관념은 시간이 흐르면서 점차 진화했고, 농업 시대에서 산업 시대로 전환할 때도 시대의 흐름에 맞춰 변화했다. 게다가 장소와 문화에 따라서도 조금씩 달라졌다. 그러나 20세기 후반에는 전 세계적으로 거의 비슷해졌다. 지역 전통의 영향을 약간씩 받는 교육과정과 더불어 장 피아제Jean Piaget의 발달 이론이 거의 모든 지역을 지배했다. 사람들은 모든 인간이 신체, 정서, 지능 발달을 겪을 때 대략 같은 속도로 특정 단계를 거친다고 믿었다. 이런 낡은 프레임에서 어른이 할 수 있는 일은 아이가 어린아이 단계, 학생 단계, 직업 및 이력 추구 단계를 거치는 내내 그저 감시하고 지시하는 것이었다.

어떻게 변화를 끌어낼 것인가?

이제 산업 시대의 톱니바퀴를 생산하는 것은 더 이상 우리의 목표가 될 수 없다. 인류의 목표는 더 나은 세상을 만들, 선량하고 역량을 갖춘 인간을 양성하는 것으로 바뀌어야 한다. 그러므로 역량강화의 새 시대에는 성장 단계를 새롭게 인식하고, '어린아이 단계-학생 단계-직업 및 이력 추구 단계'에서 '시작 단계(찾기 단계)-확장 단계(적용 단계)-실현 단계'라는 새로운 이름으로 재정의해야 한다.

선량하고 역량을 갖춘 인간을 배출한다는 새로운 목표를 추구할 때, 성장에 관한 새로운 프레임이 큰 도움이 될 것이다.

앞으로 여러 장에 걸쳐 성장의 단계들을 어떻게 새롭게 규정할지 더 자세히 이야기할 것이다. 시간 순서대로 먼저 시작 단계에 관해서

'양육'과 '기본 능력'에 관해 이야기하고, 다음으로 확장 단계와 관련해서는 '학창 시절'과 '평가' '역량강화 허브의 개념' '고등교육'을 다룰 것이다. 그리고 마지막으로 실현 단계에서는 역량강화의 새 시대에 의미 있는 일은 무엇인지 이야기할 것이다. 다음 장으로 넘어가기 전에 21세기 청소년의 새로운 목표는 역량이 강화된 인간으로 성장하는 것이고, 역량강화는 곧 자기 주도와 영향력 있는 사회참여 실현임을 반드시 기억하자.

선구자는 누구인가?

얼마 전 독일 뮌헨 출신의 20세 청년, 레오 뵐펠Leo Wölfel이 내 아이디어에 동의한다며 먼저 연락해 왔다. 레오를 만난 건 나에게도 행운이었다. 레오는 자신이 살아갈 21세기 세상에 관해 한창 알아가는 중이었다. 그 후로 우리는 좋은 친구가 되었다.

내가 처음 레오를 주목한 이유는 그가 '탐색하는 사람'이기 때문이었다. 레오는 부모님의 뜻과는 반대로 독일의 고등학교에 해당하는 과정을 마친 후 학교를 그만뒀고, 여전히 고민 중이지만 대학교 입학을 거부해 왔다.

레오는 자신이 맞이할 세상은 완전히 다른 세상이며, 스스로 길을 찾아야 한다는 점을 깊이 이해하고 있었다. 레오와 나는 함께 선택할 수 있는 것들에 관해 논의했다. 레오는 '역량강화 허브'라는 용어를 제시했는데, 학교의 대안이 될 수 있는 기관에 관해 이야기하기 위해서였다. 나는 세계 곳곳에서 강연할 때 이 용어를 사용하고 홍보하기 시작했다.(17장을 참고하자.)

레오는 자신의 인생 경로 안에서 최선의 것을 받아들이고, 자신의 고유성에 맞는 길을 탐색했다. 나는 그가 미래의 청소년상을 미리 보여주는 선구자라고 생각한다. 레오는 자신만의 길을 탐색하면서 여러 학교와 지역을 방문했고, 그의 탐색은 여전히 진행 중이다.

✓ **생각할 것은 무엇인가?**

청소년의 성장을 바라보는 프레임이 역량강화의 새 시대에 맞춰 바뀌어야 한다고 생각하는가? 만약 그렇다면 어떻게 달라져야 할까?

새 시대를 위한 양육

소유와 통제에서 큐레이팅과 역량강화로

인간은 완전히 자라고 발달한 상태로 세상에 나오지 않는다. 무력하고 발달이 덜 된 상태로 태어나서, 태아 때부터 대략 5세가 될 때까지 어른에게 보살핌받는 초기 단계를 거친다. 과거의 프레임에서는 이 단계를 흔히 '어린아이 단계'라 불렀다.

아이의 입장에서 이 단계는 자신의 의지와는 상관없이 태어난 가정에서 자신의 의지와 상관없이 맞이한 가족(혹은 가족 대신 돌봐주는 사람)으로 이뤄지는 셈이다. 아이가 삶을 잘 시작할 수 있도록 돕는 것은 주로 아이를 돌보는 주 양육자의 일로 여기며, 친척이나 공동체 또는 보육 시설처럼 추가로 양육을 돕거나 대신해 줄 수 있는 곳의 도움을 받을 수도 있다.

양육에는 정해진 공식이 따로 없다. 변수가 많은 만큼, 양육법에 관한 수많은 이론이 존재한다. 양육 방식은 국가나 지역, 공동체와 문화마다 다르며, 심지어 각 가정에 따라서도 달라진다. 권위주의적 양육과 민주적 양육, 허용적 양육과 방임적 양육 등 여러 양육 태도가 있으며,[22] 양육 태도에 따른 결과도 예측하기 어렵다.

자녀를 부모의 소유물로 보는 프레임

어린아이 단계를 재인식하려는 목적은 모든 양육 태도와 이론을 검토하기 위해서가 아니다. 5세 이하의 모든 인간을 대상으로 하는 이 성장의 시작 단계가 지금보다 더 나은 방향으로 흘러갈 수 있는지 점검하기 위해서다. 어떤 종류의 양육 경험이 새 시대의 청소년에게 가장 많은 권한과 힘을 부여할 수 있을까?

20세기식 양육 문화와 양육 태도의 바닥에는 아이를 부모의 소유물로 보는 인식이 깔려 있다. 지금까지는 부모가 자녀를 소유하고, 부모는 자녀에게 '절대적인 상사'와 같은 역할을 한다는 것이 양육에 관한 절대적인 관점이었다. 이런 틀 안에서는 자녀가 특정 나이가 될 때까지 부모가 자녀에 대한 완전한 힘과 통제권을 가진다. 예를 들어, 자녀에게 심각한 신체적 학대를 가하거나 자녀를 살해하는 것과 같은 법적으로 허용되지 않는 행동만 아니라면, 부모는 자녀를 마음대로 할 수 있다고 생각한다.

'부모가 자녀를 마음대로 한다'는 말의 이상적인 의미는 자녀를 사랑하고 잘 보살핀다는 것이다. 인정하고 싶지 않지만, 실제로 이 말은 아이에게 소리 지르고, 벌을 주고, 필요한 것을 박탈한다는 의미로 쓰일 때가 많은 듯하다. 이것은 분명 우리 아이들에게 이롭거나 역량을 강화하는 양육 태도는 아닐 것이다.

하지만 부모가 자녀를 소유물로 여기는 건 우리에게 아주 익숙한 프레임이다. 많은 이가 여전히 이 프레임을 매력적이라 느낄 것이다. 그 이유는 자녀에 관한 통제권을 쥐여주기 때문이다.

자녀를 소유물로 보는 프레임에서는 부모가 무엇을 하고 안 하는지와 상관없이 항상 옳을 것이다. 아이는 자신의 의견을 표현할 수 없는 경우가 많고, 설령 표현하더라도 부모가 동의하지 않으면 어떻게 할 도리가 없다. 양육에 관해서만은 부모 외에 그 누구도 발언권을 가지지 못한다. 부모들의 입에서 자주 들을 수 있는 "내 아이를 기르는 방식을 두고 이래라저래라 하지 마세요."란 말만 생각해도 잘 알 수 있다.

아이들은 아주 어릴 때부터 먹는 것에서 잠자는 시간까지 여러 문제와 관련해서 부모의 프레임에 저항하려 할 것이다. 말을 배우기 시작한 후, 아이들이 자주 하는 말은 "엄마가(아빠가) 내 대장은 아니야."이다. 하지만 애석하게도 기존의 프레임 안에서는 엄마 아빠가 늘 대장일 수밖에 없다.

이 프레임의 또 다른 강력한 특징은 부모가 자신의 신념을 자녀에게 그대로 물려주고 싶어 한다는 것이다. 이런 대물림은 의도적으로도 일어나기도 하고, 무의식적으로 일어나기도 한다. 부모는 어린 아기와 걸음마기의 자녀에게 말을 걸고, 옷을 입히고, 가족 식사나 예배 같은 의식에 동참시키고, 해야 할 것과 하지 말아야 할 것을 말해준다. 그러면서 자신의 신념을 자녀에게 물려주는 것이다.

'신념의 대물림'은 대부분 성장의 시작 단계에서 일어난다. 성 아우구스티누스는 "일곱 살이 될 때까지 아이를 내게 맡기면 어떤 어른이 될지 확실히 보여주겠소."라고 말했다. 최근에는 여러 신경과학자가 이 시기의 중요성을 강조하며, 부모와의 상호작용이 아이의 신경 연결에 어떤 영향을 미치는지 밝혀냈다. 하지만 부모에게서 전이되는 신념과 관련해서는 여전히 밝혀야 할 것이 많이 남았다. 다음 성장 단계에서도 통제권을 지닌 부모가 자신이 선택한 학교로 자녀를 보내면서 신념의 전이가 계속 이어질 것이다.

부모는 자녀를 위한 큐레이터가 되어야 한다

자녀를 자신의 소유물로 보는 관점과 신념의 대물림이 실제로 아이들의 역량을 강화한다고 주장하는 사람도 있을지 모른다. 하지만 나는 오히려 그 반대라고 생각한다. 새 시대의 청소년에게 더 도움이 되고 역량을 강화할 수 있는 성장 방식을 이제는 새롭게 인식해야 한다.

내가 제안하는 인식 전환은 부모를 자녀의 주인이자 자녀를 통제하는 존재로 보는 인식에서 벗어나 자녀의 고유성과 독특한 부가가치를 끄집어내는 큐레이터로 보는 것이다. 아이가 자신의 고유성과 독특한 부가가치를 개발하도록 돕고, 아이의 역량을 강화하기 위해 부모는 어릴 때부터 자녀의 자기 이해를 돕고, 권한을 부여하고, 디지털 기술과 새로운 공생관계를 맺을 수 있도록 허용해야 한다.

역량강화의 새 시대에도 어른은 여전히 아이에게 중요한 역할을 할 수 있다. 어른의 안내는 아이의 성장 과정에 상당히 큰 도움이 될 것이다. 그러나 진정한 역량강화로 향하는 성장 과정이 되기 위해서는 새로운 종류의 안내가 필요하다는 사실부터 반드시 깨달아야 한다.

자녀의 역량을 강화하는 필수요소 세 가지

성장의 시작 단계를 역량강화의 시기로 만드는 데 가장 중요한 필수요소로 존중과 신뢰, 자율을 들 수 있다. 부모가 이 요소들을 더 많이 제공할수록 자녀의 역량은 더욱 강화될 것이다. 세 딸을 모두 훌륭한 전문가로 길러낸 에스더 보이치키Esther Wojcicki는 2020년 출간한 책《성공하는 사람을 기르는 법(How to Raise Successful People)》[23]에서 그녀가 성공적으로 양육한 것은 아주 어릴 때부터 아이들에게 대부분의 다른 부모보다 신뢰와 존중, 자율을 훨씬 더 많이 제공한 결과라고 이야기한다.

에스더는 존중을 특히 강조한다. 영아와 걸음마기의 유아도 의견이 있으므로, 단지 어른이기 때문에 더 잘 안다고 생각하기보다 아이의 의견을 실질적이고 중요한 것으로 존중하는 태도가 역량강화의 열쇠라는 것이다. 그녀는 수유 방식이나 아이가 갈 수 있는 장소 또는 그 밖의 다른 것에 관해서도 아이의 생각을 이해하고 인정하려고 노력해야 한다고 말한다.

에스더는 역량강화란 곧 자녀를 신뢰하는 것이라고도 이야기한다. 아이가 어리더라도, 심지어 아이가 부모의 허용 한계를 시험할지라도 늘 아이를 신뢰하는 것이다. 아이가 해를 입지 않도록 안전하게 보호하는 것이 부모의 의무라 해도, 과잉보호는 역량강화의 적일 뿐이다.

자녀의 역량을 높여주기 위해 부모가 할 수 있는 또 다른 일은 아이에게 자율을 허용하고 아이가 실수하게 그냥 두는 것이다. 아이들이 자신의 판단을 부모의 판단만큼이나 신뢰할 수 있게 돕는 것이 자녀의 역량을 가장 강력하게 높이는 방법이다.

에스더의 접근 방식은 매우 효과적인 역량강화 양육법으로, 그녀의 책에서는 신뢰(Trust), 존중(Respect), 자율(Independence), 협력(Collaboration), 친절(Kindness)의 머리글자를 따서 'T.R.I.C.K. 양육법'이란 이름으로 부른다. 나는 T.R.I.C.K. 양육법이 새 시대의 아이들을 양육하는 새로운 기준이 될 거라고 생각한다.

모든 청소년에게 목표가 있음을 인식하라

기존 양육 프레임에서 비롯한 한 가지 잘못된 신념은 '청소년은 자기가 무엇을 원하는지 잘 모른다.'는 것이다. 이것은 전혀 사실이 아니므로 역량강화의 새 시대에는 반드시 수정되어야 한다.

어른들은 흔히 아기들을 아무것도 할 수 없는 무력한 존재로 본다. 아기들은 스스로 음식을 먹을 수 없고, 돌아다닐 수도 없고, 자세를 바꾸는 것 말고는 신체적인 어떤 것도 거의 하지 못한다. 하지만 그렇다고 해서 아무 생각도 없거나, 사고할 수 없다는 의미는 아니다. 사실 아기들도 생각할 수 있고, 끊임없이 생각하고 있다.[24]

나이 어린 사람들이 목표가 없다는 것도 사실이 아니다. 아이들은 매 순간 다른 목표를 가진다. 음식을 원할 수도 있고, 편안함을 원할 수도 있고, 보살핌을 원할 수도 있다. 그리고 아이들은 자신의 목표를 온몸으로 표현한다. 자녀의 역량이 강화되기를 바라는 부모는 자녀가 원하는 것이 무엇인지 세심하게 분석하는 법을 배워야 한다. 놀라운 역량을 갖춘 대부분의 아이는 아주 어릴 때부터 자신의 행동과 목표(원하거나 필요한 것) 사이의 연결고리를 찾아낸다. 그리고 자녀의 역량을 강화하는 현명한 부모는 아이에게 맞는 연결고리를 적절하게 제시한다. 따라서 '아이들은 자기만의 구체적인 목표를 가지고 있지 않다.'고 보는 인식에서 벗어나 '모든 아이가 구체적인 목표를 가지고 있으며, 부모가 해야 할 일은 아이가 목표를 이룰 수 있게 돕는 것'이라고 보는 인식의 전환이 필요하다.

이것이 내가 말하는 '큐레이터'의 일이다. 큐레이터는 자신의 목적에 맞춰서 최선의 것을 만들어 내는 사람이 아니라, 무언가에서 최선의 것을 끌어내는 사람이다. 큐레이팅은 최대한의 역량강화를 위해 양육 기간 내내 계속해야 하는 것이다. 아이가 어릴 때 얻을 수 있는 가장 강력한 역량강화는 스스로 목표를 정하고, 그 목표에 이르는 길을 찾고, 그 과정에서 필요하다면 도움을 얻을 수도 있다는 것을 깨닫는 것이다. 어쩌면 당연한 상식처럼 느껴질지 모르지만, 실제로 그렇지 못한 경우가 얼마나 많은지 알면 놀랄 것이다.

아이가 성장하고 세상에 더 익숙해지면서 목표는 점점 더 커지고 장기적으로 바뀔 것이다. 아이들의 역량을 키우는 일에 쏟아부어야 할 에너지가 아이들의 목표를 억누르는 데 쓰이고, 아무 목표가 없다는 아이의 말을 액면 그대로 받아들이는 어른이 여전히 많다는 사실이 안타까울 뿐이다. 우리가 조금만 주의를 기울이고 노력하면 대부분 아이들의 목표를 알아차릴 수 있을 것이다. 역량강화와 큐레이팅은 그렇게 시작하는 것이다.

부모를 위한 역량강화 매뉴얼

시대와 지역에 따라 부모의 역할을 안내하는 책이나 구전 설화가 존재한다. 앞서 말한 에스더 보이치키의 책도 그중 하나로, 지금 시대에 맞는 훌륭한 안내서일 것이다. 하지만 모든 아이와 부모의 성공을 보장하는 확실한 양육 안내서는 세상 그 어디에도 존재하지 않는다.

그렇다면 역량강화를 위한 안내서나 핸드북은 어떨까? 다시 말해, 모든 아이의 역량강화를 보장하는 단계별 양육 안내서가 존재할까? 만약 내가 그런 안내서를 쓴다면, 먼저 아이에게 사랑을 주는, '다정하고 제때 반응하는 어른'이 돼라고 제안하면서 책을 시작할 것이다. 왜냐하면 사랑은 인간이 다른 인간에게 제공할 수 있는 가장 강력한 무기이자 힘이기 때문이다.

그다음으로는 아이의 생각을 민감하게 알아차릴 수 있는 섬세함과 아이의 말을 경청하는 태도에 관해 이야기할 것이다. 이 두 가지가 있어야만 아이가 어떤 방식으로 도움을 받기를 원하는지 알 수 있고, 적절한 방식으로 도울 수 있기 때문이다.(많은 부모가 결국 알게 되듯이, 아이들이 원하는 방식은 우리가 생각하는 방식이나 우리가 그 나이였을 때 원했던 것과 매우 다를 수 있다.)

자녀에게 물려줘야 할 신념

그렇다면 자녀의 역량강화를 위해 부모가 자녀에게 물려줘야 하는 것은 무엇일까? 부모가 자기 생각을 자녀에게 그대로 전달하는 것은 낡은 양육 프레임의 핵심적인 면이다. 이것이 새로운 양육 프레임의 일부이기도 할까? 만일 그렇다면 아이들의 역량을 강화하기 위해 어떤 신념을 물려줘야 할까? 이번에도 인식 전환이 필요하다.

인간 문명이 시작된 지 수천 년이 지난 오늘날까지도 아무도 반박하지 않을 거라 생각하는 몇 가지 오래된 신념이 있다. '당신이 대접을 받고 싶은 방식으로 다른 사람을 대하라.' '사람을 해하거나 물건을 훔치지 마라.' '거짓되게 행동하지 마라.' 등은 약간의 차이는 있지만, 거의 모든 지역과 문화에 존재하는 공통된 신념일 것이다. 가장 근본적이고 유용한 이 신념은 인간 화합의 밑바탕이 될 것이며, 타인과 화합할 수 있는 능력은 확실히 개인의 역량을 성장시킬 것이다. 그러므로 나는 사회적 차원에서 청소년에게 이런 신념을 전달하는 것을 강력히 찬성한다.

그러나 이런 몇 가지 신념을 제외하면, 사실 더는 '물려주는 일'이 의미가 없을지도 모른다. 우리는 특정한 문화 관습을 물려줘야 할까?(상당수가 역량강화를 방해한다.) 종교 사상은 어떤가?(이것도 마찬가지다.) 예술이나 문학은?(어떤 것은 역량을 강화하고, 어떤 것은 그 반대다.) 역사 지식은 또 어떤가?(역사 지식은 종종 역량을 강화하지만, 일부에만 해당하는 이야기다.) 과학 지식은?(어떤 사람들은 과학 지식을 물려주는 것을 반대할 것이다.) 역량강화라는 면에서만 생각했을 때, 나는 지금과 같은 새로운 시대에 과거의 가치나 신념을 그대로 물려주는 것이 적절하지 않다고 생각한다.

자기를 이해할 기회를 주자

청소년은 누구나 성장하면서 자신에 대한 의문을 가지기 마련이다. 청소년에게 물려줘야 할 가장 강력한 역량강화의 기술은 '자기 자신을 이해하는 것'이다. 생애 첫 5년간의 삶에서 얻을 수 있는 역량강화의 요소에는 자존감과 자신감 그리고 비록 초기 형태이지만 자신이 누구인지 이해하는 자아감이 있다. 여기에는 꿈꾸는 것과 관심을 두는 것, 잘하는 것과 하고 싶은 것도 포함된다.

　아이를 소유물로 보는 낡은 양육 프레임 안에서 아이는 자기가 누구인지 들은 그대로의 사람이 될 것이다. 우리는 성장의 시작 단계인 대략 생후 처음 5년이 매우 중요한 시기임을 이미 잘 알고 있다. 그러나 이 시기가 왜 중요한지 과학적으로 밝혀지기 시작한 것은 최근 들어서다. 신경학적으로 이 시기는 뇌 속에서 가장 지속적으로 신경이 연결되고, 자기가 누구인지에 대한 가장 깊은 믿음이 부분적으로 생성되는 시기다. 이 시기의 뇌는 주변 세상에 강렬하게 반응하고, 주변 환경과 경험에 크게 좌우된다.

　그러나 아이가 어떤 환경에서 자라느냐는 거의 전적으로 운에 달려 있다. 아이의 의지와는 상관없이 아이가 어쩌다 갖게 된 부모나 대리양육자가 결정하는 것이다. 이런 면에서 부모의 책임은 더 무겁다고 할 수 있다.

여기 양육에 관한 새로운 프레임이 있다. 어른이 생각하는 중요한 신념을 아이에게 그대로 물려주기보다 아이가 자신이 누구인지, 무엇을 원하는지, 어떻게 원하는 것을 얻을 수 있는지 스스로 알아내도록 돕는 것이다.

역량을 높이는 신념을 심어주자

아이가 성장하는 동안 역량을 강화하는 신념을 지닌다는 것은 매우 중요한 일이다. 6장에서 살펴봤듯이, 신념은 삶을 안내하는 인솔자 역할을 한다. 게다가 일단 형성되면 쉽게 바뀌지 않으며, 역량강화를 도울수도, 방해할 수도 있다. 신념은 대부분 생애 초기에 부모를 통해 형성된다. 이 시기에는 부모가 아이의 신념을 대부분 제어하기 때문에 아이에게 더 유용하고 역량을 강화할 수 있는 신념을 심어주지 못한 다는 사실이 늘 안타까웠다.

인간은 태어나면서부터 다른 집단을 증오하거나 특정 문화를 비난하지는 않는다. 역량강화를 저해하는 부정적인 관념은 대부분 양육 과정에서 주입된다. 그러나 지금부터라도 부모는 아이에게 훨씬 가치 있는 믿음을 보여줄 수 있을 것이다.

많은 부모가 자녀에게 종교적 믿음을 물려줘야 한다고 생각한다. 하지만 나는 종교적 믿음보다 더 역량을 강화하는 신념을 제안하려고 한다. 역량강화 시대의 청소년이 가져야 할 중요한 믿음으로, 부모들이 충분히 심어줄 수 있는 것들이다.(이 내용은 《디지털 원주민의 등장(Digital Natives Rising)》이라는 책에서 자세히 살펴볼 수 있으며, http://bit.ly/digital-natives-rising에서 다양한 언어로 만나볼 수 있다.)

- 나는 다양한 정체성을 지녔지만, 다른 무엇보다 인류의 한 구성원이고 세계 시민이다.
- 나는 다른 누구에게도 없는 독특한 꿈과 열정, 장점과 재능을 가졌다.
- 나는 인간의 고유성을 이해하고, 그것을 적용해 나만의 방식으로 더 나은 세상을 만들 수 있다.
- 나에게는 혼자서도 긍정적인 변화를 창조할 힘이 있고, 팀으로 일할 때 그 힘은 한층 더 막강해진다.
- 나는 내가 원하는 만큼 내 꿈에 대해 진지할 것이며, 앞으로도 그럴 것이다.
- 내 목표는 최대한 선행을 많이 하고, 최대한 해를 끼치지 않으면서 선량하고 유능하고 더 좋은 세상을 만드는 사람이 되는 것이다.
- 문제를 해결해야 할 때 내 안의 인간적인 요소와 테크놀로지가 잘 협력하게 할 것이다.
- 나 자신과 다른 사람의 이익을 위해 테크놀로지를 현명하게 사용할 것이다.
- 내가 가장 신경 쓰는 것, 잘하는 것, 하고 싶은 것을 조합함으로써 최선의 내가 될 수 있도록 노력할 것이다.
- 나에게 행복의 원천은 사랑과 공감, 감사 그리고 낙천적인 생각이다.
- 나는 타인에게 신뢰, 존중, 자율, 협업, 친절을 받을 자격이 있고, 타인에게 똑같이 보답할 것이다.
- 나는 지역사회, 국가, 세계 안에서 유용하고 긍정적인 과제를 지속적으로 해내면서 자아존중감과 자신감을 쌓을 것이다.
- 세상을 개선하는 프로젝트에 참가하면서 개인적으로 더 나은 세상을

만들 것이다.

- 사회활동과 운동, 놀이 사이의 균형을 유지하고, 세상에 이바지하며, 적절한 식사와 수면과 성찰을 통해 나 자신을 가꿈으로써 이상적인 삶을 성취할 것이다.
- 나는 내 삶과 미래를 통제하고 책임질 수 있다. 그래도 다른 사람이 제공하는 선의의 조언과 안내를 기꺼이 받아들일 것이다.
- 나는 믿고 싶은 것이 있다면 무엇이든 믿을 자유가 있다. 그러나 다른 사람이나 세상에 해를 끼칠 자유는 없다.
- 나는 나이나 성별 또는 다른 어떤 이유로라도 무시당하거나 인정받지 못하거나 과소평가되지 않을 것이다.
- 나는 그 누구의 애완동물도, 재산도, 노예도 아니다. 내가 남에게 해를 끼치는 것을 차단하기 위한 게 아닌 이상 누구도 나를 통제할 권리가 없다.
- 나는 디지털 원주민으로서 나의 삶이 지속적이고 깊은 변화가 일어나는 삶이 되리라는 것을 안다. 그리고 그 삶을 환영한다.
- 내가 성장하면서 형성된 신념이 내 삶의 대부분을 통제하리라는 것을 잘 알고 있다.
- 그러므로 어른들이 무슨 말을 하든 상관없이 나는 나에게 적합하고 내 시대에 적합한 21세기 신념들을 습득할 것이다.

만일 모든 청소년이 이 신념을 따른다면 한층 더 멋진 세상이 열릴 것이라 자신한다.

테크놀로지의 역할은 무엇인가?

다른 무엇보다 역량강화를 해치는 양육 태도는 자녀를 애완동물처럼 다루는 것이다. 만일 이런 양육 태도에 관해 묻는다면, 부모들 대부분은 완강하게 부정할 것이다. 그러나 세계 곳곳의 다양한 국가와 문화에서 이런 모습을 수도 없이 목격할 수 있으며, 이것 역시 사실상 낡은 양육 프레임의 한 면일 것이다.

어른들은 흔히 개나 고양이 같은 애완동물에게 하듯, 아이에게 무엇을 하라거나 어디로 가라고 명령한다. 정해진 시간에 정해진 장소로 가서 배변하도록 '배변 훈련'도 시킨다.(우리 아들은 수업이 끝날 때까지 화장실에 못 가게 하는 교사를 만난 적도 있다.) 게다가 어른들은 언제든 자신들이 요구하면 아이들이 새로운 기술을 선보이거나 그 외 학교에서 배운 온갖 재주를 부려야 한다고 생각한다.(학교에 다니는 동안 어른들을 즐겁게 하려고 선보이는 기술이 '시험에서 좋은 성적 받기'다.) 그래서 영어권에서는 학생을 가리켜 '선생님의 애완동물(Teacher's Pet)'이라고 부르는 표현이 널리 퍼져 있다. 그러나 애완동물에게 기대하는 것처럼, 아이들이 우리의 바람대로 행동하게 하려는 것은 진정한 의미의 역량강화가 아니다.

역량강화의 새 시대에 청소년의 힘을 키워주는 중대한 요소는 바로 테크놀로지와 클라우드의 등장이다. 디지털 기기와 인터넷의 연결을 포함한 다양한 디지털 기술은 어린 자녀를 둔 부모들 사이에서 논란이 되는 중대한 문제이기도 하다. 그렇다면 새로운 성장 프레임의 시작 단계에서 테크놀로지의 역할은 무엇인가? 언제부터 새로운 테크놀로지에 접근하도록 허용해야 할까? 아이가 아주 어릴 때는 디지털 기술이 해로울까? 새로운 테크놀로지는 아이들의 역량을 강화할까?

부모는 항상 자녀가 자신보다 더 나은 삶을 살아가기를 원한다. 아이의 삶을 전적으로 운에 맡기는 부모는 거의 없을 것이다. 새로운 테크놀로지가 등장하면서 처음에는 우려의 목소리가 높았다. 하지만 우리 주변을 잘 둘러보면 결국 테크놀로지를 먼저 사용한 사람들이 늘 우위에 있었다.

오늘날 많은 부모가 내 아이에게 도움만 된다면, 자궁 내 태아 수술, 영양과학, 인공 장기 및 인공 심폐기 그리고 이제는 유전자 편집기술까지 다양한 의료 기술을 시도하거나 이용하려 할 것이다. 또한 부모는 테크놀로지를 이용해 아이와 함께 안전하게 이동하고, 아기 음식을 살균 처리하거나 이물질을 제거하고, 아이의 선천적 기형을 고치거나 치아를 교정할 수 있다. 아기의 능력을 일찍 키워주고 싶은 부모는 뱃속의 아기에게 테크놀로지를 이용해 음악을 들려주기도 한다.(이것이 효과가 있는지는 아직 아무도 모른다. 그러나 태내에 음악을 들려주기 위한 다양한 테크놀로지가 개발되었다.)

읽기와 쓰기는 수명이 끝난 테크놀로지일 수도 있다

생각을 글로 쓰고 읽는 기술은 인간이 지닌 가장 위대한 테크놀로지 중 하나일 것이다.(물론 이제는 그렇지 않다고 생각될 때가 많다.) 쓰기와 읽기는 인간의 기억력을 상당 부분 대신해서 정보의 저장과 검색을 돕는다. 소크라테스는 이 점을 마음에 들어 하지 않았고, 제자인 플라톤은 스승과 정반대였다고 전해진다. 명석한 청년이었던 플라톤은 신속하게 테크놀로지를 받아들였고, 덕분에 우리는 소크라테스라는 사상가와 그의 사상에 관해서도 알 수 있다.

오늘날 거의 모든 부모는 자녀가 글을 읽을 수 있기를 바랄 것이다. 어른들 대부분은 아이에게 글을 가르치지 않는 것이야말로 역량강화를 방해하는 행위라 볼 것이다. 그러나 우리가 이용할 수 있는 테크놀로지가 크게 바뀌고 있다. 다음 장에서도 살펴보겠지만, 현대 기술의 발달로 읽기나 쓰기의 목적인 정보의 저장과 검색을 다른 수단, 즉 녹음이나 '음성-문자 변환' 또는 '문자-음성 변환'으로도 할 수 있게 된 것이다.

부모들은 아이를 이 새로운 변화에 얼마나 노출시켜야 할까? 어리석은 질문이라고 생각하는 사람도 있을 것이다. 어느 누가 아이에게 글을 가르치는 것을 반대할 수 있겠는가. 그러나 만일 작곡법이 처음 발명되었을 때 우리 모두 머릿속으로 악보를 읽는 법을 배우기만 하고 음악 감상을 하지 않았다면 어떤 결과로 이어졌을지 생각해 보자. 어떤 의미에서 우리는 시와 셰익스피어 작품에 대해서도 똑같은 일을 해온 셈이다. 눈으로 보고 귀로 들어야 하는 작품을 많은 경우 글로 먼저 접하지 않았는가.

오디오와 비디오가 주요 수단이 될 수도 있다

이제 우리는 오디오와 비디오 테크놀로지를 주요 수단으로 사용할 수 있는 수준에 이르렀다. 그렇다면 역량강화의 새 시대를 위한 성장 과정 중 '시작 단계'에 있는 아이들의 역량을 높여주기 위해 테크놀로지를 어떻게 이용할 수 있을까?

우리는 부모의 목소리가 아이에게 매우 중요하고 부모가 아이에게 말을 거는 것이 아이의 발달에 핵심적인 요소라는 것을 잘 알고 있다. 부유한 가정과 가난한 가정 아이들의 어휘량 격차가 수백만 단어에 이른다는 연구 결과도 들어보았을 것이다. 하지만 항상 아이와 함께 시간을 보낼 수 있는 부모는 많지 않다. 따라서 인식의 전환을 불러오는 다음의 질문을 생각해 보자. 부모의 음성을 계속 듣는 것이 어린아이의 발달에 어떤 영향을 미칠까? 어떤 영향이 있을지 확실하게 알지는 못하지만, 어쨌든 오늘날의 기술은 이런 기회를 제공할 수 있다. 많은 청소년이 초소형 이어폰으로 음악을 즐긴다. 나는 이 행동이 아이들의 청력에 미치는 영향 외에 신체적, 정서적 발달에 미치는 장기적 영향에 관한 연구 결과를 확인하지 못했다.

녹음이나 챗봇과 같이 부모의 목소리를 계속 들을 수 있는 수단이 있다면, 아이들은 부모가 옆에 없을 때도 우리가 종종 음악을 듣듯이 부모의 목소리를 계속 들을 수 있을 것이다. 만일 아이들에게 선택권이 있다면 아이들은 부모의 목소리를 선택할까, 아니면 다른 목소리를 선택할까?

다음 중 아이의 발달에 더 좋은 것은 무엇일까? 부모의 목소리를 포함해서 아이가 편안하게 느끼는 목소리로 아이가 듣고 싶어 하는 것을 원할 때마다 원하는 횟수만큼 말해주는 기계일까, 아니면 뉴욕 거리에서 많이 보듯이 유모차를 밀면서 친구와 대화하거나 전화 통화하는 아기 돌보미의 말소리일까?《해리 포터》오디오북 나레이터의 목소리를 부모의 목소리로 쉽게 전환할 수 있다면 과연 스티븐 프라이Stephen Fry 나 짐 데일Jim Dale(해리 포터 오디오북 나레이터로 인기 있는 유명 영국 배우들 이다. - 옮긴이)의 목소리를 부모의 목소리보다 더 선호할까? 아직은 알 수 없지만 테크놀로지 덕분에 아이들이 태어나면서부터 부모의 목소 리를 끊임없이 들을 수 있는 날도 머지않았다. 이제 곧 부모의 음성을 사용하면서 시리Siri나 알렉사Alexa처럼 쌍방향 소통이 가능한 '부모 챗 봇'이 등장할 것이다.

게임을 '공생 트레이너'로 생각할 수 있다

앞으로 20년 동안 우리의 가장 큰 과제 중 하나는 청소년들이 되도록 빨리 테크놀로지와 공생하도록 돕는 것이다. 청소년들이 살아갈 시대 에는 과제를 수행하고 문제를 해결할 때 기술과의 공생이 필수적일 것이 다. 기술과의 공생은 되도록 일찍 시작해야 순조롭게 이뤄질 것이 다. 이것이 미래의 모습이다. 부모는 왜 아이를 과거의 환경 속에만 가 둬 놓고서 미래에 성공할 수 있다고 믿을까?

게임에 관한 예리한 질문이 하나 있다. 부모는 자녀에게 게임을 하 라고 권해야 할까, 하든 말든 신경 쓰지 말아야 할까? 아니면 하지 못 하게 막아야 할까? 나는 아이들의 비디오 게임을 적극적으로 지지하 는 쪽이다. 아이들이 테크놀로지를 자기 몸의 일부처럼 사용하면서 테 크놀로지와 공생하도록 돕는 방법이라 생각하기 때문이다. 하지만 내 생각에 동의하지 않는 부모도 많을 것이다. 나는 비디오 게임을 하는지 물었을 때 "아뇨, 부모님이 하지 말라고 하셔서요."라고 대답하던 한 여고생의 시무룩한 목소리와 표정을 잊지 못한다.

게임은 일부 어른들에게 큰 돈벌이가 되기도 한다. 비디오 게임을 만드는 회사는 최대한 매력적인 게임을 만들기 위해 온갖 노력을 기울인다. 일각에서는 게임 회사가 의도적으로 치명적인 '도파민 분비'를 일으켜 아이들을 게임에 중독시키고 있다고 비난한다. 하지만 나는 '의도적으로 중독시킨다'는 주장에는 동의하지 않는다.

사실 사람들을 흥분시켜 호르몬을 제공하는 것은 게임뿐만 아니라 많은 영역에서 추구하는 목표이기도 하다. 게다가 중독은 상당 부분 개인에게 달려 있다. '중독되기 쉬운' 사람들이 있는데, 이들은 게임을 포함해 중독되기 쉬운 것을 애초에 피하는 게 상책이다. 그러나 나는 게임을 새로운 기계 시스템과 공생하며 협력하기 위한 훈련이라고 본다. 예를 들어, 인공지능과 협력해서 군용 또는 민간용 드론 비행을 새롭게 프로그래밍하고 조종하는 것이 바로 게임 플레이어들이다. 심지어 어떤 경우에는 게임을 통해 로봇 수술을 더 잘하는 외과의사가 될 수도 있다.

물론 게임 회사에 불만도 많다. 그들이 종종 청소년들에게서 금전을 착취하기 때문이다. 그들은 게임 밖에서는 전혀 쓸모없지만 실제 돈을 들여야 살 수 있는 온갖 부가물을 꼭 필요한 것처럼 느끼게 만든다. 이 점에 대해서는 부모들이 미리 경계해야 할 것이다. 하지만 이런 문제에도 불구하고 전체를 고려했을 때 게임을 두려워하는 것은 더 이상 합리적이지 않다. 어릴 때부터 계속 게임을 하며 성장했다는 아주 성공한 게임 디자이너가 우스갯소리로 한 말이 떠오른다. "나는 인간의 손이 아니라, 기계의 손에 자랐어요."

기계와 공생하기 위한 훌륭한 준비 과정

또 하나 게임의 중요한 문제점은 다른 일을 할 수 있는 시간을 빼앗긴 다는 것이다. 어른들은 아이들이 해야 할 활동을 미리 정해 놓으려 한 다. 어떤 사회는 법령으로 게임 시간을 제한하기도 한다. 한 예로 최근 중국에서 이와 관련한 법안이 통과되었다. 20세기에 태어난 오늘날의 많은 부모는, 내가 열여섯 살 난 아들이 자기 인생에서 가장 찬란한 시 기를 방에 틀어박혀서 친구들과 비디오 게임을 하며 노는 데 소비하는 모습을 봤을 때처럼 상심하고 있다.

20세기 출신의 부모 중 한 명으로서 나 역시 아들이 내가 바라는 다 른 취미 활동보다 게임을 그토록 좋아한다는 것을 알았을 때 실망감을 감출 수 없었다. 하지만 곧 아들이 게임을 하는 과정에서 스스로 역량 을 강화하고 있음을 깨달았다. 그리고 이 아이가 살아갈 세상에서는 테 크놀로지와 공생하며 상호작용하지 못하는 것이 오히려 큰 결점이 될 수 있다는 것도 깨달았다. 이 문제와 관련해 부모로서 가장 유용한 인 식 전환은 청소년들의 비디오 게임을 시간 낭비라고 보지 않고 기계와 공생하기 위한 훌륭한 준비 과정으로 보는 것이다.

그렇다면 기계와 공생하는 '최종 목적'은 무엇이어야 하는가? 여전 히 이 질문이 남아 있다. 양육을 지시의 과정에서 큐레이팅의 과정으로 보는 새로운 프레임이 여기에서도 도움이 될 것이다. 비록 게임을 하면 기분이 좋아지긴 하지만 세상을 개선하는 무언가를 해낼 때만큼 기분이 좋지는 않기 때문이다.

나는 아이들이 게임을 못 하도록 막는 것은 전혀 도움이 되지 않는다고 생각한다. 하지만 아이들이 최대한 역량을 강화할 수 있는 시간을 보내도록 다른 방법을 찾아주는 것 또한 이 시대의 양육자가 해야 하는 큐레이터의 임무 중 하나일 거라 생각한다.

게임은 단순히 기계와의 공생을 넘어 많은 경우에 아이들의 역량강화를 도울 수 있다. 어떤 청소년들은 게임 전문가가 될 것이고, 사회에 이익이 되는 이른바 '기능성 게임(Serious Game, 게임의 재미 요소를 기반으로 교육, 의료, 훈련, 사회 문제 해결 등 특정 목적을 달성하기 위해 개발된 게임.-옮긴이)'을 개발하기도 할 것이다.

유치원 경험은 도움이 될까?

아이를 부모가 주도하는 성장 단계에서 더 일찍 사회로 나가게 해, 즉 유치원에 보내서 아동 발달에 유용한 일관성을 부여해야 한다고 생각하는 사람도 많다. 이것이 좋은 생각인지 아닌지는 유치원 경험이 어떤 성질을 띠느냐에 좌우될 것이다. 다시 말해서 유치원에서의 경험이 통제적인지 아니면 역량강화의 경험인지에 따라 달라질 수 있다.

역량강화의 새 시대를 위한 유치원의 표준 교육과정을 만들 때 고려해야 할 중요한 점은 부모를 위한 양육 매뉴얼을 만들 때와 마찬가지로, 모든 인간이 고유하며 서로 다르다는 것을 인정하고, 이전과는 다른 새로운 시대에 살고 있다는 것도 반영해야 한다는 점이다.

"학교는 아이들에게 새장 아니면 날개가 될 수 있다."는 브라질 저술가 루벰 알베스Rubem Alves의 은유가 이 상황에 들어맞는 말일 것이다. 어떤 아이에게 효과적인 것이 다른 아이에게는 전혀 효과가 없을 수도 있다. 학교나 부모가 실제로 어떤 때는 오히려 아이들에게 해로울 수도 있다. 일반적으로 아이들을 획일화하고 통제하는 유치원은(그리고 부모는) 새장이나 다름없을 것이고, 날개 같은 역할을 해주는 유치원과 부모는 아이들의 역량을 높여줄 것이다.

유치원과 역량강화에 관해서 마지막으로 하고 싶은 말은 사실상 모든 아이는 흔히 어른들이 생각하는 것보다 훨씬 큰 능력을 가졌다는 것이다. 고작 세 살 된 아이도 세상에 측정할 수 있는 긍정적 영향을 미치는 프로젝트를 실천할 수 있다.(https://youtu.be/5u1cCbSYh2Q에서 감동적인 사례를 만나보자.) 그러므로 새 시대에는 유치원생의 교육과정에도 역량을 강화하는 프로젝트를 최대한 많이 포함해야 할 것이다.

테크놀로지가 우리를 도울 것이다

테크놀로지는 역량강화에 매우 유용하고 효과적이다. 테크놀로지와 관련해서 분류하기(Sorting)와 연결하기(Matching)도 생각해 봐야 한다. 분류와 연결은 아마존 같은 쇼핑 앱뿐만 아니라 이하모니eHarmony와 틴더Tinder 같은 데이트 앱까지 포함한 모든 상업적 '추천 엔진'의 기본을 이루는 방식이다. 이 방식에는 단점도 있지만, 우리에게 필요한 것을 매우 신속하고 쉽게 찾을 수 있다는 강력한 장점도 있다. 실제로 많은 청소년이 온라인 앱을 통해 자기가 원하는 물건을 고르고, 친구도 찾는다.

사람에 대한 분류와 연결은 결코 새로운 현상이 아니다. 일부 문화에서는 아이가 특정 운동에 대한 소질이나 뛰어난 지적 능력 같은 특별한 재능을 보이는지 확인하기 위해 아주 어릴 때부터 아이를 세심하게 관찰한다. 재능이 보이면 아이를 별도의 장소로 보내 특별한 교육과 양육을 제공하기도 한다. 교육 방식에 관해서는 아이 본인은 물론이고, 아이를 낳은 부모라도 거의 관여할 수 없다. 군사 조직은 항상 더 좋은 조직을 만들기 위해 이런 방법을 사용했다. 일부 지역과 문화 그리고 일부 사회 계층, 예를 들어 지배층 가문에는 전문 중매인이 있어서 태어나면서부터 배우자에 대한 분류와 연결을 시작하기도 한다.

하지만 대다수 부모는 자녀를 위해 분류와 연결의 많은 부분을 직접 담당할 것이다. 장난감이나 친구, 유치원, 사립학교 또는 공립학교 등 무엇이 되었든 간에 자녀에게 잘 어울리는 것을 고르는 일은 일반적으로 부모의 판단력과 정보력, 경제력 등에 영향받을 것이다. 우리가 이 일을 잘할 수 있을까? 나는 그렇다고 믿는다. 테크놀로지가 우리를 도울 수 있기 때문이다.

지금은 아직 이론에 불과하지만, 양육을 선택해서 받을 수 있는 길이 있다. 테크놀로지를 이용해 어릴 때부터 아이에게 필요한 종류의 양육과 아이를 연결하는 것이다. 테크놀로지가 생물학적 부모를 완전히 대체할 필요는 없다. 그저 부모를 보충하고 자녀에게 추가적으로 양육받을 기회를 제공하면 된다. 아이들이 비록 자신의 부모는 직접 선택할 수 없더라도 추가적인 양육자를 알아서 선택하도록 도울 수 있다는 말이다.

이것은 사실 완전히 새로운 개념은 아니다. 육아가 가정을 벗어나 훨씬 더 넓은 범위에서 이뤄지기도 하고, 공동육아 문화가 과거에도 있었으며 지금도 여전히 존재한다. 나는 모든 1~5세 아동과 부모가 이렇게 할 수 있고 또 해야 한다고 말하려는 게 아니다. 부모에게든 아이에게든 이 방법을 강요해서도 안 된다고 생각한다. 그러나 도움이 되는 경우도 분명 있을 거라는 가능성을 열어 두고 싶다.

태어나고 보니 갖게 된 부모는 역량강화가 중요한 새로운 시대에 아이의 역량을 충분히 강화해주지 못할 가능성이 크다. 하지만 테크놀로지가 부모를 보완할 수 있다. 물론 이 경우의 디스토피아적 형태도 존재할 것이다. 소셜미디어를 통해 종종 목격하듯이 아이들에게 행해지는 '주입식 교육'이다. 그러나 이것은 피할 수 있는 위험일 것이다.

앞으로 20년 안에 우리는 더 확장된 양육법을 새로 개발할 것이다. 확장된 양육은 과거처럼 조부모나 다른 친척들뿐 아니라 아이에게 이익이 되는 구체적인 것을 제공할 수 있는 모든 어른에게서 얻을 수 있으며, 아이가 아주 어릴 때부터 시작될 것이다. 아이들의 자기 이해를 바탕으로 이들에게 확장된 양육자를 찾아 연결하고, 그 결과 긍정적인 순환이 일어나 양육을 더욱 확장할 수 있기를 바란다.

결론적으로 다음과 같은 인식 전환이 새 시대의 역량강화를 도울 수 있을 것이다. 모든 사람이 자기 부모에게서만 양육받던 방식에서 벗어나 누구나 자기에게 최대한 이익이 되는 추가적인 양육 과정을 찾을 수 있다고 새롭게 인식하는 것이다.

어떤 사람들은 유치원과 학교에서 이미 이뤄지고 있다고 생각할지도 모른다. 그러나 나는 개개인에게 더 적합하도록 영역을 확대할 수 있으리라 믿는다. 이 과정은 아주 어릴 때부터 시작할 수 있다. 유치원이나 학교를 학습 공간이 아니라 역량을 키워주는 경험의 장으로 보는 관점이 이 방향으로 나아가는 데 도움이 될 것이다.

아이들 스스로 양육을 선택할 수 있다면 어떨까?

마지막으로 중요한 것은 성장의 시작 단계를 반대편 프레임을 통해 재인식하는 것이다. 즉 아이들의 관점에서 어린아이 단계를 바라보는 것이다. 아이들은 자신이 받은 양육을 어떻게 인식할까? 아이들의 역량을 더욱 강화하는 프레임이 있을까?

아이들이 어떤 양육을 받느냐에 따라 크게 달라질 수 있음에도, 아이가 양육에 대한 영향력을 가지고 있다고 생각하는 사람은 거의 없을 것이다. 역량강화의 새 시대에는 아이들이 자기에게 이익이 되는 양육 방식에 영향력을 가질 수 있을까? 아이들이 성장해 나가는 동안 양육에서 최선의 것을 얻어내도록 우리는 그들의 관점에서 양육을 새롭게 인식할 수 있을까? 아이들의 관점에서 양육을 '최고의 선물을 얻는 과정'으로 새롭게 인식한다면 어떨까?

진정으로 사랑받는 것을 제외하고 아이가 받을 수 있는 가장 강력하고 좋은 선물은, 자기가 생각하는 모습 그대로 자신을 바라봐주고,

가고 싶은 곳에 갈 수 있게 도와주고 안내하는 어른을 만나는 것이라고 생각한다. 최상의 경우 부모로부터 얻겠지만, 그렇지 못한 경우도 많다는 것이 문제다. 예전에는 아이 혼자서 이런 선물을 찾을 수 있는 방법이 거의 없었다. 거의 전적으로 운에 달린 일이었다.

새 시대의 아이들은 훨씬 더 많은 힘과 영향력을 갖게 될 것이다. 아이들에게 유용한 인식 전환은 이미 정해진 부모만이 양육하는 게 아니라, 필요하다면 자신에게 적절한 멘토와 대안적인 방식을 찾아 스스로 양육 방식을 선택할 수 있으며, 따라서 어떤 의미에서는 '세상이 양육한다'고 보는 것이다.

이런 인식 전환이 정확히 어떻게 일어날지는 아직 잘 모른다. 앞으로 20년에 걸쳐 새롭게 형성해야 하는 인식 전환의 메커니즘일 것이다. 그러나 나는 나이가 많든 적든 모든 사람이 이 실험적 사고방식을 받아들일 수 있길 바란다.

부모와 자녀의 관계를 새롭게 인식하라

우리는 이제 부모가 자녀를 소유하고 통제하던 시대에서 아이들 스스로 역량을 키워 나가고, 사회가 역량강화를 이끄는 시대로 나아가고 있다. 인생의 시작 단계, 즉 어린아이 단계에서 얻을 수 있는 가장 강력한 역량강화의 요소는 애정과 자기 이해, 자신감과 자기 존중감이다. 아이가 스스로 이런 요소들을 찾도록 돕고 싶을 뿐 아니라, 아이들이 찾아낸 것들을 자신이 원하는 사회참여 프로젝트에 적용하도록 도울 어른이 있다는 사실을 아는 것 역시 매우 중요하다.

역량강화의 새 시대로 가기 위해 우리는 청소년의 역량을 더욱 강화할 수 있게 부모와 자녀의 관계를 새롭게 인식해야 한다. 우리는 아이들의 꿈과 목표 그리고 아이들이 창출하는 고유한 부가가치를 지지하고, 큐레이터의 역할이 부모가 할 일이란 사실을 깨달아야 한다. 어쩌면 가장 받아들이기 어려운 문제일 수도 있다. 새 시대의 아이들이 습득한 신념과 테크놀로지와의 공생이 아이들에게는 긍정적일지라도, 우리 자신이 누려야 할 선물이나 전리품은 아닐 수도 있다는 것을 받아들여야 한다는 의미이기 때문이다.

⊙ 선구자는 누구인가?

새 시대를 위한 성장의 시작 단계를 남들보다 앞서 시작한 부모로, 조지나 구에라Georgina Guerra를 들 수 있다. 어머니와 같은 이름을 가진 딸이 바로 앞서 소개한, 코로나19 팬데믹 시기에 성공적인 프로젝트를 시작한 멕시코 소녀이다. 그녀의 어머니는 "아이가 학교에 가지 못하고 집에 격리된 채로 할 수 있는 일이 거의 없을 때, '너의 비전과 꿈을 적어봐.'라고 적힌 커다란 종이 한 장을 내밀었을 뿐이다."라고 이야기한다. 그 결과, 앞에서 소개했듯이 '학습 자료집'을 만들어 배포하는 매우 성공적인 프로젝트가 탄생한 것이다.

코로나19가 유행하던 기간에 다른 부모가 그랬던 것처럼 그녀도 아이에게 '원격 학습'을 강요했다면 그 결과는 어땠을까? 사실 자녀에게 원격 학습이라는 대안을 적용한 부모가 더 많았지만, 원격 학습으로 새로운 무언가가 만들어졌을까?

남아프리카공화국의 게리 아브Gerry Aab는 딸 알렉사Alexa에게 '플래닛 파일럿Planet Pilots'이라 불리는 역량강화 허브에 참가하라고 권유했다.(역량강화 허브에 관한 더 자세한 설명은 17장을 참조하자.) '플래닛 파일럿'에서의 경험이 어땠냐는 질문을 받았을 때, 알렉사는 "나다운 내가 될 수 있는 곳이에요."라고 대답했다. 이것이 바로 부모가 자녀에게 가장 장려하고 싶은 가치가 아닐까?

✅ 생각할 것은 무엇인가?

당신은 어릴 때 어떤 양육을 받고 자랐는가? 양육을 통해 자신의 역량이 강화되었다고 느꼈는가, 아니면 역량을 빼앗겼다고 느꼈는가? 당신의 부모님은 어땠는가? 부모로 선택하고 싶은 사람들이었나, 아니면 다른 양육자가 필요하다고 느꼈는가? 당신이 부모라면 아이를 어떻게 양육하겠는가?

15장

새 시대를 위한 기본능력

읽고 쓰고 셈하기에서
테크놀로지와의 공생으로

부모라면 누구나 자녀가 미래의 성공에 절대적으로 필요한, 이른바 '기본능력'을 되도록 빨리 습득했으면 좋겠다고 말할 것이다. 최근까지 우리는 이 기본능력이 무엇인지 잘 안다고 생각했다. 그러나 미래 세대에게 필요한 기본능력 또한 시대의 흐름에 따라 빠르게 변하고 있다.

오늘날의 청소년이 21세기 중후반까지 자신의 역량을 최대한 강화하려면 어떤 기본능력이 필요할까? 그때는 분명 청소년이 사회참여와 영향력 행사를 지금보다 훨씬 많이 하는 세상일 것이다. 앞에서 우리는 성장 과정의 시작 단계에서 부모가 자녀의 역량을 강화하기 위해 할 수 있는 일들을 살펴보았다. 다음 단계인 '확장과 적용 단계'로 들어가는 동안 모든 청소년이 습득해야 하는 새로운 기본능력이 있을까?

앞으로 청소년들은 교실 중심에서 프로젝트 중심으로, 학업 중심 학교에서 역량강화 허브로, 좋은 직업 찾기에서 '세상에 가치를 더하는 활동'으로 옮겨갈 것이다. 이를 위한 기본능력이 여전히 이전의 것과 같을까? 아니면 기본능력으로 알려진 것들을 새롭게 인식해야 할까? 이제는 당신도 내 대답을 충분히 짐작할 수 있을 것이다.

낡은 기본능력은 낡은 프레임에서 나온 것이다

여전히 많은 사람이 읽기(Reading)와 쓰기(wRiting), 셈하기(aRithmetic)를 기본능력이라고 생각한다(일부 지역에서는 공통된 영어 철자를 따서 '3R'이라 부른다). 학문 중심 학습의 낡은 프레임에서는 이 세 가지가 기본능력이라는 데 큰 이견이 없을 것이다. 낡은 프레임에서는 3R 능력이 갖춰지지 않았다면 매우 불리할 것이며, 세상에 덜 중요한 사람으로 인식되기도 할 것이다. 따라서 한 사람도 예외 없이 모두에게 3R이 필요했을 것이다. 그런 까닭에 모든 사람에게 읽기와 쓰기, 셈하기 기술을 확대하려고 열심히 노력해온 것이다.

아이디어와 정보의 저장과 검색, 공유는 인간 사회의 발전에 핵심적인 요소이다. 이것이 중요하지 않다고 주장할 사람은 아무도 없을 것이다. 지난 몇 세기 동안 인류는 이 일을 하는 몇 가지 성공적인 방법을 익혔고, 이 기술들을 매우 편안하게 사용해 왔다. 하지만 "읽기와 쓰기, 셈하기가 21세기 중후반에도 여전히 모든 청소년이 익혀야 할 기초적인 기술일까?"라고 누군가 묻는다면, 나는 그렇지 않다고 자신 있게 대답할 것이다.

가장 먼저 읽기와 쓰기, 셈하기가 습득하기 어려운 기술이라는 점에 주목하려 한다. 읽기와 쓰기, 셈하기는 인간이 자연스럽게 습득하는 말하기 능력과는 차이가 있다. 인간의 기본능력으로 인식되는 이런 기술을 가르치려면 전 세계적으로 엄청나게 큰 교사 집단이 필요하다. 최근에는 많은 교사가 이 기술을 모든 청소년에게 좀더 효과적으로 전달하기 위해 새로운 테크놀로지를 기반으로 한 교수법을 실험하고 있다. 그러나 여전히 낡은 학문 중심 프레임을 벗어나지는 못한다.

이 세 가지 기본능력이 거의 모든 문화에 깊이 뿌리박혀 있으므로, 20세기에 성장한 사람 중에 3R이 더는 필수적인 기술이 아니라고 말할 사람은 거의 없을 것이다. 이런 인식을 바꾸는 것은 무척 어려운 일이다. 그러나 나는 계속 시도할 것이다.

테크놀로지와의 공생이 변화를 만든다

내가 하고 싶은 질문은 이것이다. "오래된 기본능력인 읽기와 쓰기, 셈하기가 오늘날에도 여전히 유용하게 쓰이지만, 역량강화의 새 시대에 맞게 정보를 저장·검색·공유하는 방법으로서는 시대에 뒤떨어진 게 아닌가?"

우리는 개인에게 필요한 지식 또한 인류의 진보와 함께 변화한다는 사실을 잘 알고 있다. 낚시법과 사냥법, 집 짓는 법과 옷 만드는 법은 한때는 생존을 위한 필수적인 기술이었지만, 이제는 모든 사람이 알아야 할 필요가 없을 뿐만 아니라 그 방법도 계속 변한다. 비문을 새기는 것이면 모를까, 오늘날 정보를 저장하거나 검색하기 위해 설형문자를 사용하거나 끌로 나무토막에 문자를 새겨 넣는 사람은 아무도 없을 것이다. 하지만 이것이 한때는 가장 진보적인 기술이었을 것이다.

읽기와 쓰기 역시 처음 발명된 후 수천 년이 흐르는 동안은 모든 사람이 습득해야 할 기본능력으로 여기지 않았다. 오로지 소수에게만 해당하는 특권일 뿐이었다. 대부분의 사람이 글을 읽고 쓸 줄 알게 된 것은 고작해야 지난 세기에 이르러서다. 물론 오늘날의 어른들이 성장한 시대와 일치한다.

이제 역량강화의 시대가 열리면서 우리는 정보를 저장하고 검색하고 전달하는 새로운 방법으로 나아가고 있다. 읽기와 쓰기와 관련해서도 우리에게는 거대한 인식 전환이 필요하다.(셈하기에 대해서는 잠시 후 이야기할 것이다.) 읽기와 쓰기를 인간에게 필요한 기초적 기술로 보는 관점에서 '정보의 저장과 검색'이 인간이 갖춰야 할 기초적인 자질이며, 현재 사용할 수 있는 최고의 테크놀로지와 공생하는 과정을 통해 정보의 저장과 검색이 이루어진다고 보는 관점으로 나아가는 것이다.

꽤 오랫동안 인류를 위한 최고의 테크놀로지는 글을 읽고 쓰는 것이었다. 읽기와 쓰기는 지난 몇백 년의 인류 역사에서 정보를 저장하고 검색하는 가장 효율적인 방법이었다. 몇백 년은 개인이 기억하기에는 긴 시간일 수도 있지만, 역사의 관점에서 보면 아주 잠깐에 지나지 않는다. 비록 우리 어른들이 살던 시대에는 글이 유용했지만, 이제 글은 많은 면에서 매우 비효율적이다. 정보를 저장하고 검색하는 가장 좋은 방법이 빠르게 변화하는 시대에 들어선 것이다.

　문자는 절대 사라지지 않을 것이다. 하지만 앞으로 20년 후는 오늘날처럼 문자가 지배적으로 쓰이지는 않을 것이다. 문자가 워낙 뿌리 깊이 자리 잡고 있으므로, 20세기에 성장한 어른들은 문자에서 벗어난 세상을 이해하거나 받아들이기 어려울 것이다. 그러나 중요한 것은 우리가 아닌 아이들이 새로운 세상에 대비해야 한다는 것이다. 청소년들이 미래 세상으로 성공적으로 진입하기 위해서는 다음과 같은 인식의 전환이 필요하다. 정보의 검색과 저장, 공유를 위해 읽고 쓰기를 배우는 데 몇 년씩 노력하기보다는 음성이나 시청각 또는 앞으로 발명될 다른 수단 등 각자에게 가장 효과적인 방법으로 더 빨리 옮겨가는 것이다.

　인간이 오랜 시간에 걸쳐 저장한 정보는 여러 경우에 매우 유용하지만, 그렇더라도 우리가 사용하던 낡은 과정을 아이들에게 계속 강요할 수는 없다. 우리는 아이들이 새로운 테크놀로지에 더 쉽게 접근하고, 이것을 더 효율적으로 이용할 수 있게 이끌어야 한다.

읽고 쓰지 못하는 것이 더는 흠이 아닌 이유

미래에도 의사소통은 꼭 필요하겠지만, 의사소통 방식 또한 이미 빠른 속도로 진화하고 있다. 좋든 싫든 '텍스트 주도(Text Primacy)'의 시대는 끝나가고 있다. 비교적 소규모의 특정 분야를 제외하면, 학교에서 강제로 책을 읽은 이후 사람들은 여간해서는 책을 잘 읽지 않으려 한다. 텍스트에서 정보나 재미를 얻는 사람의 수가 심각하리만큼 감소하고 있다.

과거에는, 심지어 20세기만 하더라도 만일 미국에 사는 내가 그 나라 언어를 읽지도 쓰지도 못하는 국가, 예를 들어 중국 같은 곳으로 이주했다면 엄청난 양의 어려운 공부를 하지 않고서는 의사소통할 방법을 찾지 못했을 것이다. 그러나 오늘날에는 공부를 따로 하지 않아도 스마트폰을 이용해 중국어로 의사소통할 수 있다. 단지 스마트폰 사용 속도만이 장애가 될 것이다. 지금은 최신식처럼 보이지만 곧 골동품이 될 내 스마트폰을 이용하면 중국어로 된 모든 정보가 모국어인 영어로 곧장 내 귀에 전달된다. 심지어 나는 중국어 문장을 바로 쓸 수도 있다. 스마트폰에 대고 영어로 말하기만 하면 중국어 문장으로 변환되는 것이다. 지금 내 스마트폰에는 이런 것들을 거의 완벽하게 할 수 있는 기능이 있다. 중국의 디지털 인프라와 하드웨어, 소프트웨어가 상당 부분 세계 최고 수준과 맞먹기 때문에 그곳에서 스마트폰을 사용하는 것은 전혀 문제가 되지 않을 것이다.

이제 우리가 정해 놓은 시간인 20년 후에 스마트폰을 이용한 의사소통이 어떻게 발전할지 상상해 보자. 아니면 그보다 짧은 5~10년 후는 어떨까? 아마도 이 기술은 거의 완벽해질 것이다. 오늘날 최고의 인간 번역가들이 언어와 언어 사이의 미묘한 차이를 해소해주듯이, 그때가 되면 테크놀로지가 그 역할을 대신할 것이다. 디지털 기술의 이용 가능성과 적용 범위가 아직은 들쭉날쭉하지만, 지금의 청소년들이 성인이 되는 20년 후에는 완전히 다를 것이다.

요즘 청소년들이 주고받는 문자 메시지 하나만 열어도 온갖 이모티콘과 사진, 스티커와 약자가 가득하다. 우리 아이들의 엄지손가락은 이미 문자를 엄청난 속도로 입력할 수 있을 만큼 진화했고, 조금 있으면 음성으로 무엇이든 입력하고 정보를 검색하는 기술 또한 완벽해질 것이다.

사라지는 게 아니라 틈새 기술이 되는 것이다

읽기와 쓰기가 영원히 사라지리라 생각하지는 않는다. 세상에서 영원히 완벽하게 사라지는 것은 거의 없다. 읽기와 쓰기도 분명 완전히 사라지지는 않을 것이다. 그러나 오늘날의 청소년들이 성인이 되는 21세기 후반 즈음에는 읽기와 쓰기가 오늘날처럼 중요하거나 기본적인 기술은 아닐 것이다. 20세기에는 읽기와 쓰기가 '절대적인 필수 능력'이었고, 지금도 여전히 그렇지만, 21세기 중후반에는 분명 상황이 다를 것이다. 오늘날 미국에서 라틴어와 그리스어가 그렇듯이 읽기와 쓰기는 과거의 유물에 더 가까워질 것이다.

어떤 사람들은 라틴어와 그리스어를 여전히 읽고 쓸 줄 알고, 많은 이들이 라틴어나 그리스어로 된 특정 단어나 표현을 자주 사용한다. 그러나 두 언어는 단지 소수의 사람만 스스로 선택해서 전공하는 분야가 되었고, 이 언어를 배우고 싶은 사람은 누구라도 인터넷을 통해 배울 수 있다. 말하기는 조금 불편하겠지만, 읽기와 쓰기는 어떤 언어든지 온라인 학습이 가능한 시대다. 그렇다고 해서 앞으로는 무언가를

배우고 싶을 때 문자, 즉 책을 통해 배우는 것이 불가능할 거라는 의미
는 아니다. 하지만 과거에는 무조건 책을 통해 학습했다면, 이제는 길
을 걸으면서 모든 내용을 귀로 들으며 학습할 수 있다.

나는 "다른 옵션이 모두에게 가능해질 때까지 읽기와 쓰기를 계속
가르쳐야 한다."는 말에도 일리가 있다고 생각한다. 하지만 이것은 어
디까지나 20세기의 방식일 뿐이다. 대부분의 20세기 어른들은 읽고
쓰기가 유용한 기술이라고 생각하지만, 오늘날은 한때 읽기와 쓰기를
통해서 가능했던 거의 모든 것을 다른 형태로 할 수 있다. 예전의 기본
능력을 강요하는 행동은 오히려 완전한 사회참여와 소통을 방해하는
장벽이 될 수도 있을 것이다.

셈하기는 여전히 기본능력인가?

이제 산수나 손으로 간단한 수치 계산을 하는 것에 관해 이야기해 보
자. 역량강화의 새 시대에 셈하기는 여전히 기본적인 기술일까? 셈하
기에 대해서도 새 시대에 맞는 인식 전환이 필요할 것이다. 물론 숫자
는 인간의 위대한 발명품 중 하나이다. 숫자는 특히 패턴과 같은 특정
한 것들을 기술할 때는 거의 예외 없이 사용되는 매우 유용한 도구다.
패턴은 자연의 기본을 이루는 요소이고, 수학은 그런 패턴을 묘사하고
표현하는 데 꼭 필요하다. 모든 청소년은 수를 알아야 하고, 특히 직관
적이지 않은 수에 관해서도 알아야 한다.

하지만 손으로 하는 셈하기를 기본능력으로 여기던 시대는 이제 끝

났다. 따라서 산술적 계산에 대한 인식 전환도 필요하다. 손으로 계산하는 방법을 아는 것이 중요하다고 보는 관점에서 수로 이루어진 문제를 인지하고, 정확한 답이 필요할 때는 테크놀로지를 활용해 답을 얻는 것이 중요하다는 관점으로 바꾸어야 한다.

이런 새로운 인식은 산술만이 아니라 매우 복잡한 문제까지 모든 수학 문제에 해당한다. 거의 모든 사람이 계산기를 접할 수 있는 시대에 아이들에게 손으로 연산하는 법을 가르치는 것은 더는 타당하지도, 유용하지도 않다. 수십 년 전에 더 나은 방법을 발견하면서 버려진 로그표나 고차원 구구단을 암기하는 게 의미없는 이유와 같다.

새 시대에 필요한 기본능력은 무엇일까?

읽기와 쓰기, 셈하기가 20세기에 그랬던 것처럼 더는 기본능력이 아니라면 역량강화의 새 시대에 맞는 기본능력은 무엇일까? 매우 솔직하게 답하자면 아직 완전히 알지는 못한다. 우리는 아직 21세기 중후반과 그 이후의 세상을 확실히 알지 못하며, 새 시대의 기본능력이 무엇인지 알아내야 하는 과도기에 있다. 세상이 매우 빠르게 변하기 때문에 기본능력을 이루는 것들은 항상 과도기 단계에 머무르며, 수 세기 동안 새로운 안정기에 이르지 못할지도 모른다. 과거의 기본능력이 그랬던 것처럼 말이다. 그러나 우리는 21세기 중후반의 세상을 어느 정도 추측할 수는 있다.

그렇다면 새로운 시대에 필요한 기본능력은 무엇일까? 나는 역량강화에 필요한 네 가지 기본 요소가 있다고 생각한다. 모두 앞에서 이미 다룬 것이기도 하다.

- 역량을 강화해주는 새로운 신념
- 사회참여 실현
- 테크놀로지 혹은 팀과의 공생
- 자기이해(Self-Knowledge)와 고유성

여기에 덧붙여 역량강화의 시대가 요구하는 기본능력에 대한 인식 전환도 필요하다. 이제 우리에게 꼭 필요한 기본능력은 읽기와 쓰기, 셈하기가 아닌 '사회참여 실현 ABCD 순환고리'나 'T.R.I.C.K.' '지속적인 변화에 적응하는 능력' 'L.E.G.O.' 이렇게 네 가지 요소의 조합으로 새롭게 인식해야 한다. 각 요소가 무엇을 의미하는지 하나씩 살펴보자.

• 사회참여 실현 ABCD 순환고리
세상에 영향을 미치는 연속성 있는 실생활 프로젝트를 통해 실현하기(Accomplishing), 더 나은 세상 만들기(Bettering), 더 훌륭히 해내는 방법 고려하기(Considering), 그 일을 다시 하기(Doing)를 계속 반복하는 것이다. 이러한 반복적 순환고리는 역량강화와 영향력 있는 사회참여 실현의 주된 수단이 될 것이다. 모든 연령대의 아이가 이것을 지속적으로 반복해야 할 것이다.

• T.R.I.C.K.

신뢰(Trust), 존중(Respect), 자율(Independence), 협력(Collaboration), 친절(Kindness)의 영어 단어 앞 글자를 따온 약어이다. 에스더 보이치키가 처음 제안한 이 다섯 가지 가치는 모두 역량강화로 이어진다. 나이에 상관없이 모든 사람이 신뢰와 존중, 자율, 협력, 친절함을 지속적으로 주고받아야 한다.

• 지속적인 변화에 적응하는 능력

빠르게 발전하는 세상 속에서 역량강화를 위한 가장 좋은 수단도 변할 것이다. 게다가 분명 자주 바뀔 것이다. 따라서 모든 이가 각자 지금 사용하는 수단을 새로운 수단으로 전환해야 할 필요성을 예상하고, 최대한 빠르고 고통 없이 변환하는 것에 능숙해져야 한다.

• L.E.G.O.

내가 만든 약어로 사랑(Love), 공감(Empathy), 감사(Gratitude), 낙관(Optimism)을 의미한다. 이 역시 모든 인간에게 필요한 것들이다. 이 네 가지 요소 모두가 역량강화의 새 시대에 필요한 기본적인 기술일 것이다. 하지만 모든 요소를 갖춘다 해도 이것은 사실 출발점에 불과하다. 모두 기본 기술에 불과하기 때문이다. 새 시대의 성공적인 역량강화를 위해서 이것만으로는 충분하지 않을지도 모른다. 하지만 밑바탕을 형성하는 데는 많은 도움이 될 것이다.

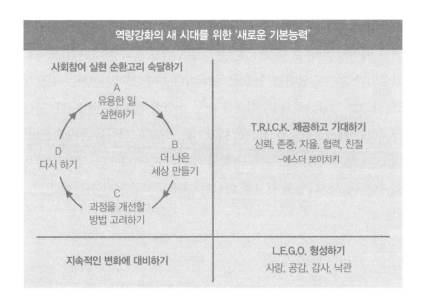

역량강화의 새 시대를 위한 '새로운 기본능력'

사회참여 실현 순환고리 숙달하기

A
유용한 일
실현하기

D
다시 하기

B
더 나은
세상 만들기

C
과정을 개선할
방법 고려하기

지속적인 변화에 대비하기

T.R.I.C.K. 제공하고 기대하기
신뢰, 존중, 자율, 협력, 친절
—에스더 보이치키

L.E.G.O. 형성하기
사랑, 공감, 감사, 낙관

학교는 새 시대를 위한 해결책이 아니다

청소년들은 어떻게 그리고 어디에서 기본능력을 습득하는 걸까? 기본
능력 습득은 어린아이 단계에서 가장 먼저 시작될 수 있다. 특히 부모
가 자녀에게 역량을 강화하는 신념을 심어줌으로써 시작될 것이다. 새
로운 기본능력을 습득하는 일은 성장 단계 내내 이뤄져야 하고, 주로
청소년들의 사회참여 프로젝트 실행과 그에 대한 어른들의 코칭을 통
해 발전해야 한다.

성장의 단계를 그저 20세기의 학문 중심 학교 교육의 연속이라고
여긴다면, 청소년들이 새로운 기본능력과 그에 따른 역량강화를 획득
할 가능성도 당연히 줄어들 것이다. 아무리 일찍 학교 교육을 시작해

도 마찬가지다. 세계 어느 지역에서든 지금과 같은 학교 교육은 거의 모든 아이의 역량을 빼앗을 뿐이다. 교사와 교육자들이 온갖 노력을 기울인다고 해도 달라질 수 없는 현실이다. 다음 장에서 이야기하겠지만, 학교는 역량강화의 새 시대를 위한 적합한 해결책이 아니다. 혁신학교이든 테크놀로지가 향상된 학교이든, 학교는 아이들이 새로운 시대로 더 쉽게 진입하도록 돕지 못할 것이다. 그러나 17장에서 살펴보겠지만, 학교를 대체할 새로운 대안이 이제 막 떠오르기 시작했다.

🧑 선구자는 누구인가?

새로운 기본능력의 선구자로 스마트폰을 사용하는 전 세계의 청소년을 들 수 있다. 이들은 본능적으로 테크놀로지와 공생할 준비를 갖출 것이며, 이것이 새로운 세상에 대비할 수 있는 가장 효과적인 방법임을 알고 있다. 새로운 기본능력의 선구자로 몇몇 어른도 이야기할 수 있는데, 그중 한 명이 영국의 콘래드 울프럼Conrad Wolfram이다. 수학 교사인 그는 수업 시간에 모든 아이에게 컴퓨터를 사용하게 함으로써 수학 교육을 개편하려 한다. 그는 '매스매티카Mathematica'라는 수학 교육과정을 설계했다.

또 다른 선구자는 앞서 말한 에스더 보이치키다. 그녀는 T.R.I.C.K.을 처음 도입한 사람이다. 에스더는 40년 동안 아이들을 가르치며, 다른 교사들도 자신과 같은 방식으로 아이들을 바라볼 수 있기를 기대한다. 다행히 그녀가 바라던 시대가 빠르게 다가오고 있다.

✓ 생각할 것은 무엇인가?

미래의 인류에게 필요한 기본능력이 무엇인지 장기적인 관점에서 생각해 보자.

16장

학창 시절과 교육과정

교실 수업에서 세상을 바꾸는 실생활 프로젝트로

대략 6세부터 21세까지를 '학창 시절(School Years)'이라고 부른다. 이 기간에 청소년이 주로 하는 활동이(또는 어른들이 청소년에게 바라는 활동이) '학교에서 공부하는 것'이기 때문이다. 많은 지역에서 이 기간에는 아이들이 의무적으로 학교에 다니도록 법으로 정해두었다. 그러나 학교가 자신의 역량강화를 가로막는다는 것을 본능적으로 알아챈 많은 청소년이 학교를 떠나려 한다.

인생의 10퍼센트 이상을 차지할 수도 있는 이 긴 기간을 미래의 역량을 더욱 강화할 수 있는 유용한 시간으로 바꿀 수 있을까? 나는 분명히 그럴 수 있으리라 믿는다. 그리고 만일 우리의 목표가 진정으로 우리 아이들을 돕는 것이라면 꼭 그렇게 해야 한다고 생각한다. 우선 나는 지속적인 역량강화 구축과 관련하여 이 기간을 '학창 시절'에서 '확장의 시기'라는 이름으로 새롭게 인식할 것을 제안한다.

에너지가 분출되는 '확장의 시기'

대략 5세부터 20세까지의 기간을 '확장의 시기'라고 부르는 것은 단지 이 기간에 엄청난 신체적 성장이 일어나기 때문만은 아니다. 확장이 이 기간에만 국한되기 때문도 아니다. 확장은 태어난 순간부터 시작해 여러 의미로 계속 이어지며, 이상적으로는 평생 지속된다. 또한 생애 처음 5년 동안 가장 많이 일어난다.

대략 6~21세의 아이들은 여러 가지 새로운 의미에서 확장을 경험한다. 자신의 능력과 세상에 대한 지식이 훨씬 깊어지고, 장기적인 목표를 세우기도 한다. 이 기간에 아이들은 처음 출발한 곳을 벗어나 자신이 원하는 방향을 향해 적극적으로 자아를 확장해 나간다. 여기에는 더 나은 세상을 만드는 일도 포함할 수 있을 것이다.

종종 혼란스럽지만, 흥미롭고 인상적인 점은 이 기간이 인간의 성적 성숙과 번식 욕구도 함께 일어나는 시기라는 점이다. 자아 확장과 성적 성숙 및 성욕이 밀접하게 연관되어 있는데도, 교육계에서는 두 주제가 서로 충돌하기 때문에 함께 논의하기를 꺼리는 분위기다. 하지만 이 두 주제는 반드시 함께 논의해야 한다. 왜냐하면, 확장의 시기에 엄청난 에너지가 분출되는데, 이 에너지 내부분이 자칫 모두에게 이롭지 않게 사용될 수도 있기 때문이다.

청소년의 에너지는(탐색하려는 욕구이든 성적 욕구이든 간에) 종종 그것을 억제하려고 열심히 노력하는 어른들 때문에 억눌리고 만다. 그러나 앞으로는 이 에너지를 한층 더 긍정적인 방향으로 사용할 수 있을 것이다.

확장하는 시기에 대한 더 좋은 프레임은, 청소년들의 머릿속에 정보를 심어주고 혼자 힘으로 신체적 변화를 탐색하라면서 그들의 에너지를 짓누르는 시기가 아니라, 모든 청소년의 꿈과 사회참여 실현을 격려하면서 그들의 에너지를 멋지게 활용하는 시기로 보는 것이다. 그렇다면 어떻게 해야 청소년의 에너지를 가장 잘 활용할 수 있을까?

아이들이 꿈에 집중할 수 있도록 도와야 한다

20세기에는 이 시기를 '학생 단계'로 인식했다. 학교의 형식 교육은 아이들의 머릿속에 학습 내용을 집어넣는 방식으로 이뤄졌다. 교육 내용에는 혼자 쉽게 찾을 수 없는 정보와 억지로 주입하지 않으면 마주할 일이 없는 주제도 들어 있었다. 어른들의 이상과 바람은 교육을 통해 아이들을 더 큰 세상에 눈뜨게 하고, 그들의 내면에서 새로운 욕망을 불러일으키는 것이었다. 여러 면에서 학교 교육은 대단히 성공적이었다. 나와 당신까지 포함해서 아주 많은 이가 20세기 교육의 혜택을 입었다. 우리는 이것을 가능하게 한 사람들의 업적을 마땅히 인정하고 감사해야 한다.

20세기가 끝나갈 무렵 성장한 어른들은 '교육의 보편화'를 핵심 목표로 여겼다. 같은 맥락으로 유엔은 모든 사람에게 양질의 교육을 제공하는 것을 네 번째 '지속 가능한 발전 목표'로 채택했다.

교육을 '인간 진보의 성취물'로 규정한 역사학자 윌 듀란트Will Durant 조차[25] 교육이 얼마나 이어질 수 있을지 의문을 품었다. 교육에 대한 듀란트의 우려는 타당했다. 그러나 그가 생각한 우려의 이유는 타당하지 않았다. 듀란트는 교육이 없다면 중세 시대 유럽의 경우처럼 인류가 다시 무지의 나락으로 떨어질 거라 두려워했다. 지금도 많은 사람이 이렇게 생각할 것이다. 그러나 듀란트가 예견하지 못한 게 있다. 바로 인간 내면에서 새로운 능력과 신념이 생겨나면서 교육이 다른 것으로 대체될 수도 있다는 점이다.

앞서 여러 장에서 우리는 이미 인간의 새로운 능력에 관해 이야기했다. 이제 대략 6세부터 21세까지 확장의 시기 동안 청소년들은 미래에 대해 꿈꾸면서 자신을 더 잘 알게 될 것이다. 과거에는 '꿈꾸는 사람'이란 말이 늘 긍정적인 의미로 사용되지는 않았다. 하지만 역량강화의 새 시대에는 항상 긍정적인 의미로 여겨질 것이다.

아이들이 다양한 방향으로 확장하는 동안, 우리가 아이들을 위해 할 수 있는 가장 유용한 일은 아이들이 꿈에 집중하도록 환경을 조성하고, 미래에 어떤 일을 할 수 있는지 깨닫도록 최대한 돕는 것이다.

사회참여 실현은 어디에서 일어날까?

20세기의 교육은 6세부터 21세까지 성장 단계 동안 상당히 성공적인 전략이었지만, 이제 이 단계를 새 시대에 맞게 재인식해야 한다.

이 시기에 관한 새로운 프레임이 필요한 이유가 또 있다. 이 시기에 청소년의 신념이 변화하면서 엄청난 능력이 추가되기 때문이다. 이런 변화는 교육이 다룰 수 있는 범위를 벗어난다.

역량강화의 새 시대는 '교육받은 인간'에서 '역량이 강화된 인간'으로 인간상의 변화를 요구할 것이다. 따라서 역량이 강화된 인간을 생산하기 위해 교실에서 미리 배우는 학습 시스템에서 벗어나 영향력 있는 사회참여를 이어나가면서 자신의 고유성을 세상에 적용하는 새로운 시스템으로 옮겨가야 한다.

그러므로 이 시기를 수년 동안 공부하고 학습하면서 교육받는 기간으로 보는 인식에서 벗어나 자신의 관심 분야에서 유용하고 실질적인 프로젝트를 완수하면서 꿈을 실현하고, 그 과정에서 자아를 확장하고 고유성을 적용하는 단계로 새롭게 인식해야 한다.

나는 이런 인식 전환이 초등학교와 중학교, 고등학교 그리고 대학에 이르기까지 모든 단계의 교육에서 일어나리라 예상한다. 새로운 성장 단계는 처음에는 대안적 선택으로 시작될 것이다. 변화는 분명 기존 학교나 학교 가까이에서 진행될 것이다.

학교는 부모가 일하는 동안 아이들을 안전하게 지켜주는 동시에 교육과정을 가르치는 목적에 부합한다. 그런데 세상이 요구하는 인간상이 '교육받은 인간'에서 '역량이 강화된 인간'으로 빠르게 변화함에 따라, 학교도 당연히 변할 것이다. 하지만 오직 몇몇 학교와 소수의 교육자만이 새 시대에 맞춰 신속히 적응할 것이다. 이미 일부 교육자들은 변화를 따라잡기 위해 고군분투하고 있다.

이런 이유에서 새로운 성장의 단계는 학교의 대안으로 학교 옆에 생겨난 새로운 현실 공간이나 가상공간에서 진행될 가능성이 크다. 현실 속에 존재하든 클라우드 세상에 존재하든, 학습이 아닌 사회참여 실현이 목표인 이 새로운 공간을 나는 '역량강화 허브(Empowerment Hub)'라고 부를 것이다. 역량강화 허브가 무엇이고, 어떤 가능성이 열려 있는지는 17장에서 더 자세히 살펴보기로 하자.

교육과정의 역사를 살펴보자

'역량강화 허브'를 자세히 살펴보기에 앞서 먼저 교육과정의 개념을 새롭게 정의하려 한다. 어른들은 아이들이 배우고 알아야 한다고 생각하는 것들의 목록을 문서 형식으로든 구전 형식으로든 오랫동안 이어왔다. 이것을 우리는 흔히 '교육과정'이라 부른다. 교육과정은 아마 쉽게 사라지지 않을 것이다. 교육과정을 바꾸기가 왜 어려운지 이해할 수 있도록 선사시대의 교육과정을 허구로 재미있게 그린 우화, '검치호랑이 교육과정'을 읽어 보길 권한다.('검치호랑이 교육과정'은 https://bit.ly/3p7PGJC에서 찾을 수 있다.)

초기의 교육과정은 별다른 형식 없이 여러 사람이 알던 이야기와 설화, 관습과 지식을 혼합했을 것이다. 여러 지역에 흩어져 있는 문화마다 그 내용도 달랐을 것이다. 검치호랑이의 이야기에서처럼 최초의 교육과정은 아마도 사냥, 불 지피기, 집짓기, 이동하기 같은 생존 기술과 신을 달래기 위한 종교적 목적을 포함했을 것이다.

나중에는 동물을 사육하고 곡식을 기르는 법을 포함했는데, 이것은 보통 부모에서 자손에게로 전해졌다. 이 시기에 장인도 처음 등장했는데, 장인들은 각기 도제를 가르치기 위한 특별한 교육과정을 마련했고, 이후에는 길드를 통해 이 교육과정이 체계화되었다. 시대마다 남성과 여성의 역할을 가르치는 교육과정도 존재했다. 보통 비공식적인 방식으로 한 세대에서 다음 세대로 전해졌다.

교육과정이 일정한 형식을 갖추기 시작한 것은 고대 학자들이 아카데미를 세우면서부터다. 우리는 고대 그리스인들로부터 3학(문법, 논리학, 수사학)과 4과(산술, 천문학, 음악, 기하학)를 얻었다. 이것이 인문학의 기본을 이룬다. 동양에서는 유교의 관료 교육을 위한 교육과정이 생겨났다. 모든 종교가 어린 신도와 개종자를 가르칠 목적으로 독자적인 교육과정을 만들었다. 지역사회도 나름의 교육과정을 만들었고, 나중에는 국가 차원의 교육과정으로 확장되었다.

표준 교육과정은 어떻게 만들어졌을까?

과거에는 세상이 매우 천천히 변했고, 세대가 바뀌면 다음 세대가 이전 세대의 역할을 대신해야 했다. 따라서 각각의 역할에 관한 기존의 지식을 전수하는 것이 매우 중요했다. 그래야 교육과정을 매번 새로

만들 필요가 없었을 것이다. 산업주의의 팽창과 더불어 인류의 지식이 폭발적으로 증가함에 따라 비공식적인 방법으로 지식을 전달하거나 소규모 집단에게만 전달하기가 어려워졌다. 모든 직업에서 '후임자'를 준비시키는 체계적인 방법이 필요했다. 그래서 표준 교육과정이 만들어졌다.

1894년 미국의 '10인 위원회(Committee of 10)'라는 단체가 표준 고등학교 교육과정을 만들었다. 다른 지역에서도 비슷한 일이 일어났다. 오늘날에 사용하는 의학, 법, 공학, 회계 등 여러 분야의 전문 교육과정도 점차 발달했다. 흔히 해당 분야에 종사하는 사람들이 교육과정을 세우고 운영했으며, 이 과정을 이수한 사람에게는 공인 자격증을 수여하기도 했다.

20세기에 이르러 초등교육과 중등교육의 교육과정을 완전히 수립해 성문화했고, 전 세계적으로 거의 동일한 교육과정을 운영하게 되었다. 초등 저학년 교육과정은 자국어 읽기와 쓰기 그리고 셈하기로 구성되었고, 중등 교육과정에 들어가면서 수학, 언어, 과학, 역사, 지리가 포함되었다.

여러 나라의 교육과정은 지역적 차이가 있고, 강조하는 점과 엄격함의 정도도 다르다. 그러나 각국의 언어로 가르치고, 각국의 역사와 정치를 다룬다는 점을 제외하면 차이는 크지 않다. 이런 '세계 공통의 교육과정'은 20세기 말 무렵 거의 모든 지역에서 자리를 잡았다. 어떤 곳은 다른 곳보다 더 오래, 더 엄격하게 적용하기도 했지만, 어쨌든 20세기의 모든 학생이 동일한 교육과정을 따르게 되었다.

개인 맞춤식 교육과정이 필요하다

'세계 공통의 교육과정'은 안타깝게도 우리가 지금 정면으로 부딪쳐야 할 문제들을 낳았다. 이 교육과정을 모든 청소년이 반드시 이수하고, 경험하고, 이상적으로는 세상에서 성공하기 위해 배워야 할 '보편적 진리'로 여기게 된 것이다. 하지만 이제 세상은 변했다. 안타깝지만 많은 사람이 신뢰하는 이 표준화된 교육과정은 앞으로 우리 아이들에게 큰 도움이 되지는 않을 것이다. 역량강화의 새 시대에 필요한 교육과정을 새롭게 인식하기 위해 고려해야 할 점은 개인별 교육과정이 학생 개개인에게 가장 유용할 수 있다는 점이다.

역량강화의 새 시대를 위해서는 소규모 및 대규모 집단을 위한 표준화된 교육과정에서 벗어나 각 개인에게 알맞는 독특하고 개별적인 일련의 프로젝트를 교육과정으로 보는 인식 전환이 필요하다. 개인별 교육과정은 과거에는 거의 불가능한 일이었다. 우리가 가진 자원과 능력에 제한이 있으므로, 우리는 아이들을 나이와 수준별로 묶어 각 집단에 맞춰 교육과정을 설계해야 했다.

우리에게는 특정 집단과 특별한 목적을 염두에 두고 미리 개발한 수많은 교육과정이 있다. 모든 학생이 끝까지 이수할 교육과정을 선택해야 하고, 부모가 자녀를 위해 대신 선택하기도 한다. 개인이 선택할 수 있는 교육과정이 아무리 많다고 해도, 사실 개개인에게 실제로 필요한 것을 모두 충족시킬 수는 없을 것이다.

역량강화의 새 시대에는 청소년의 수만큼 다양한 교육과정, 즉 21세기형 프로젝트 묶음이 필요할 것이다. 지금처럼 미리 정해진 범위와 순서로 성문화된 교육과정이 아니라, 학생의 관심사와 이전의 성과를 기반으로 유기적으로 성장하는 개인 맞춤식 교육과정이 2~30억 개쯤 필요할 것이다. 내가 앞으로의 세상을 기대하는 이유 중 하나가 바로 이것이다. 모든 청소년이 각자 자기만의 특별한 교육과정을 따를 수 있는 시대가 다가왔다.

보편적 지식에 대한 인식 전환

기존의 프레임에서는 모든 사람에게 공통적으로 필요한 지식이 있다고 생각했고, 그 종류 또한 광범위했다. 모든 사회가 주요 과목인 수학, 국어, 과학, 사회뿐만 아니라, 고유의 사상과 사회 규범까지 공식 교육과정과 비공식 교육과정에 포함시켰다. 많은 곳에서 모든 학생이 일괄적으로 충족해야 하는 표준과 이상적 목표를 세웠다. 20세기에는 글을 읽고 쓸 줄 아는 능력을 특히 중요하게 생각했다.(핀란드 국무총리는 문해력이 모두에게 유용하다고 판단해 실용적인 차원에서 문해력을 결혼의 필수 조건으로 정했다.)

이제 역량강화의 새 시대를 맞이해 모두에게 보편적이고 필수적인 것이 무엇인지 진지하게 다시 생각해 볼 필요가 있다. 앞 장에서 이미 '새로운 기본능력'에 대한 프레임을 제공했다. 앞으로 인간은 점점 기계와 공생하는 하이브리드형 인간으로 발전할 것이다. 따라서 예전에는 '인간의 일'로 여겼던 것들이 점차 기계에 위임될 것이다. 예전에는 새로운 하이브리드 방식으로 기술이나 과제를 수행하는 것을 중요하게 여기지 않았지만, 이제 모든 기술과 과제가 이런 방식으로 수행될 것이다.

아직도 많은 교육자와 부모는 낡은 프레임에 갇힌 채 하이브리드형 인간의 전체 모습에 초점을 맞추기보다 개인에게 필요하리라 생각하는 기술 하나하나에 초점을 맞춘다. 어떤 사람들은 아이들에게 보편적으로 필요한 것이 대인관계 기술이라고 보고, 사회정서 학습을 장려하려 한다. 또 어떤 사람들은 과거에 사용했던 인간의 특정 기술을 21세기형 기술로 강조한다. 프로그래밍 같은 테크놀로지 관련 기술을 별도로 장려하는 사람도 있다.

그러나 어떤 관점을 선택하더라도, 심지어 모든 관점을 받아들인다고 해도, 20세기에 태어난 사람들은 아이들이 사회참여 실현을 통해 기량을 개발한다는 프레임을 잘 받아들이지 못하고, 아이들 머릿속에 미리 지식을 주입하려는 욕망에서 벗어나지 못한다. 그러므로 교육과정에 관한 또 다른 인식 전환이 필요하다. 교육과정은 청소년에게 학습 내용과 기술을 미리 심어주는 과정이라기보다 어릴 때부터 세상을 개선하는 지속적인 프로젝트를 통해 지식과 기량, 테크놀로지를 성공적으로 통합하고 기계와 공생하는 역량 있는 하이브리드형 인간을 만드는 시스템으로 새롭게 인식하는 것이다.

4장에서 다룬 테크놀로지와의 새로운 공생관계와 6장에서 이야기한 역량강화 신념을 결합한다면 교육과정에 관한 새로운 프레임을 정립할 수 있을 것이다. 이 특별한 인식 전환을 이뤄내는 일이 우리 시대가 안고 있는 보편적이고 근본적인 핵심 과제 중 하나일 것이다.

원하는 것을 성취하는 데 필요한 것을 알아야 한다

읽기, 쓰기, 셈하기, 수학, 국어, 과학, 사회 그리고 사실상 20세기 교육 과정에서 중요하다고 생각하는 모든 학문 분야가 21세기 중후반에도 여전히 필요하다면, 오늘날과는 전혀 다른 교육이 이뤄질 것이다. 분야를 막론하고 어떤 교육과정이라도 미리 배우는 것은 점점 유용성이 떨어질 것이다. 이미 많은 분야에서 변화가 시작되었다.

읽기와 쓰기를 예로 들자면, 모국어를 읽고 쓰는 능력도 수년간의 공식 교육과정이 필요하다. 그러나 대부분은 정식 교육을 받지 않고도 모국어를 말하고 들을 수 있다. 말하기와 듣기는 다른 사람과의 상호 작용을 통해 자연스레 습득하는 기술이며, 적절한 환경에만 있다면 어릴 때부터 매우 정교하게 개발할 수 있다.

오늘날 우리는 스마트폰에 탑재된 기술로 어떤 언어의 글이든 모국어로 변환해서 읽을 수 있다. 모르는 단어나 구절이 있더라도 우리가 선택한 음성으로 설명을 들을 수 있다. 하고 싶은 말이 있다면 어떤 언어로든 변환할 수 있다. 계산이 필요하다면 그저 스마트폰의 계산기 앱을 열기만 하면 되고, 세부 정보도 음성 검색으로 찾을 수 있다. 심지어 복잡한 주장이나 정보도 스마트폰으로 검색할 수 있다. 따라서 자연스럽게 습득할 수 있는 모국어 말하기 능력만 있다면 원하는 교육과정을 직접 만들 수 있다. 앞으로 20년 동안 이 모든 능력이 더욱 확대된다고 상상해 보라. 그렇다면 청소년들이 읽기와 쓰기를 배우기 위해 지금처럼 시간을 쓰는 게 과연 현명한 시간 활용이라 할 수 있을까?

여기서 또 한 번의 인식 전환이 필요하다. 어른들이 미리 정해 놓은, 청소년이 꼭 알아야 할 것(교육과정)이 아니라 세상을 개선하기 위해 무엇을 추구해야 하는지를 아는 것이 중요하다. 역량강화의 새 시대에 중요한 것은 지식을 쌓는 것이 아니라, 원하는 것을 성취하는 데 필요한 지식이 무엇인지 알아내는 것이다. 표준 교육과정에서는 절대 이것을 얻어낼 수 없다. 오히려 일상에서 실생활 프로젝트를 완수함으로써, 즉 영향력 있는 사회참여를 실현함으로써 얻을 수 있다.

미리 배울 필요 없이 필요할 때 배우면 된다

학교 교육과정은 다음 세대에게 전달하고 싶은 정보와 기술을 모아놓은 것으로, 논리적인 범위와 순서 내에서 설계된다. 모든 교과목은 일반적으로 교실 수업을 위한 것과 활동을 위한 것으로 나뉜다. 교사들은 선형적, 단계적 방식으로 교과목을 모두 다룰 수 있도록 교육받는다. 다시 말해, 시간이 부족한 게 아니라면(실제로는 항상 부족하지만), 어떤 내용도 빠트리지 않고 모두 가르쳐야 한다. 여기에는 '만일의 경우를 대비해서'라는 오래된 프레임이 깔려 있다. 아이들에게 무엇이 필요한지 정확히 알지 못하기 때문에 모든 내용을 다뤄서 머릿속에 최대한 많은 정보를 주입하는 것이 좋다는 생각이다.

문제는 교육과정에서 다룬 내용 대부분이 시험이 끝나면 머릿속에 남지 않고, 기껏해야 책장에 처박힌다는 것이다. 예전에 봤던 교과서를 다시 찾아 읽는 사람은 매우 드물 것이다. 그러나 이제 곧 모든 사람이 소유하게 될 개인용 전자기기에 질문만 하면 세상 모든 책에 접근할 수 있는 세상이 다가왔다. 게다가 그저 책에 접근하는 것에 그치지 않고 책 안에 든 각각의 문장과 세부적인 아이디어에도 접근할 수 있다. 따라서 이제 만약의 경우를 대비해서 많은 것을 미리 배우는 것이 아니라, 사회참여 실현을 위해 필요하면 그때그때 배우는 것으로 프레임을 바꿀 필요가 있다.

역량강화를 위한 새로운 동기부여

일반적으로 인간은 남들이 흥미로워 하는 것일지라도 본인에게 흥미롭지 않거나 쓸모가 없다면 여간해서는 자발적으로 배우려고 하지 않는다. 그러므로 고정된 교육과정이라는 기존 프레임에서는 어느 정도의 강요나 미끼가 항상 필요했다. 이것을 종종 '동기'라고 부르기도 한다.

어떤 사람은 강요를 통해 배움을 얻을 수 있으며(은유적으로 표현해 이것을 '채찍'이라고 한다), 또 어떤 사람은 동기부여가 필요하다.(이것이 '당근'이다.) 요즘은 이른바 '게임화된 시스템(일반적인 게임이 아닌 분야에 게임의 원리나 재미 요소를 적용해 활발한 참여를 유도하는 것을 말한다. - 옮긴이)'에서 포인트나 높은 점수를 얻는 것이 당근으로 작용한다. 그러나 역량강화에 도움이 되는 동기는 자신에게 뜻깊은 무언가를 이뤄내고 싶은 욕구일 것이다. 우리는 이것을 '내적 동기'라고 부른다.

우리는 역량강화의 새 시대를 위해 동기를 새롭게 규정할 수 있다.

동기는 사람을 유혹하는 외적인 요소를 이용해 관심이 없던 것에 관심을 기울이게 하는 것이 아니라, 좋아하는 것을 계속 찾아 성취할 수 있게 돕는 것이다. 동기에 대한 인식 전환을 가장 성공적으로 이루는 방법은 교육과정의 전체 개념을 재인식하는 것이다. 즉, '학창 시절'이라고 부르는 기간에 청소년에게 제공하는 것을 순차적 수업과 교과목으로 보는 관점에서 세상에 영향을 미치는 실생활 프로젝트와 그를 통한 순차적 사회참여 실현으로 새롭게 인식하는 것이다.

수행자가 직접 선택하고 세상에 '측정할 수 있는 긍정적 영향'을 미치는 프로젝트는 그 사람이 어떤 상황에 있든, 나이가 많든 적든 매우 성공적인 동기부여로 작용한다. 이런 프로젝트는 안타깝게도 아직은 극소수에 불과하지만, 학창 시절의 소중한 기억으로 오래 남고, 개인의 성공에도 가장 큰 영향을 미치는 것들이다.

지속적인 실생활 프로젝트가 필요하다

어떤 사람들은 "수업을 듣지 않았는데 어떻게 프로젝트를 진행할 수 있나요?"라고 묻는다. 아니면 낡은 프레임에 갇혀 더 단호하게 "기본능력도 갖추지 않았는데 프로젝트를 실행할 수 있다니 말도 안 돼요."라고 이야기한다. "사회참여를 시작하려면 그전에 모든 기본적인 것을 다 알아야 하지 않나요?"라고 묻는다면, 내 대답은 '아니오'이다. 사실 미리 알지 못하는 것이 많을수록 사회참여 실현에 가치를 더할 수 있다. 인류 역사상 미리 모든 것을 알고 시작한 일이 얼마나 되는가?

많은 학교에서 종종 '프로젝트 기반 학습(Project-based Learning, PBL)'을 시행하지만, 이것은 사실 진정한 의미의 실생활 프로젝트라고 할 수 없고, 아이들에게 사실상 큰 도움도 되지 않는다. 학교 밖 진짜 세상에서는 수행할 수 없으며, 거의 종류만 다른 교수법에 그치기 때문이다. 실제로는 아이가 일정한 기준에 부합하는지 측정하기 위해 설계한 과정일 뿐이다. 안타깝게도 세상을 의미 있는 방식으로 개선할 수 있는 프로젝트 기반 학습은 거의 없다고 봐야 할 것이다. 프로젝트라고 불리기는 하지만 실제로는 교육과정을 주입하는 교수법에 불과하다.

학교 교육과정의 대부분은 강의나 독서 과제, 프로젝트 기반 학습 또는 다른 어떤 수단을 통해 아이들의 머릿속을 채우지만, 평가가 끝나면 곧바로 잊혀지고 만다. 하지만 아주 사소한 방법으로라도 세상을 조금이나마 개선할 수 있다면, 이 기억은 평생 지속될 것이다.

이제 청소년에게 도움이 되는 새로운 선택지가 등장했다. 바로 역량강화 허브에서 지속적인 실생활 프로젝트를 수행하는 것이다. 다음 장에서 우리는 새롭게 등장한 역량강화 허브를 살펴보고, 이것이 새 시대의 청소년에게 어떤 영향을 미칠지 이야기할 것이다.

⊗ 선구자는 누구인가?

놀랍게도, 학교와 교육과정의 미래 모습을 제시한 진정한 선구자는 20여 년 동안 우리 옆에 함께 있었다. 미국 캘리포니아주 샌디에이고의 '하이텍하이High Tech High'는 2000년 래리 로젠스톡Larry Rosenstock이 무선통신 연구개발 기업인 '퀄컴Qualcommm'의 설립자에게 투자를 받아 학문 중심 학교의 진정한 대안으로 설립한 곳이다. 지금은 초등학교부터 고등학교까지 자율형 공립학교 16곳을 운영하는 교육기관으로 성장했다.

하이텍하이는 처음부터 학생이 법적으로 허용된 범위 안에서 최대한 거의 전적으로 프로젝트에 기반한 학습을 수행하게 하는 것이 목표였다. 하이텍하이는 지역사회에 실질적인 변화를 가져왔고, 새로운 종류의 교원 양성을 통해 그 모형을 확산하고 있다.

✓ 생각할 것은 무엇인가?

모든 곳에서 동일한 학교 교육을 시행하는 것이 모든 청소년에게 좋은 요건이라 생각하는가? 현행 교육의 대안이 있다면 지지하겠는가?

역량강화 허브란 무엇인가?

학교 중심에서 프로젝트를 실현하는 공간으로

아이들은 활력이 넘친다. 점점 많은 청소년이 교실에 가만히 앉아 있는 시간을 견디기 힘들어 하자, 교실 기반 교육의 대안을 찾으려는 노력도 꾸준히 이어지고 있다. 청소년들은 학교에 다니는 대신, 세상으로 일찍 나가 일하거나, 그냥 집에서 빈둥거리거나, 어떤 곳에서는 위험한 단체에 들어가기도 한다. 이 모두가 교실에 앉아 있는 것보다 나은 선택은 아니지만, 이제까지는 학교를 대신할 다른 긍정적인 대안이 없었고, 이런 아이들을 전적으로 지원할 방법도 없었다.

아이들을 학교에 가두는 건 자원 낭비다

농경시대의 아이들은 대부분 가족의 농사일을 도우며 적극적으로 무언가를 이루는 삶을 살았다. 그러나 20세기에 이르러서는 상황이 달라졌다. 넘치는 에너지와 꿈을 품고 있어도 아이들은 노동 착취를 당하는 경우가 아니라면 생산적인 일에 크게 이바지하지 못하고, 종종 부모의 일을 방해하는 존재로 전락하고 말았다. 대략 6세부터 21세까지의 청소년들을 위한 대책이 절실했다. 결국 사람들은 한 가지 방법을 생각해 냈고, 거의 모든 사회에서 이것을 채택했다. 아이들을 학교에 보내 인류가 발견한 지식을 가르치는 것이다.

학습은 아이들이 반드시 해야 한다고 어른들이 정해 놓은 과제였다. 20세기를 살아온 어른들 대부분에게 효과가 있었기 때문에 기성세대는 아이들이 꾸준히 학습해야 한다고 주장했다. 아이들이 아무리 저항해도 어른들은 꿈쩍도 하지 않았다. 어른이 아이들을 소유한다고 보는 프레임 안에 살고 있기 때문이었다. 사실 어른들은 청소년과 사회 모두를 돕는다고 생각했을 것이다. 학교 교육을 싫어하는 아이들이 많더라도 잘 참고 견디면, 입에 쓴 약처럼 언젠가는 효능이 있으리라 생각했다. 실제로 학교라는 제도는 학교에 다니는 아이들의 수가 지금보다 훨씬 적었을 때는 그런대로 효과가 있었다.

하지만 학교에 다니는 아이들의 수가 늘어나자 학교의 효과는 점점 떨어지기 시작했다. 점점 더 많은 시간을 학습에 써야 했고, 심지어 쉬는 시간도 점차 줄어들거나 어떤 곳에서는 아예 사라지기도 했다. 많은 아이에게 학교는 감옥이나 다름없는 곳이 되었다. 실제로 아이들이 무사히 학교를 마칠 수 있었던 것은 오직 운동과 친구, 이 두 가지 덕분인 경우가 많았다.(학교에 대해 좋았던 점을 물으면 많은 청소년이 하나같이 이 두 가지를 꼽는다.)

학교 교육이 남긴 결과는 전체 인구의 거의 절반이나 되는 엄청난 양의 에너지를 낭비하는 것이었다. 사회를 위해 훨씬 더 유용하고 기분 좋게 사용할 수 있었던 바로 그 에너지 말이다. 그동안은 방법을 찾아내지 못했지만, 우리는 이제 방법을 찾아가고 있다.

어릴 때부터 직접 선택하는 실생활 프로젝트

역량강화의 새 시대로 접어들면서, 학문 학습처럼 지속적으로 이뤄지던 활동이 확인할 수 있는 결과가 있는 '단기적 활동'으로 진화하는 과정에 있다. 이것은 복잡하거나 지루한 것 대신 신속성과 간결성을 추구하는 시대적 흐름과도 일치하는 것이다. 이제 다양한 분야에서 많은 것이 점차 간소화되고 있다. 편지에서 트위터로 바뀌었고, 책에서 틱톡으로 바뀌었다. 20장에서 살펴보겠지만, 기업들 또한 '일'을 직업에서 프로젝트 개념으로 새롭게 인식하기 시작했다.

이런 흐름을 부정적인 추세로 보는 사람들도 많지만, 나는 빠르게 변화하는 환경에 반응하는 자연적인 진화 과정이라고 믿는다. 이미 프로젝트 기반 교육을 제공하는 학교가 있지만, 앞에서 살펴봤듯이 주로 기존 학습 과정에서 형태만 바꾼 교수법에 지나지 않았다. 대부분은 역량강화를 돕는 프로젝트도, 청소년의 에너지로 더 나은 세상을 만드는 프로젝트도 아니었다. 그러나 이제 방법이 있다.

우리 아이들이 지금보다 번영하기 위해서는 어른이 되는 준비 과정을 어떻게 보낼지에 관한 인식 전환이 필요하다. 그래서 나는 어른이 되는 준비 과정으로 반드시 교과목을 이수하거나 직업 훈련을 마쳐야 한다는 인식에서 벗어나, 세상에 영향을 미치는 실생활 프로젝트를 지속적으로 수행하고, 그 과정에서 성공적인 프로젝트 완수에 필요한 지식과 기술을 습득하는 것으로 새롭게 나아가야 한다고 생각한다.

자신감을 키우는 실생활 프로젝트

역량강화의 새 시대에 뜻깊고 가치 있는 결과를 만들어 내려면, 모든 프로젝트가 개인의 꿈과 흥미, 고유성과 재능, 기술과 열정에 관련된 것이어야 한다. 이런 일련의 프로젝트, 즉 스스로 선택해서 성공적으로 완수하는 순차적 사회참여 실현이 앞으로는 더욱 중요할 것이다. 이것이 확장의 시기에서 아이들이 경험할 개별적 교육과정이다. 그다음 단계에서는 이 프로젝트가 일이나 직업이라는 이름으로 확장될 것이다. 다시 말해, 교육과정이든 일이든 영향력 있는 사회참여 프로젝트를 기준으로 구성해야 한다는 의미다.

각각의 프로젝트는 독특하고 특별한 목적을 지니며, 개인과 팀의 요구에 따라 설계할 수 있다. 하나의 프로젝트를 완수하고 난 후에야 다음 프로젝트를 정할 수 있으며, 청소년들은 각자 이 단계를 거치는 동안 고유한 프로젝트 목록을 갖게 될 것이다.

어릴 때 직접 선택해서 수행하는 영향력 있는 실생활 프로젝트는 아이들에게 실행력과 팀워크 기술을 제공할 것이다. 더 중요한 것은 매번 수행 능력이 점점 더 정교해지면서, 스스로 해낼 수 있다는 자신 감도 함께 생긴다는 것이다. 그뿐 아니라 어떤 프로젝트를 선택해야 할지 그리고 미래에 하고 싶은 역할이 무엇인지 점점 더 명료해질 것 이다. 청소년들은 프로젝트 완수를 통해 자신의 에너지를 자신이 좋아 하는 방식으로 세상에 이롭게 사용할 수 있을 것이다.

학교가 아닌 새로운 기관이 필요하다

새롭게 규정한 성장의 확장 단계에서 사회참여 프로젝트를 가장 잘 수 행할 수 있는 곳은 어디일까? 기존의 학교에서도 어느 정도는 가능할 것이다. 프로젝트 교육을 시행하는 학교로 앞서 언급한 미국 캘리포니 아주 샌디에이고의 '하이텍하이' 같은 몇몇 자율형 공립학교와 리버사 이드 스쿨Riverside School, 브라질의 컨셉스쿨Concept Schools 같은 사립학교 를 꼽을 수 있다.

그러나 이 세 학교를 제외한 대부분의 학교는 20세기의 낡은 틀에 깊이 갇혀 있으므로, 청소년에게 필요한 학생 주도의 실생활 개선 프 로젝트를 실행하기는 어려운 환경이다. 학교에서 제공하는 프로젝트 는 아이들의 에너지를 충분히 분출할 수 있도록 자극하지 못한다. 열 여섯 살 난 우리 아들이 이야기하듯이, 정말 흥미를 느낄 수 있는 프로 젝트는 어쩌다 한 번 있을 뿐이다.

오늘날의 학교는 아이들을 포로처럼 온종일 붙잡고 있지만, 의미 있는 실생활 프로젝트를 실행하기에 썩 좋은 장소는 아니다. 프로젝트마다 실행 시간이 다르고, 일정이 유연하고 가변적이어야 하는데, 학교에서 개설되는 수업은 대부분 시간 제약이 있고, 엄격한 일정을 따른다. 게다가 아이들이 진짜 세상을 경험하는 것에 종종 제약을 두려 한다. 따라서 현 상황에서는 실생활 프로젝트를 수행하기 가장 좋은 곳은 오히려 학교 밖이 될 것이다.

'디자인을 통한 변화(DFC)'나 '4H클럽' 등 몇몇 단체는 이미 프로젝트 기반 활동 프로그램을 운영한다. 그러나 지금보다 크게 확대되어야 하며, 모든 사람이 참여할 수 있어야 한다. 역량강화의 새 시대에 사회 참여 프로젝트 활동을 실행하기 위해서는 현재의 학문 중심 학교와 전혀 다른 기관이 필요할 것이다.

역량강화 허브가 새로운 대안이다

이제 우리는 청소년과 학부모 모두에게 새로운 대안을 추가로 제공할 수 있다. 그러려면 먼저 청소년의 교육 활동에 대한 인식 전환이 필요하다. 청소년의 활동은 온라인 또는 오프라인으로 학교에서 하는 학문 중심 활동에서, 역량강화 허브에서 전 세계 아이들과 팀을 이뤄 직접 주제를 정하고 어른의 적절한 안내를 받으며 실행하는 프로젝트 활동으로 바뀌어야 한다.

'역량강화 허브'는 학문 중심 학교에서 서서히 진화해 생겨난 것이

역량강화 허브와 학교의 차이점

학문 중심 학교	역량강화 허브
· 20세기 인류에게 필요한 것	· 21세기 인류에게 필요한 것
· 이론 학습에 초점	· 영향력 있는 사회참여 실현에 초점
· 교실 수업 80퍼센트 이상, 학습용 프로젝트 약간	· 실생활 프로젝트 80퍼센트 이상
· 학습진도 측정	· 영향력 측정
· 개인의 성취에 초점	· 팀, 관계망, 협력에 초점
· 선택적 '도구'인 테크놀로지	· 인간과 공생하는 테크놀로지
· 나중을 위한 '전문 기술 및 지식 증명'	· 지속적인 사회참여 실현
· 잠재적 역량강화	· 실질적 역량강화

아니라, 학교와 구별되면서도 학교와 공존하는 대안이라 할 수 있다. 학문 중심 교육과 마찬가지로 역량강화 허브의 활동은 오프라인이나 온라인에서 일어날 수 있고, 온라인과 오프라인의 혼합형도 가능하다. 역량강화 허브에서 이뤄지는 사회참여 프로젝트는 인생의 확장 단계 동안 청소년이 대부분의 시간을 보내는 중요한 과정이 될 것이다.

역량강화 허브가 등장했다고 해서 학교를 아예 폐지해도 된다는 말은 아니다. 나는 현행 교육이 폐지되어야 한다고 생각하지 않는다. 앞으로 언젠가 폐지될 가능성이 있다고 보지도 않는다. 여전히 누군가는 학교를 원하고 학교의 혜택을 얻을 것이다. 그러나 그 비율이 빠르게 감소할 것이다.

역량강화의 새 시대를 더 잘 준비하기 위해 부모가 자녀를 보낼 수 있는, 현실 세계와 가상 세계의 공간이 결합된 대안적 장소들이 언젠가는 세계 곳곳에 존재할 거라 믿는다. 대안적 교육기관이 아직은 통일된 방식으로 존재하지 않더라도, 작은 지역을 중심으로 이미 형성되기 시작했다. 이제는 역량강화 허브가 모든 청소년에게 유효한 대안으로 떠오를 때가 되었다고 생각한다.

역량강화 허브와 기존 학교가 공존하는 세상

우리가 꾀하는 변화를 비교적 성공적으로 이뤄낸 선례가 20세기에도 이미 존재했다. 바로 몬테소리 학교의 경우다. 1900년대 초 이탈리아의 의사 마리아 몬테소리Maria Montessori는 초등학생이 해야 하는 것과 이것을 실현할 수 있는 장소에 대한 남다른 비전을 품었다. 그녀의 비전은 이후 세계적인 대안 학교 운동으로 발전했다. 오늘날 초등학교 자녀를 둔 부모는 어느 정도 경제적 여유가 있다면, "우리 아이에게 일반 학교가 적합할까, 몬테소리 학교가 좋을까?"라고 질문할 것이다.

이것이 앞으로 청소년과 그 부모가 고려할 수 있는 질문이 될 것이다. 다시 말해서 청소년이라면 나에게, 학부모라면 내 아이에게 "학문 중심의 학교가 더 적합하고 이로울까? 아니면 역량강화 허브가 더 좋을까?"라고 자문할 것이다.

앞으로 20년 동안 다양한 역량강화 허브가 세워지고, 성장하고, 새로운 대안을 제공할 수 있기를 바란다. 이미 전 세계 모든 대륙에 초기 형태의 역량강화 허브가 존재한다. 역량강화 허브가 세계 곳곳에 설립된다면 소비자들(즉 아이와 부모)도 결국 이곳을 선택할 수 있을 것이다. 나는 언젠가는 사람들 대부분이 역량강화 허브를 선택하리라 확신한다. 그것이 새 시대를 살아갈 청소년의 요구에 훨씬 더 적합하기 때문이다. 특히 오늘날에는 굳이 물리적 공간도 필요 없이 클라우드에 여러 역량강화 허브를 지을 수도 있다.

누구나 역량강화 허브를 구축할 수 있다

그렇다면 역량강화 허브를 구축할 사람은 누구일까? 이 점에 관해서 오직 공식적으로 인정받은 교육 전문가(교육부나 교사)가 교육기관을 설립하고 운영한다는 인식에서 벗어나, 청소년의 역량강화는 모든 사람이 책임지는 일이라는 새로운 인식이 필요하다.

학문 중심 교육이라는 20세기의 낡은 프레임에서는 교사, 교육행정가, 교원양성기관 같은 대규모 전문 교육가 집단이 필요했다. 그들 모두 정부와 인증기관에서 교육 및 자격 인증을 받아야 했다. 미국에서 차터스쿨을 처음 설립할 때 발생한 온갖 장애물만 봐도 알 수 있듯이, 학교를 운영하거나 학교에서 가르치기 위한 승인을 얻는 것은 보통 매우 어렵고 복잡한 일이었다. 하지만 이제 그런 방식은 필요 없다. 누구나 역량강화 허브를 세워 운영하거나 그곳에서 청소년을 안내하면서 그들이 21세기의 삶을 준비하도록 도울 수 있다.

이건 뜬구름 잡는 이야기가 아니다. 걸스카우트와 보이스카우트가 이룬 셀 수 없이 많은 성공적인 프로그램부터 4H 운동, 퍼스트 로봇 경진대회(First Robotics)까지 우리는 이미 역량강화 허브에서 이뤄질 수 있는 프로젝트의 일부를 경험했고, 어떻게 해야 잘할 수 있는지도 잘 알고 있다. 우리에게 필요한 것은 역량강화 허브의 시작을 돕는 더 많은 방법이다. 그리고 이 운동을 포괄적으로 설명하는 멋진 이름도 필요하다.

역량강화 허브에서는 어떤 일이 일어나는가?

원칙적으로는 매우 간단하다. 참가자들은 소규모 팀을 이루고 어른들의 지도를 받으면서 직접 선택한 사회참여 프로젝트를 지속적으로 수행할 것이다. 타인이나 세상에 측정할 수 있는 긍정적 영향을 미칠 수 있도록 기존의 성공적인 과정 중 하나를 이용하기도 할 것이다.

프로젝트 결과들을 모으면 그 자체로 참가자 각각의 사회참여 활동을 소개하는 이력서가 될 것이다. 방법은 무수히 많은데, 각 역량강화 허브마다 나름의 방법을 마련할 것이다. 어느 경우든 참가자들의 목표는 오로지 자기가 선택한 프로젝트로 세상에 측정할 수 있는 긍정적 영향을 미치는 사회참여 실현에 있다.

이 과정에서 큐레이터와 안내자 역할을 할 사람은 누구일까? 모든 국가에는 이 일을 담당할 수 있는 교육부가 있다. 보통 각 지역에는 교육청 같은 담당 기관도 있다. 아직은 역량강화를 담당하는 부처가 없지만, 곧 이런 기관도 나타나리라 예상한다. 그렇다면 왜 교육부나 교육청과 구분되는 별개의 기관이어야 할까? 청소년의 역량강화는 사실 교육부가 담당해야 할 영역이 아니기 때문이다.

역량강화와 사회참여 그리고 세상에 긍정적인 영향을 미치는 활동을 통해 자아를 확장하고 자기 고유성을 적용하는 것은 학문 중심 교육을 받는 것과 전혀 다르기 때문이다. 그래서 학문 중심 교육의 새로운 대안을 촉진하고 감독할 독자적인 기관이 필요하다. 이것이 내가 여러 대륙의 동료들과 함께 비영리단체인 '역량강화-사회참여-영향력 국제사업단'(이하 역량강화 국제사업단)을 설립한 이유다. 우리의 목적은 모든 지역에 역량강화 허브 설립을 촉진하고 지원하는 것이다.

역량강화 허브의 안내자는 누구인가?

'역량강화 국제사업단'은 어른이든 청소년이든 새로운 시대에 대한 기대에 부풀어 있는 사람들로 구성되어 있으며, 나날이 성장하고 있다. 우리는 촉발의 메커니즘이 되려고 한다. 세상에 실질적인 영향을 미치는 지속적인 실생활 연계 프로젝트를 통해 청소년 역량강화에 이바지하겠다는 각오만 있다면 나이에 상관없이 누구든 가입할 수 있다.

우리가 역량강화 허브의 개념과 기본방향을 교육계 안팎의 사람들에게 소개했을 때 어느 지역 할 것 없이 참여를 원하는 사람이 존재했고, 이것을 계기로 국제사업단을 설립하게 되었다. 우리는 참여자들이 역량강화 허브를 시작해 성공적으로 이끌 수 있도록 돕는 안내자가 되고자 한다. 우리는 아이를 기르는 것에 대한 역량강화 프레임이, 마리아 몬테소리의 새로운 교육 프레임이 그랬듯이 클라우드 세상과 지구촌 곳곳의 국가와 지역과 개인들에게 빠른 속도로 퍼져나갈 것이라 예측한다. 우리는 모든 역량강화 허브가 성공할 수 있게 안내자 역할을 톡톡히 하려고 한다.

역량강화 허브는 이미 클라우드 세상은 물론, 모든 대륙에 등장하기 시작했다.(이에 관한 정보를 원한다면 우리 사업단의 홈페이지 www.ministry-of-eai.org를 방문해 보라.) 역량강화 허브가 전 세계 학문 중심 학교의 현실적 대안이 되기까지 얼마나 걸릴까? 단정 지어 말할 수는 없지만, 세상이 빠른 속도로 변하고 있으므로 어쩌면 채 10년도 걸리지 않을 수 있다. 가장 큰 걸림돌은 기성세대의 낡은 프레임이다. 내가 이 책을 쓰는 이유도 바로 그 낡은 인식의 틀을 깨도록 돕기 위해서다.

역량강화 허브를 시작하고 싶다면 가장 좋은 방법은 그냥 시작하는 것이다. 어디에 사느냐에 따라 역량강화 허브가 학교의 전일제 대안으로 인증받을 수도 있고, 그렇지 않을 수도 있다. 분명한 것은 방과 후나 주말 시간을 이용해서도 시작할 수 있다는 점이다. 여기 이제 막 문을 두드리는 사람들을 위한 온라인 매뉴얼이 있다. http://bit.ly/empowerment-today에서 확인할 수 있고, 계속 업데이트될 것이다.

⊗ 선구자는 누구인가?

2020년에 당시 20세 청년 레오 뷜펠Leo Wölfel이 역량강화 허브라는 용어를 처음 만든 이후, 자칭 역량강화 허브라고 나선 첫 번째 단체가 '플래닛 파일럿'(http://planetpilots.org)이다. 플래닛 파일럿은 살림 이스마엘Salim Ismael이 시작한 기하급수기업(Exponential Organizations, ExO. 전통적 기업 성장 방법을 버리고 커뮤니티나 빅데이터, 알고리즘 등 빠르게 성장하는 테크놀로지를 활용해 동종의 기업들보다 현저히 뛰어난 실적을 달성하는 기업 – 옮긴이) 운동에서 발전했다. 플래닛 파일럿은 덴마크, 컬럼비아, 폴란드, 베트남 출신의 사람들이 설립했고, 온라인으로 전 세계 청소년들을 돕고 있다.

두 번째 역량강화 허브는 인도 아마다바드의 '리버사이드 학교'에서 세운 것이다(https://schoolriverside.com/). 세 번째는 컬럼비아의 '산타 마리아 학교'로, 플래닛 파일럿과 협력하고 있다. 이제 또 다른 역량강화 허브가 스페인 'SEK 국제학교'에서 막 시작되려고 한다(https://www.sek.es/en/sek/about-us/).

우리가 설립한 역량강화 국제사업단이 선구자 역할을 톡톡히 해서 모든 국가에 비슷한 기관이 세워지길 바란다.

마지막으로, 빼놓을 수 없는 진정한 선구자는 마리아 몬테소리 여사일 것이다. 몬테소리 교육은 20세기 환경에서 처음으로 전 세계로 보급된, 학문 중심 교육의 대안이다.

⊘ 생각할 것은 무엇인가?

역량강화 허브를 세우거나 역량강화 허브에 참여하고 싶은가? 관심이 있다면 ministry-of-eai.org로 연락하길 바란다.

18장

역량강화 시대의 평가 방법

순위 매기기에서 전후 차이 비교와 MPI로

많은 사람이 평가에 대해 걱정하고 두려워한다. 나 역시 지도교수님에게 "자네의 뜻을 펼치려면 평가에 관한 입장도 꼭 있어야 하네."라는 말을 들었다.

평가 대상이 자기 자신이든 타인이든 성과를 평가하는 여러 이유가 있을 것이다. 그런데 만약 미래에는 개인마다 각기 다른 프로젝트들로 구성된 고유한 교육과정을 따른다면, 우리는 이것을 어떻게 평가해야 할까? 평가 방식도 역량을 높일 수 있는 방향으로 바꿀 수 있을까? 이번 18장에서는 역량강화의 새 시대에 적합한 평가 방식에 관해 알아보자.

평가받는 것이 두려운 이유

평가받는 것은 일반적으로 매우 두려운 일이다. 시험을 보거나 업무 평가를 받는 것을 좋아하는 사람은 거의 없을 것이다. 내가 신입 교사였던 시절, 교장 선생님이 수업을 참관하러 교실 뒤에 나타났을 때, 얼마나 두려움에 떨었는지 모른다. 결국 우수한 성적으로 졸업할 수 있었지만, 하버드 경영대학원을 다닐 때도 시험에서 낙제하고 퇴학당할 수 있다는 생각에 걱정이 이만저만이 아니었다.

우리가 평가를 이렇게 두려워하는 이유는 평가가 거의 전적으로 경쟁으로 이어지기 때문일 것이다. 어떤 사람은 해내고, 어떤 사람은 해내지 못한다. 만일 명시적으로든 암묵적으로든 평가를 순위 매기기로 한다면 1등 자리는 오직 하나이며, 꼭 1등이 목표는 아니더라도 경쟁이 치열할 것이다. 승리자가 소수일 때 그 밖의 다른 사람은 모두 패배자가 될 뿐이다.

이렇게 경쟁하는 이유는 모든 사람이 같은 것에 대해 평가받기 때문이다. 우리는 대체로 무엇을 했는지 평가하는 게 아니라 어떻게 했는지를 평가한다. 흔히 정량적 평가를 하는데, 여기에는 수치로만 나타내는 '총괄 평가'와 점수가 높지 않은 이유와 다음에 점수를 높이는 방법을 말해주는 '형성 평가', 지난번보다 점수가 올랐는지 확인하는 '내준 평가'가 있다. 게다가 평가는 강점보다 약점에 초점을 두는 경우가 많다. 그러니 대부분 평가받기를 두려워하는 것은 어쩌면 너무나 당연한 일이다.

정량적 평가가 역량강화를 방해한다

어떤 사람들은 객관적인 수치와 데이터를 기준으로 하는 정량적 평가가 평가 과정을 더 공정하게 만든다고 생각한다. 한때는 정성적 평가가 표준이었지만, 오늘날 우리는 컴퓨터로 분석한 데이터를 매우 중요하게 여기는 데이터 기반의 프레임 안에 살고 있다. 수치 데이터는 수집과 저장, 분석이 비교적 간단하고 쉬우므로, 우리 사회는 평가 과정에서 거의 전적으로 정량적 측정에 치중한다.

이것이 개인의 역량을 강화하는 평가라고 보는 사람도 있다. 하지만 나는 정확히 그 반대라고 생각한다. 대부분의 정량적 평가는 역량강화를 방해한다. 정량적 평가가 역량을 강화한다고 믿는 사람들은 '측정할 수 없으면 관리할 수 없다.'라는 말을 자주 인용한다. 하지만 이 말은 어떻게 보든 전혀 사실이 아니다. 우리 주변에는 사랑, 공감, 증오 등 정확하게 측정할 수 없는 것들이 많지만, 그래도 우리는 이것을 증가하거나 감소하는 방법을 찾을 수 있다.

사실, 우리가 신중하게 측정하는 것은 대부분 본질이 아닌 '대용물'인 경우가 많다. 배움이나 노력 같은 본질 대신, 학점이나 성과 그래프처럼 더 쉽게 관리할 수 있는 것을 측정한다.

결과적으로 우리는 실제로 중요하지 않은 수치에 기반해 정량적 평가를 하는 셈이다. 정성적 평가가 보통 훨씬 더 포괄적이고 섬세한 편인데도, 편향 잠재성을 이유로 무시당하곤 한다.

물론 우리가 원하는 것은 편향성을 최소화하면서 섬세함을 유지하는 것이다. 알베르트 아인슈타인의 사무실 벽에는 '모든 것을 셀 수는 없으며, 셀 수 있는 모든 것이 중요한 것도 아니다.'라고 쓰인 액자가 걸려 있었다고 한다. 정량적 평가를 선호해서 거의 모든 질적 평가를 무시하는 것은 절대 유익하지 않다. 정량적 평가가 더 빠르고, 수치상 더 정밀하고, 훨씬 더 쉽게 접근할 수 있지만, 항상 우리가 원하는 유용한 결과를 내놓는 것은 아니다.

우리는 출석, 시험 점수, 성적 등 많은 교육 관련 자료를 수집한다. 이런 자료들이 새 시대를 살아가는 사람들의 성과를 평가할 때도 가치가 있을지는 아무리 긍정적으로 보려고 해도 의구심이 남는다. 우리는 이런 자료로 온갖 분석을 시도한다. 그러나 수십 년간 학교 교육을 받았다고 해서 그 사람이 실생활에 유익한 일을 해낼 수 있을지는 확실히 판단할 수 없을 것이다. 이것이 사람을 채용하는 일이 여전히 어려운 문제로 남는 이유다.

순위 매기기가 불필요한 경쟁을 부른다

오늘날 어디서든 가장 자주 사용하는 평가 방식은 바로 '순위 매기기'이다. 순위 매기기는 제한된 수의 자리를 최고 위치에 있거나 그 가까이에 있다고 여겨지는 사람으로 채우는 일을 훨씬 더 쉽게 만든다. 그러나 사실 미세한 차이를 포착하지 못하는 선다형 시험처럼, 단순한 경우가 아니라면 사람을 정확하게 순위 매기기란 거의 불가능하다.

사람들 사이에서 벌어지는 일에는 변수가 너무 많아서 누구라도 정확한 순위를 오차 없이 결정할 수 없다. 평가 범주가 넓을 때는 더욱 그렇다. 하지만 여전히 많은 이들이 순위를 매기려 하고, 우리 사회 전반이 순위 매기기에 몰두한다. 이건 정말 시간과 돈의 낭비일 뿐이다. 극단적인 경우, 순위 매기기에 대한 맹목적인 믿음은 누군가의 죽음을 초래할 수도 있다. 실제로 기대 이하의 석차에 아이들이 창밖으로 몸을 던지거나(한국의 사례), 달려오는 기차에 몸을 던지는(미국 캘리포니아 팰로앨토의 사례) 일이 벌어지기도 했다.

우리는 순위 매기기를 유용한 평가 방식으로 보던 틀에서 벗어나 정확하게 실행하기가 거의 불가능하며 하지 않으니만 못한 것으로 새롭게 인식할 수 있고, 또 그렇게 인식을 바꿔 나가야 한다. 우리가 순위를 매기는 목적을 고려했을 때, 순위 매기기가 반드시 필요하다고 확신할 수도 없다. 단지 '만족스러운 성취 수준(80퍼센트 정도가 여기에 해당한다.)' '우수한 성취 수준(약 10퍼센트)' '기본 수준 미달(약 10퍼센트)' 이렇게 3개의 범주 또는 '버킷bucket(금융투자에서 투자 기간과 손실위험도 등에 따라 분리한 자산군 – 옮긴이)'만 있다면 충분하다. 이것이 하버드 경영대학원에서 사용하는 평가 방식이다. 이 방식을 모든 분야에 적용한다면 불필요한 경쟁을 끌어들이지 않고도 사람들을 효과적으로 평가할 수 있을 것이다.

다행히 역량강화의 새 시대에는 유용한 능력을 평가할 수 있는 훨씬 나은 방법이 등장할 것이다. '내준 평가'처럼 스스로 자신이 예전보다 성장했는지 평가하는 것뿐만 아니라, 주변 세상이 개선되거나 나아졌는지도 함께 평가하는 것이다. 성취의 기준이 '교과목 점수'가 아닌, '세상을 개선하는 프로젝트 수행'인 역량강화의 시대가 도래하면, 개인이 어떤 일을 할 수 있는지 지켜볼 수 있으므로 평가는 더 쉬워질 것이다. 새로운 종류의 평가는 점수나 등급, 순위에서 벗어나 세상에 대한 '측정할 수 있는 긍정적 영향'을 평가하는 것이어야 한다.

전후 차이 비교와 MPI가 좋은 대안이다

우리가 배출하려는 인재는 선량하고, 역량 있고, 더 나은 세상을 만드는 사람이라는 것을 반드시 기억하자. 일관성 있게 인재를 길러내는 데 도움이 될 새로운 평가의 틀은 복잡한 시험으로 비교 순위를 매기는 것이 아니라, 그저 '전후'를 살펴보는 것이다. 우리가 원하는 것은 남녀노소 모두 크고 작은 성과를 내밀며 "봤어요? 작년에는 성과를 내지 못했지만, 지금은 훨씬 좋아졌어요. 우리 팀이 해낸 거예요."라고 이야기하는 것이다.

이건 정말 쉽고 간단한 방법이다. 역량강화의 새 시대에 우리가 정말로 알고 싶고 또 알아야 할 것은 "다른 사람보다 잘했어?"가 아니라, 오직 "너나 너희 팀 덕분에 세상이 조금이라도 나아졌니?"여야 할 것이다. 모든 사람이 고유한 개인으로(그리고 모든 팀은 고유한 팀으로) 평가받기 때문에 무엇을 개선했고 어떻게 개선했는지는 각각 다를 것이다. 이렇게 개선된 점(사회참여 활동의 성과)은 모든 개인이 성장기 동안 이뤄내고, 그 후로도 평생 계속 쌓아나갈 '사회참여 실현 이력서'에 기록될 것이다. 고용주나 비슷한 위치에 있는 사람 누구나 이력서를 살피고 평가할 수 있다. 하지만 이때도 이력서를 내민 주인공의 상대적 가치나 심지어 그가 이룬 특정한 영향과 성과의 상대적 가치를 평가하는 게 아니라, 사회에 필요한 개선점인지 평가하고, 개선을 이뤄낸 개별적 능력을 평가해야 한다.

그러므로 나는 프로젝트 평가지표로 '측정할 수 있는 긍정적 영향 (Measurable Positive Impact)'을 뜻하는 MPI를 제안하고자 한다. 여기서 '측정할 수 있는'이란 말은 양적으로 평가할 수 있다는 뜻이 아니라, 실제로 어떤 일이 일어났다는 의미에 가깝다. 다시 말해, 다른 사람이 알아볼 수 있도록 개선되었다는 말이다. 이것은 사람들이 예상하는 것만큼 알아차리기 어려운 일도 아니다. 대부분 전후 차이를 비교할 수 있고, 의견 차이가 있더라도 어느 정도 합의할 수 있기 때문이다.

새로운 프레임에서는 '측정할 수 있는 긍정적 영향'이 보이지 않으면 이 프로젝트를 완수한 것으로 평가하지 않는다. 어떤 규모, 어떤 방식으로든 개인이 이뤄낸 고유한 사회 개선 활동이 조화를 이뤄 그 사람을 선량하고, 역량이 강화되고, 기술과 공생하고, 더 나은 세상을 만드는 미래의 인간으로 정의하는 것이다.

⊛ 선구자는 누구인가?

미래형 평가의 모범으로 현재 60여 개 국가로 확대된 '디자인을 통한 변화(DFC)'를 들 수 있다(http://dfcworld.org).

DFC는 청소년 참가자들의 성공적인 팀 프로젝트 활동을 동영상으로 제작해 전 세계와 공유한다. 보통 팀에서 직접 영상을 촬영하며, 이 팀이 무엇을 이뤄냈고 어떤 과정을 거쳐 결과를 도출했는지 보여준다. 프로젝트의 측정할 수 있는 긍정적 영향뿐만 아니라, 프로젝트를 진행하는 동안 각 단계에서 무엇을 했는지도 확인할 수 있다.

DFC에서 공유하는 프로젝트 동영상은 수만 건에 이르는데, 그중 일부를 강조하긴 하지만 순위를 매기지는 않는다. 2019년 로마에서 열린 DFC 대회에 교황과 함께 청소년 3천여 명이 참석했다. 이 대회는 우열을 가리거나 시상하기 위한 대회라기보다 참가자들이 서로 자신이 수행한 팀 프로젝트를 공유하는 자리에 가까웠다. 이 행사는 '영원의 도시' 로마 곳곳의 여러 학교에서 치러졌다.

✓ 생각할 것은 무엇인가?

청소년에게 유용하고 긍정적인 프로젝트로는 어떤 것이 있을까? '측정할 수 있는 긍정적 영향'을 보여준 청소년 주도의 프로젝트를 본 적이 있는가? 만약 당신이 아는 사례가 있다면 marcprensky@gmail.com로 알려주기 바란다.

새 시대를 위한 고등교육

자격증을 얻는 과정에서 동료를 찾는 과정으로

20세기에는 많은 이들이 중등교육을 넘어 전문대학이나 대학교에서 고등교육을 받고 학위를 받는 것을 선호했다. 지금도 이렇게 생각하는 사람이 많을 것이다. 그들은 학사 이상의 학위를 가진 사람들이 그렇지 않은 사람들에 비해 평균적으로 수입이 더 높다는 것을 보여주는 통계 자료를 자주 인용한다. 하지만 20세기의 통계 수치를 21세기를 예측하는 수단으로 사용하는 것은 분명 잘못된 방법일 것이다.

'학습(11장)'과 '학창 시절(16장)'에 관한 새로운 프레임을 고려할 때, 고등교육(또는 3차 교육)에 관한 인식 전환 역시 중요할 것이다. 고등교육에 관해서도 기한은 마찬가지로 20년을 두고 새로운 프레임을 생각해 볼 수 있다. 2040년에 대략 18~22세 청년이 받게 될 고등교육은 어떤 형태일까? 많은 이가 궁금하게 생각하고, 실제로 세계 곳곳에서 이 주제로 심포지엄과 토론회가 열리기도 한다. 나 역시 토론회에 여러 차례 참석했다.

고등교육으로 분류되기 시작했다

부모가 내는 등록금이든 정부의 교육 보조금이든 오늘날 우리는 막대한 돈을 청소년의 고등교육에 쓰고 있다. 그 이유는 과거에도 그랬지만, 지금도 여전히 교육을 많이 받을수록 더 유익하다고 생각하기 때문이다. 게다가 아직도 많은 고용주가 채용 서류의 심사 기준으로 고등교육 학위를 요구한다. 하지만 고등교육이 과연 그만큼의 시간과 비용을 들일 가치가 있는 일인지 의문을 품는 사람도 많을 것이다.

나는 고등교육(제3차 교육)을 엄청난 시간과 돈을 투자해 미래의 소득 능력을 사는 수단이라고 보는 관점에서 벗어나, 유용한 동료를 찾기 위한 분류 메커니즘으로 새롭게 인식할 것을 제안한다. 사실 나는 고등교육이 이미 후자에 가깝다고 생각한다. 대략 18세까지 이뤄지는 중등교육은 대체로 어쩌다 가까이 살게 된 학생들과 함께 받는 경우가 대부분이었다. 그리고 나서 18세 정도가 되면 대학 입학 과정이나 구직 활동을 통해 새로운 '동료 집단'에 들어가거나 스스로 자신이 속할 집단을 선택할 수 있다.

20세기에는 청소년들이 자신이 사는 마을이나 도시의 경계선 너머로 활동 범위를 확장하는 경우가 좀처럼 드물었다. 20세기 후반에 들어서야 대대적으로 분류되기 시작했다. 거의 전적으로 자신이 나고 자란 지역의 아이들과 교류했던 청소년들이 고등교육을 받기 위해 대학을 찾아 전국으로 혹은 전 세계로 흩어져 새로운 집합체에 들어갔다.(그러고 나서 다시 여러 직업군으로 분류된다.)

동료 집단을 찾는 수단이 될 수 있다

아이들을 출신 학교로 분류하는 것은 부유한 계층에게 흔히 일어나던 일이다. 상류층의 아이들은 다양한 명문 학교로 분산되었다. 20세기에 들어서자, 대학 입학과 그에 따른 인간 분류가 훨씬 더 광범위해졌다. 대학에 들어가려는 사람이 급증했으며, 특히 제2차 세계대전 이후 사람들을 적절한 자리에 분류하는 것이 매우 중요하고 절실한 과제로 떠올랐다.

'적절한 자리'를 어떻게 정의하든 결국 이 과정에서 '함께할 동료'가 결정된다. 분류의 범주를 가장 분명히 규정하는 사람들은 대체로 잘 보이지 않는 곳에서 일하는 대학입학사정관이나 입학위원회였다. 그들의 목표는 매년 자기 학교에 어울리는 새로운 학생 집단을 만드는 것이었다. 어떤 경우는 학생을 사회적 계급으로 분류하기도 하고, 지적 능력이나 시험 점수로 분류하기도 했으며, 스포츠 실력이나 사교성을 기준으로 분류하기도 했다.

흔히 좋은 대학에 들어가는 것을 졸업하는 것보다 훨씬 중요하게 생각했다. 대학을 졸업하며 학위나 자격증을 갖게 되므로 당연히 이 과정도 중요하지만, 일단 어떤 대학에 들어가느냐가 가장 중요했다. 이런 분류 과정에 참여하지 않고 취업 전선에 곧바로 뛰어든 청년들도 있었지만, 고등교육을 성공의 필수 요소로 인식하는 사람들이 늘어나면서 대학의 학생 분류 과정에 참가하려는 사람들도 점점 많아졌다.

동료 집단이 역량강화에도 도움이 된다

지금은 이런 관점으로 고등교육을 바라보는 사람이 많지 않지만, 반세기 전 내가 대학에 다닐 때만 해도 고등교육기관인 대학이 부모를 대신해 학생들의 양육자 역할을 맡는다는 시각도 있었다. 이런 시각으로 대학을 바라볼 때 흥미로운 부분은 대학을 자신이 돌볼 아이를 직접 선택하는 '부모'로 생각할 수 있다는 점이다. 학생은 대학에 지원함으로써, 대학이 일찍이 자신이 선택할 수 없었던 부모가 되어주기를 원한다고 알리고, 대학은 입학을 허락함으로써 학생의 요구에 동의한다.

고등교육에 관한 인식 전환은 개인을 학습 진도와 발달 수준에 가장 적합한 곳에 배정하는 과정이라는 관점에서 벗어나 '동료 집단'을 만나는 과정이자, 동료들과 함께 인격 형성기를 보내는 수단으로 새롭게 인식하는 것이다. 고등교육을 '분류의 메커니즘'으로 바라본다면, 우리 사회에 완전히 새로운 선택지가 나타날 것이다. 만일 분류하기가 대학의 유용한 목적이라면 우리는 역량강화의 새 시대에 더 적합하고 타당한 새로운 분류 메커니즘을 찾을 수 있다. 대학에서 만난 동료 집단이 개인의 역량을 강화해줄 수 있다는 시각이 바로 그것이다. 많은 대학에서 동아리나 소모임을 구성해 학생들을 더 세밀하게 분류하는 것도 이런 생각의 연장선이라 할 수 있다.

누군가는 이런 분류 과정을 '자기 부족(tribe) 찾기'라고 부르기도 한다. 나는 부족이라는 용어를 별로 좋아하지 않는데, 부족들은 서로 다투고 싸우는 성향이 있어서다. 하지만 여기서 부족은 '자신이 편안하다고 느끼고 소속감을 갖는 집단', 즉 동료 집단을 의미할 것이다. 청소년에서 완전한 어른으로 성장해 가는 인격 형성기에 다양한 개성을 가진 동료와 여러 해를 함께 보내는 경험은 사회생활을 시작하기 전에 엄청난 역량강화를 이룰 수 있는 좋은 기회가 될 것이다.

고등교육기관의 목적도 달라져야 한다

역량강화의 새 시대에는 전 세계적으로 청소년을 분류할 수 있는 새로운 가능성이 열릴 것이다. '미네르바Minerva'라는 신생 대학교는 이미 전 세계에서 재능있는 학생들을 모집하고 있다. 코로나바이러스가 유행하기 전까지만 해도 학생들은 3~4개월마다 다른 대륙으로 이동해 교육을 받았다.

청소년들은 온라인 프로그램을 통해서도 동료를 찾을 수 있다. 20년 후에는 동료 집단을 찾는 방법이 훨씬 더 다양해질 것이다. 온라인 데이트 상대 찾기처럼 온라인 동료 집단 찾기도 이제 막 시작 단계에 있다. 20년 후에는 다차원적인 분류가 가능할 것이며, 전 세계에서 모인 청소년이 동료 집단을 형성할 것이다. 앞으로는 이런 일을 수행하기 위해 대학이나 다른 3차 교육기관이 필요하지 않을 것이다.

이것은 고등교육기관의 목적을 더욱 구체적으로 설정해야 한다는 의미다. 미래형 대학교의 모델이 되기를 염원하는 미국 애리조나주립대학교의 마이클 크로우-Michael Crow 총장에 따르면, 고등교육기관의 기능은 다음의 세 가지로 요약할 수 있다.

1.대학은, 특히 세계 최고 수준의 대학은 학생들에게 순수 기초 학문 연구를 제공해야 한다. 정부와 기업의 연구는 특정 요구에 맞춘 경우가 많으므로, 대학이 이런 역할을 해야 한다. 이와 관련한 연구 기금을 어떻게 마련할지는 아직 해결하지 못했다.

2.기숙형 대학은 학생들에게 동료 집단과 여러 해를 함께 보내는 경험을 제공한다. 이것은 전 세계의 청소년들이 학수고대하는 경험이다. 이 시기는 청소년 후기의 인격 형성기와 일치하고, 큰 책임감 없이 자립심을 탐색할 수 있는 비교적 안전한 공간을 제공한다.

3.다양한 3차 교육기관이 온라인과 오프라인을 통해 지식과 기술을 제공한다. 사람들이 자신의 직무와 관련된 전문 기술을 추구하고, '다재다능한 사람'이 더는 이상적인 인재상이 아니므로, 더욱 구체적인 지식과 기술을 제공해야 한다. 이제 전문 지식 및 기술은 개인의 역량으로 구분되며, 구글과 마이크로소프트 같은 기업이 인증제도를 통해 이 기능을 부분적으로 담당한다.[26]

오늘날 많은 고등교육기관이 재정적 어려움을 겪는다. 개인적으로는 청소년기 후기의 아이들이 풍부한 동료 집단을 형성할 수 있도록 고등교육에 대한 새로운 재정 지원 방법을 되도록 빨리 찾길 바란다. 고등교육기관이 다양한 역량강화 프로그램을 제공하는 것도 좋은 해결책이 될 수 있을 것이다. 12년 동안 세상에 실질적인 영향을 미치는 사회참여 프로젝트를 수행하며 이미 역량이 강화된 청소년들이, 18세부터 25세까지 경험할 수 있는 모든 프로젝트를 대학에서도 실현할 수 있다면 과연 얼마나 멀리 뻗어나갈 수 있을지 상상해 보라.

⊗ 선구자는 누구인가?

미국 보스턴에 본교를 둔 노스이스턴대학교는 '세상과의 교류'라는 이념을 목표로 설립된 학교다. 나는 항상 이곳을 고등교육의 미래상을 나타내는 선구자로 생각했다. 모든 학생이 실질적인 프로젝트를 진행하는 '코업 프로그램Co-op Program(일종의 산학협동 학습 프로그램으로 기업에서 6개월 단기 인턴십을 밟는 과정으로 최대 세 차례 참여할 수 있다. - 옮긴이)' 과정을 밟는다. 매우 긍정적인 신호는 노스이스턴대학교가 최근 런던, 샬럿, 포틀랜드, 샌프란시스코, 시애틀, 실리콘 밸리, 밴쿠버, 토론토 등 세계 곳곳으로 확장되고 있다는 점이다. 노스이스턴대학교가 전 세계의 모범 사례가 되는 날이 하루 빨리 오길 바란다.

⊘ 생각할 것은 무엇인가?

대학에 들어가는 것이 '동료 집단'을 만나는 수단이 될 수 있다는 생각에 동의하는가? 이 기간이 개인의 역량강화에 도움이 된다고 생각하는가?

새 시대에 맞는 일의 정의

직업에서 고유한 가치를 더하는 활동으로

이상적인 성장의 최종 목적지는 '직업을 갖는 단계'이다. 이 목적지에 도달해서 좋은 점은 자신과 가족을 위해 쓸 돈을 스스로 벌 수 있다는 것이다. 하지만 좋은 직장을 얻었더라도 어쩌면 많은 이들에게 직장 생활은 만족스럽거나 행복한 경험이 아닐 수도 있다.

사실 청년들은 돈을 벌고는 싶지만, 직장 생활은 "정말 밥맛이다."라고 입을 모아 이야기할 것이다. 역량강화의 시대에는 이런 생각을 바꾸고 일에 관한 새로운 프레임을 마련할 수 있을까? 새 시대에 맞는 일의 정의는 과연 무엇일까?

국가나 지역을 막론하고, 오늘날 직장 생활의 스트레스 수준은 전반적으로 매우 높은 편이다. 우선 하고 싶은 일이 무엇인지 알아내는 것부터 힘들고 어려우며, 원하는 일자리를 찾는 과정도 엄청난 스트레스를 불러올 것이다. 구직은 절대 쉬운 일이 아니다. 하버드 경영대학원을 졸업한 나 역시 직장을 구하는 게 만만치 않아 오랜 시간 고민했다. 구직 기간 동안 너무 스트레스를 받은 나머지, 꼭 참석해야 하는 동료의 결혼식도 잊어버릴 정도였다.

자동화와 인공지능의 발달로 고용주의 요구가 시시각각 달라지는데다 인구가 불균등하게 계속 증가함에 따라 사람들이 느끼는 스트레스 수준은 계속 높아질 것이다. 일단 취업에 성공하면 어떤 일에 종사하든 바닥에서부터 시작할 것이다. 어디에서 어떤 학교에 다녔든 대학에서는 직장 생활과 관련한 실질적인 문제를 해결하는 법을 배우지 못했을 가능성이 크다. 취업 후에도 직무 연수나 직무 능력 개발이라 부르는 두 번째 교육을 처음부터 다시 받아야 할 것이다. 직급이 한 단계씩 올라갈 때마다 새로운 역할을 배워야 하는 스트레스도 추가된다.

이런 스트레스 외에도 하고 싶지 않은 일을 해야 하는 데서 발생하는 스트레스도 엄청날 것이다. 많은 사람이(사실상 대다수가) 자기 직업을 사랑하지 않는다. 심지어 대놓고 싫어한다고 이야기하는 사람도 흔히 볼 수 있다. 생계를 위해 하는 일을 진심으로 사랑하는 사람은 극소수일 뿐이다. 그런 사람들은 정말 예외적인 행운아일 것이다. 오죽하면 '일을 집어치워도 돼(You Can Take This Job and Shove It)'라는 컨트리

송이 음악차트 1위에까지 올랐겠는가. 가끔 나는 우리가 받는 급여가 일에 대한 대가가 아니라, 스트레스에 대한 보상이 아닌가 생각한다. 그리고 항상 그런 것은 아니지만, 급여 수준이 스트레스의 강도에 비례한다고 느낀다.

일에 대한 인식 전환이 필요한 이유

역량강화의 새 시대를 살아갈 다음 세대에게는 일이 더는 스트레스가 아니길 바란다. 일에 대한 인식 전환이 필요한 이유가 바로 여기에 있다. 새 시대에는 '일'을 단순히 '직업'으로 바라보기보다 '자신에게 의미 있는 활동'으로 재인식해야 할 것이다. 우리는 생애 주기에서 이 시기를 '급여를 받기 위해 싫은 일도 억지로 해야 하는 단계'가 아닌 '꿈의 일부를 실현하는 단계'로 새롭게 인식할 수 있다.

모든 사람의 꿈이 완벽하게 실현되지는 않을 것이다. 하지만 역량강화의 시대에는 과거보다 훨씬 더 많은 사람이 꿈을 이룰 수 있을 것이다. 13장에서 살펴본 'FAR 성장 모델'의 '꿈 실현하기'는 개인의 고유성(꿈과 관심사, 기량, 열정, 부가가치 등)을 더 나은 세상 만들기 프로젝트에 적용해서 성장의 확장 단계를 이룰 수 있도록 돕는 동기부여임과 동시에 이렇게 시간을 보낸 결과 자체임을 알 수 있다.

꿈을 실현하는 단계, 즉 성인기는 인생 전체에서 큰 부분을 차지한다. 비극이 일어나지 않는다면 모든 청소년이 성장해서 이 단계에 이를 것이다. 과학과 의학의 발달로 지금의 청소년이 맞이하는 성인기는 아마 훨씬 더 길어질 것이다.

지금까지는 성인이 된다는 것이 곧 꿈을 실현한다는 의미는 아니었다. 많은 지역에서 유일하게 실현할 수 있는 꿈은 가족을 이루는 것뿐이었다. 원대한 꿈은 운이 좋은 소수의 사람만 이룰 수 있는 것이었다. 운이 좋은 소수는 스타가 되거나, 높은 지위에 오르거나, 최고의 전문가가 되었다. 누군가는 부자가 되는 꿈을 이루기도 했다. 하지만 우리는 부유하거나 유명하면서도 불행한 사람들을 너무 많이 봤다.

역량강화의 새 시대에 성공이란 무엇인가?

청소년의 목표는 대부분 '성공한 어른이 되는 것'이다. 그러나 성공의 보편적 정의는 절대로 완성되지 않을 것이다. 성공의 의미는 시대마다 그리고 개인마다 새롭게 규정해야 한다. 특정한 시기 또는 특정한 지역에서는 집을 소유하거나, 가족을 꾸리거나, 직장을 얻거나, 지역사회의 일원이 되는 것을 성공의 기준으로 생각했다.

그렇다면 21세기 중후반의 세상에서 성공은 무엇을 의미할까? 21세기 중후반은 자동화와 인공지능 그리고 테크놀로지와 공생하는 역량 있는 사람들이 가득한 시대일 것이다. 내가 정의하는 인간의 성공에는 '더 나은 세상을 만드는 것' '역량 있는 사람이 되는 것' '선량한 사람이 되는 것'이라는 가치가 늘 포함되어 있다. 여기서부터 시작해보자.

역량강화의 새 시대에 성공한 어른이 된다는 것은 지역사회의 일원으로 집과 가족과 좋은 직업을 가진 사람이 아니라, 글로벌 시민으로서 역량을 갖추고 있으며, 선량하고 더 나은 세상을 만드는 사람이 되는 것으로 새롭게 인식할 수 있다. 역량강화의 새 시대에 맞춰 선량함과 역량, 더 나은 세상 만들기라는 개념에 대한 프레임도 재정의해야만 한다.

선량함에 대한 인식 전환

사람마다 각자 생각하는 '선량함'의 정의가 있을 테니, 여기서 따로 정의하지는 않을 것이다. 하지만 '선량함'은 역량강화의 새 시대에 성공을 정의하는 한 요소이므로, 먼저 이에 대한 인식 전환을 제안하려고 한다. 바로 지역적 차원의 선량함에서 세계적 차원의 선량함으로 범위를 넓히는 것이다. 다시 말해, 지금까지는 지역 공동체에서 정한 모든 규범에 순응하는 사람이 선량한 사람이었다면, 이제부터는 인류에 대한 사랑과 감사, 공감을 품고 세상을 최대한 이롭게 하고 해가 되는 일을 최소화하려는 사람을 선량한 사람이라 새롭게 인식할 수 있다.

역량강화와 더 나은 세상 만들기

성공의 다른 두 요소인 '역량 키우기'와 '더 나은 세상 만들기'는 우리가 일이라고 부르는 것을 통해 증명할 때가 많다. 장담하건대, 사람들은 아무 일도 하지 않고 가만히 있을 때는 만족감을 잘 느끼지 못한다. 사람들은 본능적으로 무언가 의미 있는 일을 하는 것을 좋아한다. 그게 무엇이든 의미 있는 일을 할 수 있고, 주변 세상과 소중한 사람들에게 긍정적인 영향을 미치고, 그들을 과거보다 더 나아지게 했을 때 우리는 마침내 성공한 것이다.

　성공한 어른으로 성장했다는 것을 알리는 좋은 기준은 평생 또는
생애 대부분의 시간을 의미 있고 좋아하는 일을 하며 생계를 이어나갈
수 있다는 것이다. 슬프게도 모든 사람이 이런 일자리를 가질 수 있는
건 아니다. 그러나 미래에는 희망이 있을 것이다.

일을 바라보는 새로운 프레임

전 세계적으로 불평등이 점점 심해지고, 인공지능과 자동화 시대가 도
래하면서 많은 사람이 미래를 비관적으로 바라본다. 이런 논의를 할
때 언급되는 미래의 직업은 대부분 고용주의 입장에서 예측하는 경우
가 많았다. 미래 사회에도 우리가 일할 수 있는 곳이 존재하긴 할까?
우리는 대체 어떤 일을 해야 하는 걸까?

　하지만 이것은 미래를 바라보는 적절한 프레임이 아니다. 기성세대
의 프레임에서 일은 곧 '직업을 갖는 것'이었다. 또한 20세기의 직업은
월급제나 시급제의 영구적인 직업을 의미했다. 청소년기에는 직업에
대비하고, 성인이 되면 직업을 찾고, 일단 직업을 찾으면 평생 그 일을
계속해야 했다.

　역량강화의 새 시대를 위해 내가 제안하는 일에 대한 인식 전환은
다음과 같다. 일의 핵심이 '직업을 갖는 것'이나 '돈을 버는 것'이라고
보기보다 앞으로는 팀을 이뤄 세상에 고유한 가치를 더하고 유용한 프
로젝트를 완수하는 것이라고 새롭게 인식하는 것이다.

우리는 지금 직업이 무엇인지와 관련해서도 과도기에 서 있다. 그러므로 일을 직업으로 보는 프레임을 계속 유지한다면, 많은 이가 불안에 떨 수밖에 없을 것이다. 아이들은 대체로 이렇게 질문할 것이다. "내가 어른이 되었을 때 할 수 있는 일이 있긴 할까요?" "새로운 세상이 요구하는 것을 내가 해낼 수 있을까요?"

우리의 머릿속에 자리 잡은 직업에 대한 개념은 역할 대체가 가능했던, 즉 누구라도 제대로 훈련을 받으면 대신 일할 수 있었던 산업화 시대에서 나온 것이다. 하지만 인간은 각기 고유한 관심사와 열정, 장점과 재능을 가지고 있으므로 팀과 회사, 세상에 가치를 더하는 방식도 각자 다를 것이다. 나는 이것을 '고유한 부가가치 창출'이라고 부른다. 이제 우리는 고유한 부가가치를 이해할 수 있을 뿐만 아니라, 이것을 제대로 이용하는 방법도 찾을 수 있다.

청소년들은 자신이 어떤 면에서 고유하며, 어떻게 프로젝트에 고유한 가치를 더할 수 있고, 어떤 상황에서 즐겁게 부가가치를 창출할 수 있는지 더 일찍 이해할 수 있는 역량강화의 새 시대를 살아갈 것이다. 따라서 '부가가치 창출'이라는 일의 새로운 정의와 부가가치 창출자와 수요를 연결하는 새로운 고리가 등장할 것이다.

일에 관해 새롭게 정의하다

역량강화의 새 시대에 '일'은 개인이 노력을 들여 부가가치를 창출하고, 그 대가로 무언가를 얻어내는 활동으로 자리잡을 거라 믿는다. 어떤 사람들은 조직 내 특정한 역할을 맡거나 지속적이고 장기적인 직장에서 일할 때 고유의 부가가치를 창출할 수도 있지만, 대부분은 그렇지 않을 것이다.

어떤 것은 직접적인 보상을 받을 것이고, 어떤 것은 보편적인 기본소득과 사회 복지를 통해 간접적인 보상을 받을 것이다. 오늘날 우리는 일의 패러다임이 새로운 모습으로 탈바꿈하는 과정을 직접 지켜보고 있다.

앞으로도 일부 사람들은 항상 직업을 찾고 그 직업이 요구하는 것을 이뤄낼 수 있겠지만, 청소년에게 "어떤 직업을 가질 것인가?"라는 질문은 더는 중요하지 않을 것이다. 20세기에 우리가 그랬던 것과는 달리, 우리 아이들은 고용주의 요구를 충족시키는 모습을 자신의 미래로 그리지 않을 것이다.

오늘날의 청소년들은 미래를 준비하거나 이전 세대를 대체하기보다 자신의 고유성과 창의성을 적용하는 것이 무엇보다 중요한 세상을 맞이했다. 새로운 세상에서는 자기만의 고유한 방식으로 부가가치를 창출하는 것이 중요하다. 21세기의 인간은 고유한 부가가치를 창출하는 과정에서 본연의 모습을 찾을 때, 세상을 가장 잘 도울 수 있을 것이다. 인류에게 실현할 꿈과 고쳐야 할 문제 그리고 도움이 필요한 사람과 남을 돕고 싶어 하는 마음이 바닥나는 일은 절대 없을 것이다. 역량강화의 새 시대에는 꿈을 실현하고, 문제를 바로잡고, 사람을 돕는 것이 바로 '새로운 일'이 될 것이다.

좋아하는 일을 찾을 기회는 더 많아질 것이다

20세기를 거치는 동안 우리는 때로는 만족스럽고 때로는 그러지 못한 돈을 대가로 받는 직업과, 대가로 만족을 얻는 취미나 자원봉사를 철저히 구별했다. 하지만 이 두 카테고리가 뒤섞이고, 경계도 점점 희미해지는 중이다. 새로 떠오른 '긱 경제(gig economy, 기업이나 사용자가 필요에 따라 단기로 계약직이나 임시직으로 노동력을 충원하는 경제 형태로, 주로 디지털 플랫폼에 기반하며 이런 단기 노동을 긱노동(gig work)이라 부른다. – 옮긴이)에서는 이전에는 취미나 예술 활동, 자원봉사로 여겼던 것을 일로 하게 될 것이다. 예를 들어, 공예가는 자신이 만든 것을 엣시Etsy나 이베이eBay 같은 전자상거래 사이트에서 쉽게 판매할 수 있다. 패트리온 Patreon(콘텐츠 창작자가 구독자들에게 정기적 또는 일시적 후원을 받고 대가로 콘텐츠를 제공하는 일종의 크라우드 펀딩 플랫폼 – 옮긴이)을 통해 개인이 창작 활동을 지원받는 것도 가능해졌다.

개인이 온라인상에서 쉽게 아이템을 개설하고 창작물을 게시할 수도 있다. 처음에 등장한 새로운 수익성 긱 노동은 대부분 팟캐스트나 온라인 코칭 형식으로 자기 분야에서 효과적이었던 방법을 보여주는 것이었다. 특정 기술이 필요한 대규모 프로젝트를 진행할 때, 영화 제작사는 프로젝트 기간 동안 전문가를 모아 팀을 구성했다가 끝나면 해산하는 효과적인 모델을 사용해 왔다. 클라우드 세상에서는 이것이 더욱 쉬워질 것이며, 이제 더 많은 지역의 사람을 참여시킬 수 있다.

나는 일에 관해서 청소년들에게 전달하고 싶은 두 가지 인식 전환을 특별히 제안하려 한다. 우선, '직업'을 찾는 것이 아니라 '고유한 부가가치를 창출하는 프로젝트'를 찾아서 참여하는 것으로 생각을 전환하자. 이 과정에서 또 다른 인식 전환이 일어난다. 무엇이든 가장 많은 돈을 벌게 해주는 일을 하는 것에서 나 자신이 의미 있다고 생각하고 열정을 느끼는 일을 하는 것으로 프레임을 바꾸는 것이다. 나는 이 두 가지 인식 전환이 역량강화의 새 시대에, 20년 이내에 대부분 가능해지리라 믿는다. 이미 많은 청소년이 더는 싫어하는 일을 할 필요가 없고, 그럴 가치도 없다는 사실을 깨닫기 시작했다. 자신의 고유성과 부가가치 창출 능력을 확인한다면, 평소 좋아하고 의미 있다고 생각하는 일을 찾을 수 있는 길이 점점 더 많이 열릴 것이다.

⊛ 선구자는 누구인가?

일의 미래 모습을 보여주는 새로운 형태 몇 가지가 등장했다. 하나는 정규직을 대체하는 '긱 노동'이다. 또 다른 모델은 '세계 일주 노동(round-the-world work)'으로, 원래 소프트웨어 기업에서 이뤄지던 것인데, 세계의 표준 시간대를 통과하면서 프로젝트를 연속으로 진행하는 것이다. 우리는 피베르Fiverr(이스라엘에 본사를 둔, 전 세계 서비스 공급자와 수요자를 연결하는 디지털 플랫폼 - 옮긴이) 같은 스타트업이 전 세계의 부가가치 창출자와 수요자를 더 잘 연결하는 것을 보았다. 테크놀로지와 클라우드가 단지 가능성에 머물렀던 일들을 현실로 만들기 시작했다.

⊘ 생각할 것은 무엇인가?

우리는 어디에서 부가가치를 창출하는가? 다른 사람이 가치를 창출하거나 더하는 것을 어떻게 도울 수 있을까? 우리 아이에게(그리고 우리에게) 새로운 기회가 찾아올까?

5부

인류를 새롭게 인식하다

21장

새로운 인류를 지향하다

신의 형상을 딴 개인에서
집단적 마음을 지닌 인류로

이제 더 큰 인식 전환을 위한 마지막 질문을 하며 이 책을 마무리하려 한다. 역량강화의 새 시대에 우리는 '인간'을 어떻게 정의해야 할까? 햄릿이 독백에서 말하듯이, 또 제임스 폴 지James Paul Gee가 《인간이란 무엇인가(What is a Human?)》에서 자세히 서술하듯이, '인간이 된다는 것'에는 긍정적인 면뿐만 아니라 부정적인 면도 따른다.[27] 그러나 지금까지 그 누구도 마음대로 바꿀 수 없었고, '더는 하지 않겠다'고 선언할 수도 없었다. 우리는 살아 있는 동안 흔히 '인간 본성(Human Nature)'이라 불리는 것에 얽매여 살았다. 그렇다면 가장 유용하고 적절한 '인류를 향한 프레임'은 무엇일까? 인류에 관한 새로운 프레임이 필요하긴 할까? 내 대답은 '그렇다'이다. 나는 오늘날의 청소년이 인류에 관해서도 새롭게 인식하기를 바란다.

'인간이 되는 것'은 긍정적인가, 부정적인가?

지금까지 인간은 위계 사다리의 꼭대기에 자신들을 견고하게 올려놓고, 우리가 창조한 신만이 인간을 능가한다고 보는 관점(유발 하라리가 말하는[28] '공통의 신화')을 고수해 왔다. 우리는 스스로를 자랑스러워 했다. 인류의 역사를 찬미하는 기념비를 세우고, 과거에 성취한 것을 기록하기 위해 박물관을 짓고, 노벨상 같은 트로피를 서로에게 수여하는 것으로 업적을 기념했다.

19세기 말까지만 해도 인류를 정의하는 핵심 프레임은 '신의 형상을 닮은 자'였다. 인간은 다양한 신의 형상에 자신을 투영했으며, 각각의 신은 인간이 추구할 수 있는 이상을 나타냈다. 20세기에 접어들어서도 신의 형상이라는 프레임이 완전히 사라지지는 않았지만, 인류에 대한 프레임은 '인본주의'로 바뀌었다.

인본주의는 인간이(적어도 우리가 발견한 것 중에서) 우주에서 가장 훌륭하고 중요한 존재이므로, 모든 건 인간에게 이로워야 한다는 신념이다. 유발 하라리는 인본주의를 가리켜 '지배적인 종교이자 신념'이라고 정의했다. 인본주의는 인간 중심의 이기적인 문화를 낳았다.(인간이 자신에게 좋은 것을 왜 포기하겠는가?)

인류를 새롭게 인식하는 두 가지 프레임

여기, 인류를 새롭게 인식할 수 있는 프레임 두 가지가 있다. 하나는 인간이나 신이 사다리의 꼭대기에 있다는 인식에서 벗어나 인류 전체를 우주에 존재하는 '파괴적이고 거대한 아메바'로 보는 것이고, 다른 하나는 '많은 것을 세상에 이롭도록 재설계할 수 있는 존재'로 보는 것이다.

개인으로든 집단으로든 인간은 분명 지구상에서 가장 복잡한 존재일 것이다.(어떤 사람은 우주에서 가장 복잡한 존재라고 말하지만, 이것은 극단적인 자만심에서 나온 말일 뿐이다.) 다른 생명체에 비해 지구에 존재한 역사가 비교적 짧았는데도 인류는 수적으로 급격히 성장했고, 상당히 많은 업적을 이뤄냈다. 또한 인간은 대체로 스스로를 매우 높이 평가한다. 실제로 우리는 아이들에게 인류의 과거 업적을 수년 동안 가르치고 있지 않은가!

인간은 스스로를 특별하게 생각한다. 20세기에는 인간을 지속적으로 성장하고 확장하는 종으로 바라봤다. 인구나 회사, 국가는 물론 이제는 우주의 크기까지 우리와 관련된 모든 것을 지속적으로 확대하는 것이 인류의 중대한 염원으로 자리잡았다. 이런 프레임에서는 더 많은 자원과 자본을 포함하는 것일수록 더 좋은 것으로 여기며, 결핍은 늘 부정적인 것으로만 인식될 뿐이다.

20세기 들어 인류는 엄청나게 성장했다. 인구가 네 배로 늘었고, 많은 회사가 수조 달러의 가치를 지닌 거대한 국제적 기업으로 성장했고, 인간 수명이 늘어났다. 그뿐 아니라 '개인의 성장'이 전 세계적인 성장 산업으로 이어지기도 했다.

성장하기 위해 주변을 파괴하는 존재

인류를 바라볼 때 필요한 새로운 프레임은, 인간을 이상적인 신의 형상을 따서 창조된 '최고의 생물종'으로 바라보는 게 아니라 지구라는 행성에서 탄생해 오직 성장만을 기대하며 마주치는 모든 것을 집어삼키는 '파괴적이고 거대한 아메바'로 보는 것이다.

인류의 발전 과정을 생각해 보면 머릿속에 그려지는 이미지가 하나 있다. 마치 거대한 아메바처럼 일정한 형태 없이 성장하고, 오직 더 거대해지기만을 원하며 사방으로 위족을 뻗는 커다란 생명체다. 지각력이 그다지 뛰어나지 않은 이 생명체는 성장을 계속하기 위해 다른 동식물을 포함해 무엇이든 집어삼키고 파괴하며 심지어 지구까지 위협하려 한다.

하지만 이것이 다음 세대가 원하는 일일까? 영속적인 성장이 궁극적으로는 인류에게 해가 될 수도 있다는 현실을 지금까지 우리는 일부러 등한시하거나 무시해 왔다. 하지만 이제는 현실을 제대로 보고 깨달아야 한다. 우리의 유일한 고향 행성인 지구는 이제 인간 아메바가 일으키거나 촉진한 심각한 기후 변화를 겪으며 위기에 처하고 말았다.

지구는 그 어떤 문제가 발생해도 살아남을 것이고, 크립톤이나 얼데란(크립톤은 슈퍼맨의 고향 행성이고 얼데란은 스타워즈에 등장하는 행성으로, 각각 지나친 자원 개발과 전쟁으로 파괴된 것으로 그려진다. – 옮긴이)과 같은 운명을 겪지는 않을 것이다. 그러나 인류라는 생명체 가운데 얼마나 많은 이가 이곳 지구에서 계속 생존할 수 있을지는 확실히 예측할 수 없다. 일론 머스크 같은 몇몇 사람은 이미 지구를 벗어나 다른 행성을 향해 새로운 위족을 뻗고 있다.

청소년들이 더 나은 프레임을 찾을 것이다

역량강화의 새 시대에는 더 많은 사회참여 실현을 위한 새로운 프레임과 가능성이 열릴 것이라 믿는다. 그중 하나는 모든 청소년이 새로운 테크놀로지와 공생하는 것이다. 다른 하나는 우리의 생물학적 구조를 해킹해서 유발 하라리와 다른 학자들이 묘사한 것처럼 '신인류'가 되는 것이다. 아마 적어도 처음에는 극소수의 사람에게만 길이 열릴 것이다. 그러나 결국에는 모든 사람에게 확대될 수 있을 것이다.

인류에 대한 더 긍정적인 프레임은 아직 제대로 정립되지 않은 듯하다. 오늘날 우리는 한편으로는 파괴되는 미래를 상상하고, 다른 한편으로는 부를 가진 일부 사람들만이 수명을 연장하고 다른 사람에 대한 영향력을 확대하는 미래상을 그린다. 이것은 우리 모두에게 전혀 긍정적이지 않은 이야기로 느껴진다.

하지만 이제 제대로 이해할 때가 되었다. 나는 오늘날의 청소년 세대가 역량강화의 새 시대에 알맞은 프레임을 제시하리라 기대한다. 지금까지 인류는 응집력 있는 하나의 단위로 합쳐질 수 없었다. 인류의 역사 초기부터 무수히 많은 무리와 부족, 제국, 국가로 분열되었고, 지역이나 피부색 등에 기반해 설립한(일각에서 여전히 '부족'이라고 부르는) 수천 개의 유연단체(Affinity Group, 협회나 법인 같은 공동 목적을 가진 단체 – 옮긴이)로도 나뉘었다. 그뿐 아니라 역사를 통틀어 여러 차례 부를 지닌 소수 집단과 가난한 대중으로 분리되곤 했다.

인식의 틀이 완전히 새롭게 바뀔 것이다

우리가 사는 시대에 관한 가장 희망적인 프레임 하나는 인류가 존재한 이래 처음으로 청소년들이 모든 경계를 허물고 여전히 분열된 어른들의 방해 없이 서로 직접 소통할 수 있다는 것이다. 나의 염원을 담아 마지막으로 제안하는 인식 전환은 인류를 분열된 인간 개체군이 아닌, 각기 고유성을 지닌 채 서로 협력하는 개인들로 구성된 하나의 집단으로 인식하는 것이다.

앞으로 제시할 수 있는 한 가지 가능성은 일각에서 말하는 '하이브 마인드Hive Mind', 즉 모든 사람의 마음이 테크놀로지를 통해 하나의 마음으로 연결된다는 것이다. 아직 어떤 모습일지 확실하게 알진 못하지만, 아마 이것이 마크 주커버그Mark Zuckerberg와 그 외 여러 사람이 말하는 메타버스Metaverse일 것이다.

인류 역사상 처음으로 아이들이 서로 수평적으로 연결할 수 있는 연결망이 등장했고, 이 연결망이 아이들 자신과 그들이 할 수 있는 일에 어떤 의미를 지니는지 이해하기 시작했다는 점을 생각해 보자. 그리고 연결망에 사용하는 테크놀로지가 매우 빠르게 성장하므로 하이브 마인드와 비슷한 무언가가 현재 청소년 세대의 생애 안에, 아니면 그다음 세대의 생애 안에 가능할지도 모른다.

오늘날 우리는 클라우드에서 모든 인간의 뇌와 마음을 직접 연결하기 직전까지 이르렀다. 이것이 실현된다면 인류에 대한 프레임이 완전히 새롭게 바뀔 것이다. 이것을 긍정적으로 바라보는 사람도 있고, 디스토피아적으로 바라보는 사람도 있을 것이다. 하지만 나는 인류를 연결된 전체로 인식하는 것이 새로운 시대에 맞는 매우 진취적인 시각이라 생각한다.

선구자는 누구인가?

인류의 미래상을 보여주는 선구자로 다시 일론 머스크를 이야기하고 싶다. 일론은 인류가 더 창의적이고 긍정적인 사회참여 실현을 이루는 세상의 선구자가 될 수 있을 것이다. 그것이 내가 기대하는 바이다. 일론은 미래의 세상으로 향하는 길을 우리에게 먼저 보여줬고, 이미 여러 걸음을 내디뎠다.

그는 스타링크와 뉴럴링크Neuralink를 통해 새로운 연결망을 촉진하고, 값비싼 전기자동차를 만들어 그 수익으로 전기자동차 대중화에 투자하고, 이어서 전기자동차 대중화 사업의 수익금을 우주여행 사업에 다시 투자하는 체계적이고 장기적인 계획을 실행하고 있다. 게다가 인간의 자아실현 즉, 목표를 공유하고, 일을 사랑하며 공정한 보상을 받기위한 로드맵을 자신의 기업을 통해 이뤄가고 있다.

마지막으로 생각할 것은 무엇인가?

인류에 관해 당신이 희망하고 꿈꾸는 것은 무엇인가? 인간은 우주에서 가장 중요한 존재일까? 인류가 계속 성장하는 것이 최선일까? 그대가는 누가 치러야 할까? 우리 아이들이 더 나은 세상을 만들 수 있을까? 그러기를 나는 희망한다.

1. Charles Murray, Human Accomplishment: The Pursuit of Excellence in the Arts and Sciences, 800 B.C. to 1950, HarperCollins 2003.

2. Thomas Kuhn, The Structure of Scientific Revolution, University of Chicago Press, 1962.

3. Anderson EC, Barrett LF (2016) Affective Beliefs Influence the Experience of Eating Meat. PLoS ONE 11(8): e0160424. https://doi.org/10.1371/journal.pone.0160424

4. Term from Guido van Nispen.

5. Kristof Koch, The Quest for Consciousness: A Neurobiological Approach, Roberts and Company, 2004.

6. Thomas Kuhn, Op. cit.

7. Carol Dweck, Mindset: The New Psychology of Success, Ballantine Books, 2006.

8. Peter Diamandis, The Future Is Faster Than You Think, Simon & Schuster, 2020.

9. Yuval Noah Harari, Sapiens: A Brief History of Humankind, Signal Books 2014.

10. Marc Prensky "Digital Natives, Digital Immigrants" originally published in On the Horizon, 2005. Gifted; n.135 p.29-31; February 2005.

11. John Hagel III, The Journey Beyond Fear, McGraw-Hill Education, 2020.

12. Andrew McAfee and Erik Brynjolfsson, Race Against the Machine, Digital Frontier Press, 2011.

13. RM Mayall, , Substance abuse in anaesthetists, BJA Education, Volume 16, Issue 7, July 2016, Pages 236–241, https://doi.org/10.1093/bjaed/mkv054

14. Term from Mark Anderson, Strategic News Service.

15. Alison Gopnik, The Scientist in the Crib: What Early Learning Tells Us About the Mind, HarperCollins, 1999.

16. Prensky, Op. cit.

17. Harari, Op. cit.

18. Name suggested by Tihana Smitran.

19. Bryan Caplan, The Case Against Education, Princeton University Press, 2018.

20. Harvard Medical School Dean for Medical Education Edward Hundert "tells arriving students that 'Half of what we teach you during four years of medical school is going to turn out to be wrong or irrelevant by the time you graduate.'" Harvard Magazine, September–October 2015.

21. Gitanjali Rao, A Young Innovator's Guide to STEM: 5 Steps to Problem Solving for Students, Educators, and Parents, Post Hill Press 2021.

22. Amy Morin, "4 Types of Parenting Styles and Their Effects on Kids" on Verywell Family, https://www.verywellfamily.com/ types-of-parenting-styles-1095045#\citation-1.

23. Esther Wojcicki, How to Raise Successful People: Simple Lessons for Radical Results, Houghton Mifflin Harcourt, 2019.

24. Alison Gopnik, The Philosophical Baby: What Children's Minds Tell Us About Truth, Love and the Meaning of Life, Farrar, Straus & Giroux, 2009.

25. Will Durant, The Greatest Minds and Ideas of All Time (complied by John Little), Simon & Schuster, 2002.

26. Michael M. Crow, talk at ASU/GSV, 2021.

27. James Paul Gee, What is a Human?: Language, Mind and Culture, Palgrave Macmillan 2020.

28. Yuval Noah Harari, Op. cit.

세상에 없던 아이들이 온다

초판 1쇄 발행 2023년 5월 15일
초판 4쇄 발행 2024년 6월 28일

지은이 | 마크 프렌스키
옮긴이 | 허성심
펴낸이 | 심남숙
펴낸곳 | ㈜ 한문화멀티미디어
등록 | 1990. 11. 28. 제 21-209호
주소 | 서울시 광진구 능동로 43길 3-5 동인빌딩 3층 (04915)
전화 | 영업부 2016-3500 편집부 2016-3507
홈페이지 | http://www.hanmunhwa.com

운영이사 | 이미향
편집 | 강정화 최연실
기획 · 홍보 | 진정근
디자인 · 제작 | 이정희
경영 | 강윤정 조동희
회계 | 김옥희
영업 | 이광우

만든 사람들
책임편집 | 한지윤 디자인 | 풀밭의 여치blog.naver.com/srladu
인쇄 | 천일문화사

ISBN 978-89-5699-450-5   03370